紹興大典 史部

康熙紹興府志

1

中華書局

圖書在版編目(CIP)數據

(康熙)紹興府志 / (清)俞卿修;(清)周徐彩纂. —
北京:中華書局,2024.4
(紹興大典·史部)
ISBN 978-7-101-16582-1

Ⅰ.康… Ⅱ.①俞… ②周… Ⅲ.紹興府－地方
志－清代 Ⅳ.K928.6

中國國家版本館 CIP 數據核字 (2024) 第 054954 號

書　　名	(康熙)紹興府志(全九册)
叢 書 名	紹興大典·史部
修　　者	〔清〕俞卿
纂　　者	〔清〕周徐彩
項目策劃	許旭虹
責任編輯	梁五童　任凱龍
裝幀設計	許麗娟
責任印製	管　斌
出版發行	中華書局 (北京市豐臺區太平橋西里38號 100073) http: // www. zhbc. com. cn E-mail: zhbc@zhbc. com. cn
印　　刷	天津藝嘉印刷科技有限公司
版　　次	2024年4月第1版 2024年4月第1次印刷
規　　格	開本787×1092毫米　1/16 印張306
國際書號	ISBN 978-7-101-16582-1
定　　價	4600.00元

學術顧問

（按姓氏筆畫排序）

安平秋　李　岩　吴　格

袁行霈　張志清　葛劍雄

樓宇烈

編纂工作指導委員會

主　　任　盛閲春（二〇二二年九月至二〇二三年一月在任）

　　　　　温　暖　施惠芳　肖啓明　熊遠明

第一副主任　丁如興

副 主 任　陳偉軍　汪俊昌　馮建榮

成　　員（按姓氏筆畫排序）

王静静　朱全紅　沈志江　金水法　俞正英

胡華良　茹福軍　徐　軍　陳　豪　黄旭榮

裘建勇　樓　芳　魯霞光　魏建東

編纂委員會

主　　編　馮建榮

副 主 編　黄錫雲　尹　濤　王静静　李聖華　陳紅彦

委　　員（按姓氏筆畫排序）

王静静　尹　濤　那　艷　李聖華　俞國林

陳紅彦　陳　誼　許旭虹　馮建榮　葉　卿

黄錫雲　黄顯功　楊水土

史部主編　黄錫雲　許旭虹

序

紹興是國務院公布的首批中國歷史文化名城，是中華文明的多點起源地之一和越文化的發祥、壯大之地。從嵊州小黄山遺址迄今，已有一萬多年的文化史；從大禹治水迄今，已有四千多年的文明史；從越國築句踐小城和山陰大城迄今，已有兩千五百多年的建城史。建炎四年（一一三〇），宋高宗駐蹕越州，取義「紹奕世之宏庥，興百年之丕緒」，次年改元紹興，賜名紹興府，領會稽、山陰、蕭山、諸暨、餘姚、上虞、嵊、新昌等八縣。元改紹興路，明初復爲紹興府，清沿之。

紹興坐陸面海，嶽峙川流，風光綺麗，物産富饒，民風淳樸，士如過江之鯽，彬彬稱盛。春秋末越國有「八大夫」佐助越王卧薪嘗膽，力行「五政」，崛起東南，威續戰國，四分天下有其一，成就越文化的第一次輝煌。秦漢一統後，越文化從尚武漸變崇文。晋室東渡，北方士族大批南遷，王、謝諸大家紛紛遷居於此，一時人物之盛，雲蒸霞蔚，學術與文學之盛冠於江左，給越文化注入了新的活力。唐時的越州是詩人行旅歌詠之地，形成一條江南唐詩之路。至宋代，尤其是宋室南遷後，越中理學繁榮，文學昌盛，領一時之先。明代陽明心學崛起，這一時期的越文化，宣導致良知、知行合一，重於事功，伴隨而來的是越中詩文、書畫、戲曲的興盛。明清易代，有劉宗周等履忠蹈義，慷慨赴死，亦有黄宗羲率其門人，讀書窮經，關注世用，成其梨洲一派。至清中葉，會稽章學誠等人紹承梨洲之學而開浙東史學之新局。晚清至現代，越中知識分子心懷天下，秉持先賢「膽劍精神」，再次站在歷史變革的潮頭，蔡元培、魯迅等人「開拓越學」，使紹興成爲新文化運動和新民主主義革命的重要陣地。越文化兼容並包，與時偕變，勇於創新，隨着中國社會歷史的變遷，無論其内涵和特質發生何種變化，均以其獨特、强盛的生命力，推動了中華文明的發展。

文獻典籍承載着廣博厚重的精神財富、生生不息的歷史文脉。紹興典籍之富，甲於東南，號爲文獻之邦。從兩漢到魏晋再至近現代，紹興人留下了浩如煙海、綿延不斷的文獻典籍。陳橋驛先生在《紹興地方文獻考録·前言》中説：「紹興是我國歷史上地方文獻最豐富的地方之一。」有我國地方志的開山之作《越絶書》，有唯物主義的哲學巨著《論衡》，有書法藝術和文學價值均登峰造極的《蘭亭集序》，有詩爲「中興之冠」的陸游《劍南詩稿》，有輯録陽明心學精義的儒學著作《傳習録》等，這些文獻，不僅對紹興一地具有重要價值，對浙江乃至全國來説，也有深遠意義。

紹興藏書文化源遠流長。歷史上的藏書家多達百位，知名藏書樓不下三十座，其中以澹生堂最爲著名，藏書十萬餘卷。近現代，紹興又首開國内公共圖書館之先河。光緒二十六年（一九〇〇），紹興鄉紳徐樹蘭獨力捐銀三萬餘兩，圖書七萬餘卷，創辦國内首個公共圖書館——古越藏書樓。越中多名士，自也與藏書聚書風氣有關。

習近平總書記强調，「我們要加强考古工作和歷史研究，讓收藏在博物館裏的文物、陳列在廣闊大地上的遺産、書寫在古籍裏的文字都活起來，豐富全社會歷史文化滋養」。黨的十八大以來，黨中央站在實現中華民族偉大復興的高度，對傳承和弘揚中華優秀傳統文化作出一系列重大決策部署。中共中央辦公廳、國務院辦公廳二〇一七年一月印發了《關於實施中華優秀傳統文化傳承發展工程的意見》，二〇二二年四月又印發了《關於推進新時代古籍工作的意見》。

盛世修典，是中華民族的優秀傳統，是國家昌盛的重要象徵。近年來，紹興地方文獻典籍的利用呈現出多層次、多方位探索的局面，從文史界到全社會都在醞釀進一步保護、整理、開發、利用紹興歷史文獻的措施，形成了廣泛共識。中共紹興市委、市政府深入學習貫徹習近平總書記重要指示精神，積極響應國家重大戰略部署，以提振紹興人文氣運的文化自覺和存續一方文脉的歷史擔當，作出了編纂出版《紹興大典》的重大決定，計劃用十年時間，系統、全面、客觀梳理紹興文化傳承脉絡，收集、整理、編纂、出版紹興地方歷史文獻。二〇二二年十月，中共紹興市委辦公室、紹興市人民政府辦公室印發《關於〈紹興大典〉編纂出版工作實施方案的通知》。自此，《紹興大典》編纂出版各項工作開始有序推進。

百餘年前，魯迅先生提出「開拓越學，俾其曼衍，至於無疆」的願景，今天，我們繼先賢之志，實施紹興歷史上前無古人的文化工程，希冀通過《紹興大典》的編纂出版，從浩瀚的紹興典籍中尋找歷史印記，從豐富的紹興文化中挖掘鮮活資源，從悠遠的紹興歷史中把握發展脉絡，古爲今用，繼往開來，爲新時代「文化紹興」建設注入强大動力。我們將懷敬畏之心，以古人「三不朽」的立德修身要求，爲紹興這座中國歷史文化名城和「東亞文化之都」立傳畫像，爲全世界紹興人築就恒久的精神家園。

是爲序。

溫暖

二〇二三年十月

前言

越國故地，是中華文明的重要起源地，中華優秀傳統文化的重要貢獻地，中華文獻典籍的重要誕生地。紹興，是越國古都，國務院公布的第一批歷史文化名城。編纂出版《紹興大典》，是綿延中華文獻之大計，弘揚中華文化之良策，傳承中華文明之壯舉。

一

紹興有源遠流長的文明，是中華文明的縮影。

中國有百萬年的人類史，一萬年的文化史，五千多年的文明史。中華文明，是中華民族長期實踐的積累，集體智慧的結晶，不斷發展的產物。各個民族，各個地方，都爲中華文明作出了自己獨具特色的貢獻。紹興人同樣爲中華文明的起源與發展，作出了自己傑出的貢獻。

現代考古發掘表明，早在約十六萬年前，於越先民便已經在今天的紹興大地上繁衍生息。二〇一七年初，在嵊州崇仁安江村蘭山廟附近，出土了於越先民約十六萬年前使用過的打製石器[一]。這是曹娥江流域首次發現的舊石器遺存，爲探究這一地區中更新世晚期至晚更新世早期的人類活動、

[一] 陸瑩等撰《浙江蘭山廟舊石器遺址網紋紅土釋光測年》，《地理學報》英文版，二〇二〇年第九期，第一四三六至一四五〇頁。

華南地區與現代人起源的關係、小黄山遺址的源頭等提供了重要綫索。

距今約一萬至八千年的嵊州小黄山遺址〔一〕，於二〇〇六年與上山遺址一起，被命名爲上山文化。該遺址中的四個重大發現，引人矚目：一是水稻實物的穀粒印痕遺存，以及儲藏坑、鐮形器、石磨棒、石磨盤等稻米儲存空間與收割、加工工具的遺存；二是種類與器型衆多的夾砂、夾炭、夾灰紅衣陶與黑陶等遺存；三是我國迄今發現的最早的立柱建築遺存，以及石杵立柱遺存；四是我國新石器時代遺址中迄今發現的最早的石雕人首。

蕭山跨湖橋遺址出土的山茶種實，表明於越先民在八千多年前已開始對茶樹及茶的利用與探索〔二〕。距今約六千年前的餘姚田螺山遺址發現的山茶屬茶樹根遺存，有規則地分布在聚落房屋附近，特別是其中出土了一把與現今茶壺頗爲相似的陶壺，表明那時的於越先民已經在有意識地種茶用茶了〔三〕。

對美好生活的嚮往無止境，創新便無止境。於越先民在一萬年前燒製出世界上最早的彩陶的基礎上〔四〕，經過數千年的探索實踐，終於在夏商之際，燒製出了人類歷史上最早的原始瓷〔五〕；繼而又在東漢時，燒製出了人類歷史上最早的成熟瓷。現代考古發掘表明，漢時越地的窑址，僅曹娥江兩岸的上虞，就多達六十一處〔六〕。

中國是目前發現早期稻作遺址最多的國家，是世界上最早發現和利用茶樹的國家，更是瓷器的故

〔一〕浙江省文物考古研究所編《上山文化：發現與記述》，文物出版社二〇一六年版，第七一頁。
〔二〕浙江省文物考古研究所、蕭山博物館編《跨湖橋》，文物出版社二〇〇四年版，彩版四五。
〔三〕北京大學中國考古學研究中心、浙江省文物考古研究所編《田螺山遺址自然遺存綜合研究》，文物出版社二〇一一年版，第一一七頁。
〔四〕孫瀚龍、趙曄著《浙江史前陶器》，浙江人民出版社二〇二二年版，第三頁。
〔五〕鄭建華、謝西營、張馨月著《浙江古代青瓷》，浙江人民出版社二〇二二年版，上册，第四頁。
〔六〕宋建明主編《早期越窑——上虞歷史文化的豐碑》，中國書店二〇一四年版，第二四頁。

鄉。《（嘉泰）會稽志》卷十七記載「會稽之産稻之美者，凡五十六種」，稻作文明的進步又直接促成了紹興釀酒業的發展。同卷又單列「日鑄茶」一條，釋曰「日鑄嶺在會稽縣東南五十五里，嶺下有僧寺名資壽，其陽坡名油車，朝暮常有日，産茶絶奇，故謂之日鑄」。可見紹興歷史上物質文明之發達，真可謂「天下無儔」。

二

紹興有博大精深的文化，是中華文化的縮影。

文化是一條源遠流長的河，流過昨天，流到今天，還要流向明天。悠悠萬事若曇花一現，唯有文化與日月同輝。

大量的歷史文獻與遺址古迹表明，四千多年前，大禹與紹興結下了不解之緣。大禹治平天下之水，漸九川，定九州，至於諸夏乂安，《史記・夏本紀》載：「禹會諸侯江南，計功而崩，因葬焉，命曰會稽。會稽者，會計也。」裴駰注引《皇覽》曰：「禹冢在山陰縣會稽山上。會稽山本名苗山，在縣南，去縣七里。」《（嘉泰）會稽志》卷六「大禹陵」：「禹巡守江南，上苗山，會稽諸侯，死而葬焉。……劉向書云：禹葬會稽，不改其列，謂不改林木百物之列也。苗山自禹葬後，更名會稽。是山之東，有隴隱若劍脊，西嚮而下，下有窆石，或云此正葬處。」另外，大禹在以會稽山爲中心的越地，還有一系列重大事迹的記載，包括娶妻塗山、得書宛委、畢功了溪、誅殺防風、禪祭會稽、築治邑室等。

以至越王句踐，「其先禹之苗裔，而夏后帝少康之庶子也，封於會稽，以奉守禹之祀」（《史記・越王句踐世家》）。句踐的功績，集中體現在他一系列的改革舉措以及由此而致的强國大業上。

他創造了「法天象地」這一中國古代都城選址與布局的成功範例，奠定了近一個半世紀越國號稱天下强國的基礎，造就了紹興發展史上的第一個高峰，更實現了東周以來中國東部沿海地區暨長江下游地區的首次一體化，讓人們在數百年的分裂戰亂當中，依稀看到了一統天下的希望，爲後來秦始皇統一中國，建立真正大一統的中央政權，進行了區域性的準備。因此，司馬遷稱：「苗裔句踐，苦身焦思，終滅强吴，北觀兵中國，以尊周室，號稱霸王。句踐可不謂賢哉！蓋有禹之遺烈焉。」

千百年來，紹興涌現出了諸多譽滿海内、雄稱天下的思想家，他們的著述世不絕傳、遺澤至今，他們的思想卓犖英發、光彩奪目。哲學領域，聚諸子之精髓，啓後世之思想。政治領域，以家國之情懷，革社會之弊病。經濟領域，重生民之生業，謀民生之大計。教育領域，育天下之英才，啓時代之新風。史學領域，創史志之新例，傳千年之文脉。

紹興是中國古典詩歌藝術的寶庫。四言詩《候人歌》被稱爲「南音之始」。於越《彈歌》是我國文學史上僅存的二言詩。《越人歌》是越地的第一首情歌、中國的第一首譯詩。山水詩的鼻祖，是上虞人謝靈運。唐代，這裏涌現出了賀知章等三十多位著名詩人。宋元時，這裏出了别開詩歌藝術天地的陸游、王冕、楊維楨。

紹興是中國傳統書法藝術的故鄉。鳥蟲書與《會稽刻石》中的小篆，影響深遠。中國的文字成爲藝術品之習尚；文字由書寫轉向書法，是從越人的鳥蟲書開始的。而自王羲之《蘭亭序》之後，紹興更是成爲中國書法藝術的聖地。翰墨碑刻，代有名家精品。

紹興是中國古代繪畫藝術的重鎮。世界上最早彩陶的燒製，展現了越人的審美情趣。「文身斷髮」與「鳥蟲書」，實現了藝術與生活最原始的結合。戴逵與戴顒父子、僧仲仁、王冕、徐渭、陳洪綬、趙之謙、任熊、任伯年等在中國繪畫史上有開宗立派的地位。

一九一二年一月，魯迅爲紹興《越鐸日報》創刊號所作發刊詞中寫道：「於越故稱無敵於天下，海岳精液，善生俊異，後先絡繹，展其殊才；其民復存大禹卓苦勤勞之風，同句踐堅確慷慨之志，力作治生，綽然足以自理。」可見，紹興自古便是中華文化的重要發源地與傳承地，紹興人更是世代流淌着「卓苦勤勞」「堅確慷慨」的精神血脉。

三

紹興有琳琅滿目的文獻，是中華文獻的縮影。

自有文字以來，文獻典籍便成了人類文明與人類文化的基本載體。紹興地方文獻同樣爲中華文明與中華文化的傳承發展，作出了傑出的貢獻。

中華文明之所以成爲世界上唯一没有中斷、綿延至今、益發輝煌的文明，在於因文字的綿延不絶而致的文獻的源遠流長、浩如煙海。中華文化之所以成爲中華民族有别於世界上其他任何民族的顯著特徵並流傳到今天，靠的是中華兒女一代又一代的言傳身教、口口相傳，更靠的是文獻典籍一代又一代的忠實書寫、守望相傳。

無數的甲骨、簡牘、古籍、拓片等中華文獻，無不昭示着中華文明的光輝燦爛、欣欣向榮，無不昭示着中華文化的廣博淵綜、蒸蒸日上。它們既是中華文明與中華文化的基本載體，又是中華文明與中華文化的重要組成部分，是十分重要的物質文化遺産。

紹興地方文獻作爲中華文獻重要的組成部分，積澱極其豐厚，特色十分明顯。

（一）文獻體系完備

紹興的文獻典籍根基深厚，載體體系完備，大體經歷了四個階段的歷史演變。

一是以刻符、紋樣、器型爲主的史前時代。代表性的，有作爲上山文化的小黄山遺址中出土的彩陶上的刻符、印紋、圖案等。

二是以金石文字爲主的銘刻時代。代表性的，有越國時期玉器與青銅劍上的鳥蟲書等銘文、秦《會稽刻石》、漢「大吉」摩崖、漢魏六朝時的會稽磚甓銘文與會稽青銅鏡銘文等。

三是以雕版印刷爲主的版刻時代。代表性的，有中唐時期越州刊刻的元稹、白居易的詩集。唐長慶四年（八二四），浙東觀察使兼越州刺史元稹，在爲時任杭州刺史的好友白居易《白氏長慶集》所作的序言中寫道：「揚、越間多作書模勒樂天及予雜詩，賣於市肆之中也。」這是有關中國刊印書籍的最早記載之一，説明越地開創了「模勒」這一雕版印刷的風氣之先。宋時，兩浙路茶鹽司等機關和紹興府、紹興府學等，競相刻書，版刻業快速繁榮，紹興成爲兩浙乃至全國的重要刻書地，所刻之書多稱「越本」「越州本」。明代，紹興刊刻呈現出了官書刻印多、鄉賢先哲著作和地方文獻多、私家刻印特色叢書多的特點。清代至民國，紹興整理、刊刻古籍叢書成風，趙之謙、平步青、徐友蘭、章壽康、羅振玉等，均有大量輯刊，蔡元培早年應聘於徐家校書達四年之久。

四是以機器印刷爲主的近代出版時期。這一時期呈現出傳統技術與西方新技術並存、傳統出版物與維新圖强讀物並存的特點。代表性的出版機構，在紹興的有徐友蘭於一八六二年創辦的墨潤堂等。另外，吴隱於一九〇四年參與創辦了西泠印社；紹興人沈知方於一九一二年參與創辦了中華書局，還於一九一七年創辦了世界書局。代表性的期刊，有羅振玉於一八九七年在上海創辦的《農學報》，杜亞泉於一九〇一年在上海創辦的《普通學報》，羅振玉於一九〇一年在上海發起、王國維主筆的《教育世界》，杜亞泉等於一九〇二年在上海編輯的《中外算報》，秋瑾於一九〇七年在上海創辦的《中國女報》等。代表性的報紙，有蔡元培於一九〇三年在上海創辦的《俄事警聞》等。

紹興文獻典籍的這四個演進階段，既相互承接，又各具特色，充分彰顯了走在歷史前列、引領時代潮流的特徵，總體上呈現出了載體越來越多元、内涵越來越豐富、傳播越來越廣泛、對社會生活的影響越來越深遠的歷史趨勢。

（二）藏書聲聞華夏

紹興歷史上刻書多，便爲藏書提供了前提條件，因而藏書也多。大禹曾「登宛委山，發金簡之書，案金簡玉字，得通水之理」（《吴越春秋》卷六），還「巡狩大越，見耆老，納詩書」（《越絶書》卷八），這是紹興有關采集收藏圖書的最早記載。句踐曾修築「石室」藏書，「晝書不倦，晦誦竟旦」（《越絶書》卷十二）。

造紙術與印刷術的發明和推廣，使得書籍可以成批刷印，爲藏書提供了極大便利。王充得益於藏書資料，寫出了不朽的《論衡》。南朝梁時，山陰人孔休源「聚書盈七千卷，手自校治」（《梁書·孔休源傳》），成爲紹興歷史上第一位有明文記載的藏書家。唐代時，越州出現了集刻書、藏書、讀書於一體的書院。五代十國時，南唐會稽人徐鍇精於校勘，雅好藏書，「江南藏書之盛，爲天下冠，鍇力居多」（《南唐書·徐鍇傳》）。

宋代雕版印刷術日趨成熟，爲書籍的化身千百與大規模印製創造了有利條件，也爲藏書提供了更多來源。特别是宋室南渡、越州升爲紹興府後，更是出現了以陸氏、石氏、李氏、諸葛氏等爲代表的藏書世家。陸游曾作《書巢記》，稱「吾室之内，或棲於櫝，或陳於前，或枕藉於床，俯仰四顧，無非書者」。《（嘉泰）會稽志》中專設《藏書》一目，説明了當時藏書之風的盛行。元時，楊維楨「積書數萬卷」（《鐵笛道人自傳》）。

明代藏書業大發展，出現了鈕石溪的世學樓等著名藏書樓。其中影響最大的藏書家族，當數山陰祁氏；影響最大的藏書樓，當數祁承㸁創辦的澹生堂，至其子彪佳時，藏書達三萬多卷。

清代是紹興藏書業的鼎盛時期，有史可稽者凡二十六家，諸如章學誠、李慈銘、陶濬宣等。上虞王望霖建天香樓，藏書萬餘卷，尤以藏書家之墨迹與鈎摹鐫石聞名。徐樹蘭創辦的古越藏書樓，以存古開新爲宗旨，以資人觀覽爲初心，成爲中國近代第一家公共圖書館。

民國時，代表性的紹興藏書家與藏書樓有：羅振玉的大雲書庫、徐維則的初學草堂、蔡元培創辦的養新書藏、王子餘開設的萬卷書樓、魯迅先生讀過書的三味書屋等。

根據二〇一六年完成的古籍普查結果，紹興全市十家公藏單位，共藏有一九一二年以前産生的中國傳統裝幀書籍與民國時期的傳統裝幀書籍三萬九千七百七十七種、二十二萬六千一百二十五册，分别占了浙江省三十三萬七千四百零五種的百分之十一點七九、二百五十萬六千六百三十三册的百分之九點零二。這些館藏的文獻典籍，有不少屬於名人名著，其中包括在别處難得見到的珍稀文獻。這是紹興這個地靈人傑的文獻名邦確實不同凡響的重要見證。

一部紹興的藏書史，其實也是一部紹興人的讀書、用書、著書史。歷史上的紹興，刻書、藏書、讀書、用書、著書，良性循環，互相促進，成爲中國文化史上一道亮麗的風景。

（三）著述豐富多彩

紹興自古以來，論道立説、卓然成家者代見輩出，創意立言、名動天下者繼踵接武，歷朝皆有傳世之作，各代俱見犖犖之著。這些文獻，不僅對紹興一地有重要價值，而且也是浙江文化乃至中國古代文化的重要組成部分。

一是著述之風，遍及各界。越人的創作著述，文學之士自不待言，爲政、從軍、業賈者亦多喜筆耕，屢有不刊之著。甚至於鄉野市井之口頭創作、謠歌俚曲，亦代代敷演，蔚爲大觀，其中更是多有内藴厚重、哲理深刻、色彩斑斕之精品，遠非下里巴人，足稱陽春白雪。

二是著述整理，尤爲重視。越人的著述，包括對越中文獻乃至我國古代文獻的整理。宋孔延之的《會稽掇英總集》，清杜春生的《越中金石記》，近代魯迅的《會稽郡故書雜集》等，都是收輯整理地方文獻的重要成果。陳橋驛所著《紹興地方文獻考録》，是另一種形式的著述整理，其中考録一九四九年前紹興地方文獻一千二百餘種。清代康熙年間，紹興府山陰縣吴楚材、吴調侯叔侄選編的《古文觀止》，自問世以來，一直是古文啓蒙的必備書，也深受古文愛好者的推崇。

三是著述領域，相涉廣泛。越人的著述，涉及諸多領域。其中古代以經、史與諸子百家研核之作爲多，且基本上涵蓋了經、史、子、集的各個分類，近現代以文藝創作爲多，當代則以科學研究論著爲多。這也體現了越中賢傑經世致用、與時俱進的家國情懷。

四

盛世修典，承古啓新，以「紹興」之名，行紹興之實。

紹興這個名字，源自宋高宗的升越州爲府，並冠以年號，時在紹興元年（一一三一）的十月廿六日。這是對這座城市傳統的畫龍點睛。紹興這兩個字合在一起，蘊含的正是承繼前業而壯大之、開創未來而昌興之的意思。數往而知來，今天的紹興人正賦予這座城市、這個名字以新的意藴，那就是繼承中華優秀傳統文化，建設中華民族現代文明，爲實現中華民族偉大復興，作出自己新的更大的貢獻。

編纂出版《紹興大典》，正是紹興地方黨委、政府文化自信、文化自覺的體現，是集思廣益、精心實施的德政，是承前啓後、繼往開來的偉業。

（一）科學的決策

《紹興大典》的編纂出版，堪稱黨委、政府科學決策的典範。二〇二〇年十二月十一日，中共紹興市委八屆九次全體（擴大）會議審議通過了關於紹興市「十四五」規劃和二〇三五年遠景目標的建議，其中首次提出要啓動《紹興大典》的編纂出版工作。

二〇二一年二月五日，紹興市第八屆人民代表大會第六次會議批准了市政府根據市委建議編製的紹興市「十四五」規劃和二〇三五年遠景目標綱要，其中又專門寫到要啓動《紹興大典》的編纂出版工作。二月八日，紹興市人民政府正式印發了這個重要文件。

二〇二二年二月二十八日的中共紹興市第九次代表大會市委工作報告與三月三十日的紹興市九届人大一次會議政府工作報告，均對編纂出版《紹興大典》提出了要求。

二〇二二年九月十五日，紹興市人民政府第十一次常務會議專題聽取了《〈紹興大典〉編纂出版工作實施方案》起草情況的匯報，決定根據討論意見對實施意見進行修改完善後，提交市委常委會議審議。九月十六日，中共紹興市委九届二十次常委會議專題聽取《〈紹興大典〉編纂出版工作實施方案》起草情況的匯報，並進行了討論，決定批准這個方案。十月十日，中共紹興市委辦公室、紹興市人民政府辦公室正式印發了《〈紹興大典〉編纂出版工作實施方案》。

（二）嚴謹的體例

在中共紹興市委、紹興市人民政府研究批准的實施方案中，《紹興大典》編纂出版的各項相關事宜，均得以明確。

一是主要目標。系統、全面、客觀梳理紹興文化傳承脉絡，收集、整理、編纂、研究、出版紹興地方文獻，使《紹興大典》成爲全國鄉邦文獻整理編纂出版的典範和紹興文化史上的豐碑，爲努力打造「文獻保護名邦」「文史研究重鎮」「文化轉化高地」三張紹興文化的金名片作出貢獻。

二是收録範圍。《紹興大典》收録的時間範圍爲：起自先秦時期，迄至一九四九年九月三十日，部分文獻酌情下延。地域範圍爲：今紹興市所轄之區、縣（市），兼及歷史上紹興府所轄之蕭山、餘姚。内容範圍爲：紹興人的著述，域外人士有關紹興的著述，歷史上紹興刻印的古籍善本和紹興收藏的珍稀古籍善本。

三是編纂方法。對所録文獻典籍，按經、史、子、集和叢五部分類方法編纂出版。

根據實施方案明確的時間安排與階段劃分，在具體編纂工作中，采用先易後難、先急後緩，邊編纂出版、邊深入摸底的方法。即先編纂出版情況明瞭、現實急需的典籍，與此同時，對面上的典籍情況進行深入的摸底調查。這樣的方法，既可以用最快的速度出書，以滿足保護之需、利用之需，又可以爲一些難題的破解争取時間；既可以充分發揮我國實力最强的專業古籍出版社中華書局的編輯出版優勢，又可以充分借助與紹興相關的典籍一半以上收藏於我國古代典籍收藏最爲宏富的國家圖書館的優勢。這是最大限度地避免時間與經費上的重複浪費的方法，也是地方文獻編纂出版工作方法上的創新。

另外，還將適時延伸出版《紹興大典·要籍點校叢刊》《紹興大典·文獻研究叢書》《紹興大典·善本影真叢覽》等。

（三）非凡的意義

正如紹興的文獻典籍在中華文獻典籍史上具有重要的影響那樣，編纂出版《紹興大典》的意義，同樣也是非同尋常的。

一是編纂出版《紹興大典》，對於文獻典籍的更好保護——活下來，具有非同尋常的意義。歷史上的文獻典籍，是中華文明歷經滄桑留下的最寶貴的東西。然而，這些瑰寶或因天災人禍，或因自然老化，或因使用過度，或因其他緣故，有不少已經處於岌岌可危甚至奄奄一息的境況。

編纂出版《紹興大典》，可以爲系統修復、深度整理這些珍貴的古籍争取時間；可以最大限度呈現底本的原貌，緩解藏用的矛盾，更好地方便閱讀與研究。這是文獻典籍眼下的當務之急，最好的續命之舉。

二是編纂出版《紹興大典》，對於文獻典籍的更好利用——活起來，具有非同尋常的意義。歷史上的文獻典籍，流傳到今天，實屬不易，殊爲難得。它們雖然大多保存完好，其中不少還是善本，但分散藏於公私，積久塵封，世人難見；也有的已成孤本，或至今未曾刊印，僅有稿本、抄本，秘不示人，無法查閱。

編纂出版《紹興大典》，將穿越千年的文獻、深皮密鎖的秘藏、散落全球的珍寶匯聚起來，化身萬千，走向社會，走近讀者，走進生活，既可防它們失傳之虞，又可使它們嘉惠學林，也可使它們古爲今用，文旅融合，還可使它們延年益壽，推陳出新。這是於文獻典籍利用一本萬利、一舉多得的好事。

三是編纂出版《紹興大典》，對於文獻典籍的更好傳承——活下去，具有非同尋常的意義。歷史上的文獻典籍，能保存至今，是先賢們不惜代價，有的是不惜用生命爲代價换來的。對這些傳承至今的古籍本身，我們應當倍加珍惜。

編纂出版《紹興大典》，正是爲了述録先人的開拓，啓迪來者的奮鬥，使這些珍貴古籍世代相傳，使藴藏在這些珍貴古籍身上的中華優秀傳統文化世代相傳。這是中華文化創造性轉化、創新性發展的通途所在。

編纂出版《紹興大典》，是紹興文化發展史上的曠古偉業。編成後的《紹興大典》，將成爲全國範圍内的同類城市中，第一部收録最爲系統、内容最爲豐贍、品質最爲上乘的地方文獻集成。

紹興這個地方，古往今來，都在不懈超越。超乎尋常，追求卓越。超越自我，超越歷史。《紹興大典》的編纂出版，無疑會是紹興文化發展史上的又一次超越。

道阻且長，行則將至；行而不輟，成功可期。「後之視今，亦猶今之視昔」；「後之覽者，亦將有感於斯文」（《蘭亭集序》）。讓我們一起努力吧！

馮建榮

二〇二三年六月十日，星期六，成稿於寓所

二〇二三年中秋、國慶假期，校改於寓所

編纂説明

紹興古稱會稽，歷史悠久。

大禹治水，畢功了溪，計功今紹興城南之茅山（苗山），崩後葬此，此山始稱會稽，此地因名會稽，距今四千多年。

大禹第六代孫夏后少康封庶子無餘於會稽，以奉禹祀，號曰「於越」，此爲吾越得國之始。

《竹書紀年》載，成王二十四年，於越來賓。是亦此地史載之始。

距今兩千五百多年，越王句踐遷都築城於會稽山之北（今紹興老城區），是爲紹興建城之始，於今城不移址，海内罕有。

秦始皇滅六國，御海内，立郡縣，成定制。是地屬會稽郡，郡治爲吴縣，所轄大率吴越故地。東漢順帝永建四年（一二九），析浙江之北諸縣置吴郡，是爲吴越分治之始。會稽名仍其舊，郡治遷山陰。由隋至唐，會稽改稱越州，時有反復，至中唐後，「越州」遂爲定稱而至於宋。所轄時有增減，至五代後梁開平二年（九〇八），吴越析剡東十三鄉置新昌縣，自此，越州長期穩定轄領會稽、山陰、蕭山、諸暨、餘姚、上虞、嵊縣、新昌八邑。

建炎四年（一一三〇），宋高宗趙構駐蹕越州，取「紹奕世之宏庥，興百年之丕緒」之意，下詔從建炎五年正月改元紹興。紹興元年（一一三一）十月己丑升越州爲紹興府，斯地乃名紹興，沿用至今。

歷史的悠久，造就了紹興文化的發達。數千年來文化的發展、沉澱，又給紹興留下了燦爛的文化載體——鄉邦文獻。保存至今的紹興歷史文獻，有方志著作、家族史料、雜史輿圖、文人筆記、先賢文集、醫卜星相、碑刻墓誌、摩崖遺存、地名方言、檔案文書等不下三千種，可以説，凡有所録，應有盡有。這些文獻從不同角度記載了紹興的山川地理、風土人情、經濟發展、人物傳記、著述藝文等各個方面，成爲人們瞭解歷史、傳承文明、教育後人、建設社會的重要參考資料，其中許多著作不僅對紹興本地有重要價值，也是江浙文化乃至中華古代文化的重要組成部分。

紹興歷代文人對地方文獻的探尋、收集、整理、刊印等都非常重視，並作出過不朽的貢獻，陳橋驛先生就是代表性人物。正是在他的大力呼籲下，時任紹興縣政府主要領導作出了編纂出版《紹興叢書》的決策，爲今日《紹興大典》的編纂出版積累了經驗，奠定了基礎。

時至今日，爲貫徹落實習近平總書記系列重要講話精神，奮力打造新時代文化文明高地，重輝「文獻名邦」，中共紹興市委、市政府毅然作出編纂出版《紹興大典》的決策部署。延請全國著名學者樓宇烈、袁行霈、安平秋、葛劍雄、吴格、李岩、熊遠明、張志清諸先生參酌把關，與收藏紹興典籍最豐富的國家圖書館等各大圖書館以及專業古籍出版社中華書局展開深度合作，成立專門班子，精心規劃組織，扎實付諸實施。《紹興大典》是地方文獻的集大成之作，出版形式以紙質書籍爲主，同步開發建設數據庫。其基本内容，包括以下三方面：

一、《紹興大典》影印精裝本文獻大全。這方面内容囊括一九四九年前的紹興歷史文獻，收録的原則是「全而優」，也就是文獻求全收録；同一文獻比對版本優劣，收優斥劣。同時特別注重珍稀性、孤罕性、史料性。

《紹興大典》影印精裝本收録範圍：

時間範圍：起自先秦時期，迄至一九四九年九月三十日，部分文獻可酌情下延。

地域範圍：今紹興市所轄之區、縣（市），兼及歷史上紹興府所轄之蕭山、餘姚。

内容範圍：紹興人（本籍與寄籍紹興的人士、寄籍外地的紹籍人士）撰寫的著作，非紹興籍人士撰寫的與紹興相關的著作，歷史上紹興刻印的古籍珍本和紹興收藏的古籍珍本。

《紹興大典》影印精裝本編纂體例，以經、史、子、集、叢五部分類的方法，對收録範圍内的文獻，進行開放式收録，分類編輯，影印出版。五部之下，不分子目。

經部：主要收録經學（含小學）原創著作；經校勘校訂，校注校釋，疏、證、箋、解、章句等的經學名著；爲紹籍經學家所著經學著作而撰的著作，等等。

史部：主要收録紹興地方歷史書籍，重點是府縣志、家史、雜史等三個方面的歷史著作。

子部：主要收録專業類書，比如農學類、書畫類、醫卜星相類、儒釋道宗教類、陰陽五行類、傳奇類、小説類，等等。

集部：主要收録詩賦文詞曲總集、别集、專集，詩律詞譜，詩話詞話，南北曲韻，文論文評，等等。

叢部：主要收録不入以上四部的歷史文獻遺珍、歷史文物和歷史遺址圖録彙總、戲劇曲藝脚本、報章雜志、音像資料等。不收傳統叢部之文叢、彙編之類。

《紹興大典》影印精裝本在收録、整理、編纂出版上述文獻的基礎上，同時進行書目提要的撰寫，並細編索引，以起到提要鉤沉、方便實用的作用。

二、《紹興大典》點校研究及珍本彙編。主要是《紹興大典》影印精裝本的延伸項目，形成三個成果，即《紹興大典·要籍點校叢刊》《紹興大典·文獻研究叢書》《紹興大典·善本影真叢覽》三叢。選取影印出版文獻中的要籍，組織專家分專題開展點校等工作，排印出版《紹興大典·要籍點校叢刊》；及時向社會公布推出出版文獻書目，開展《紹興大典》收録文獻研究，分階段出版研究成果《紹興大典·文獻研究叢書》；選取品相完好、特色明顯、内容有益的優秀文獻，原版原樣綫裝影印出版《紹興大典·善本影真叢覽》。

三、《紹興大典》文獻數據庫。以《紹興大典》影印精裝本和《紹興大典·要籍點校叢刊》《紹興大典·文獻研究叢書》《紹興大典·善本影真叢覽》三叢爲基幹構建。同時收録大典編纂過程中所涉其他相關資料，未用之版本，書佚目存之書目等，動態推進。

《紹興大典》編纂完成後，應該是一部體系完善、分類合理、全優兼顧、提要鮮明、檢索方便的大型文獻集成，必將成爲地方文獻編纂的新範例，同時助力紹興打造完成「歷史文獻保護名邦」「地方文史研究重鎮」「區域文化轉化高地」三張文化金名片。

《紹興大典》在中共紹興市委、市政府領導下組成編纂工作指導委員會，組織實施並保障大典工程的順利推進，同時組成由紹興市爲主導、國家圖書館和中華書局爲主要骨幹力量、各地專家學者和圖書館人員爲輔助力量的編纂委員會，負責具體的編纂工作。

《紹興大典》編纂委員會

二〇二三年五月

史部編纂説明

紹興自古重視歷史記載，在現存數千種紹興歷史文獻中，史部著作占有極爲重要的位置。因其内容豐富、體裁多樣、官民兼撰的特點，成爲《紹興大典》五大部類之一，而别類專纂，彙簡成編。

按《紹興大典·編纂説明》規定：「以經、史、子、集、叢五部分類的方法，對收録範圍内的文獻，進行開放式收録，分類編輯，影印出版。五部之下，不分子目。」「史部：主要收録紹興地方歷史書籍，重點是府縣志、家史、雜史等三個方面的歷史著作。」

紹興素爲方志之鄉，纂修方志的歷史較爲悠久。據陳橋驛《紹興地方文獻考録》（浙江人民出版社，一九八三年版）統計，僅紹興地區方志類文獻就「多達一百四十餘種，目前尚存近一半」。在最近三十多年中，紹興又發現了不少歷史文獻，堪稱卷帙浩繁。

據《紹興大典》編纂委員會多方調查掌握的信息，府縣之中，既有最早的府志——南宋二志《（嘉泰）會稽志》和《（寶慶）會稽續志》，也有最早的縣志——宋嘉定《剡録》；既有耳熟能詳的《（萬曆）紹興府志》，也有海内孤本《（嘉靖）山陰縣志》；更有寥若晨星的《永樂大典》本《紹興府志》，等等。存世的紹興府縣志，明代纂修並存世的萬曆爲最多，清代纂修並存世的康熙爲最多。

家史資料是地方志的重要補充，紹興地區家史資料豐富，《紹興家譜總目提要》共收録紹興相關家譜資料三千六百七十九條，涉及一百七十七個姓氏。據二〇〇六年《紹興叢書》編委會對上海圖書館藏紹興文獻的調查，上海圖書館館藏的紹興家史譜牒資料有三百多種，據紹興圖書館最近提供的信息，其館藏譜牒資料有二百五十多種，一千三百七十八册。紹興人文薈萃，歷來重視繼承弘揚耕讀傳統，家族中尤以登科進仕者爲榮，每見累世科甲、甲第連雲之家族，如諸暨花亭五桂堂黄氏、山陰狀元坊張氏，等等。家族中每有中式，必進祠堂，祭祖宗，禮神祇，乃至重纂家乘。因此纂修家譜之風頗盛，聯宗聯譜，聲氣相通，呼應相求，以期相將相扶，百世其昌，因此留下了浩如煙海、簡册連編的家史譜牒資料。家史資料入典，將遵循「姓氏求全，譜目求全，譜牒求優」的原則遴選。

雜史部分是紹興歷史文獻中内容最豐富、形式最多樣、撰者最衆多、價值極珍貴的部分。記載的内容無比豐富，撰寫的體裁多種多樣，留存的形式面目各異。其中私修地方史著作，以東漢袁康、吴平所輯的《越絶書》及稍後趙曄的《吴越春秋》最具代表性，是紹興現存最早較爲系統完整的史著。

雜史部分的歷史文獻，有非官修的專業志、地方小志，如《三江所志》《倉帝廟志》《蝻陽志》等；有以韻文形式撰寫的如《山居賦》《會稽三賦》等；有碑刻史料如《會稽刻石》《龍瑞宫刻石》等；有詩文游記如《沃洲雜詠》等；有珍貴的檔案史料如《明浙江紹興府諸暨縣魚鱗册》等；有名人日記如《祁忠敏公日記》《越縵堂日記》等；有綜合性的歷史著作如海内外孤本《越中雜識》等；也有鉤沉稽古的如《虞志稽遺》等。既有《救荒全書》《欽定浙江賦役全書》這樣專業的經濟史料，也有《越中八景圖》這樣的圖繪史料等。舉凡經濟、人物、教育、方言風物、名人日記等，應有盡有，不勝枚舉。尤以地理爲著，諸如山川風物、名勝古迹、水利關津、衛所武備、天文医卜等，莫不悉備。

這些歷史文獻，有的是官刻，有的是坊刻，有的是家刻。有特別珍貴的稿本、鈔本、寫本，也有珍稀孤罕首次面世的史料。由於《紹興大典》的編纂出版，這些文獻得以呈現在世人面前，俾世人充分深入地瞭解紹興豐富多彩的歷史文化。受編纂者學識見聞以及客觀條件之限制，難免有疏漏錯訛之處，祈望方家教正。

《紹興大典》編纂委員會
二〇二三年五月

康熙紹興府志　六十卷

〔清〕俞卿修，〔清〕周徐彩纂

清康熙五十八年（一七一九）刻本

影印説明

《（康熙）紹興府志》六十卷，清俞卿修，清周徐彩纂，康熙五十八年（一七一九）刻本。半葉九行行二十字，小字雙行同，白口，單魚尾，四周雙邊，有圖。「重修姓氏」葉有「王培孫紀念物」朱文方印，可知此書曾爲上海王培孫舊藏。卷前有俞卿序。原書版框尺寸高20.5釐米，寬15.5釐米。

俞卿，字次公，號恕庵，清雲南陸涼州人，康熙二十年（一六八一）舉人，康熙五十一年以兵部郎中出知紹興府。周徐彩，字粹存，會稽人，康熙五十九年（一七二〇）舉人。卷前俞卿序言：「周生徐彩，博雅士也，久操鉛槧，而考據精核，因以志事委之。」

此次影印，以上海圖書館藏本爲底本。原書卷十三缺第十六葉，卷二十二缺第三十二葉。以上缺葉，今據浙江圖書館藏本補。另據《中國地方志聯合目録》，天津圖書館、南京圖書館、天一閣等亦有收藏。

序

紹興郡志始於南宋嘉泰間而淳祐續之至明萬曆十五年乃集其成其前爲之者陸放翁也其後爲之者張陽和孫月峯也

諸先生皆魁壘傑出之才老於掌故手眼所到搜剔無遺彬彬乎大觀哉後有作者不免罷襍失眞且自康熙二十二年後又泯然無記板貯郡齋亦多零落

此守土者一缺憾也余自五十一年以樞部奉
命來守是邦比戶殷繁絃歌不輟顧而樂之然而風俗民事之大有蕩廢不可問者年來竭力興

除不避勞怨雖未能盡快予心
於民事不無補一二茲遇輯瑞
大典蒙各
上憲破例薦剡
皇上格外殊恩允爲卓異行且捧

檄入
覲將有去郡之思雖平日於此方
士民諄切告誡而人心風俗尤
惓惓於懷夫史也者賞善而罰
惡法在其中矣志也者揚善而

隱惡教在其中矣紹郡形勝甲
天下理學文章功名節義之士
代不絶書雖山川清淑之氣磅
礴鍾靈而前規後隨得力於先
民矩矱者亦不淺也會稽周生

徐彩博雅士也久操鉛槧而考據精核因以志事委之不數月而鉄者補舛者正三十餘年之事臚列井然書成請余數言以弁其端遂捐俸而授之梓

康熙五十八年歲次巳亥六月
朔中憲大夫知紹興府事加二
級滇南俞卿撰

紹興府志重修姓氏

監修

中憲大夫知紹興府事加二級　俞　卿

同修

奉政大夫紹興府同知　閻　紹

承德郎紹興府通判　李天植

同閱

文林郎山陰縣知縣　王國棟

文林郎會稽縣知縣　姚協于

文林郎蕭山縣知縣銈文成

文林郎諸暨縣知縣魏觀

文林郎餘姚縣知縣張允煓

文林郎上虞縣知縣劉元溥

文林郎嵊縣知縣宋敳

文林郎新昌縣知縣粘拱斗

編纂

餘姚貢生鄒佾

會稽廩生周徐彩

紹興府志目錄

紹興府志卷之一

疆域志附圖

府八縣總圖　山陰縣境圖

會稽縣境圖　餘姚縣境圖

上虞縣境圖　蕭山縣境圖

諸暨縣境圖　新昌縣境圖

嵊縣境圖

府八縣總圖
北
曹娥江
臨山衛
餘姚江
餘姚縣
四明山
嵊縣
新昌縣
天姥山
東至寧波府界
關嶺天台界
南至
卷一

大海
西興
紹興府
會稽縣
山陰縣
紹興衛
會稽山
四至杭州府界
臨浦
浦江界
華府界

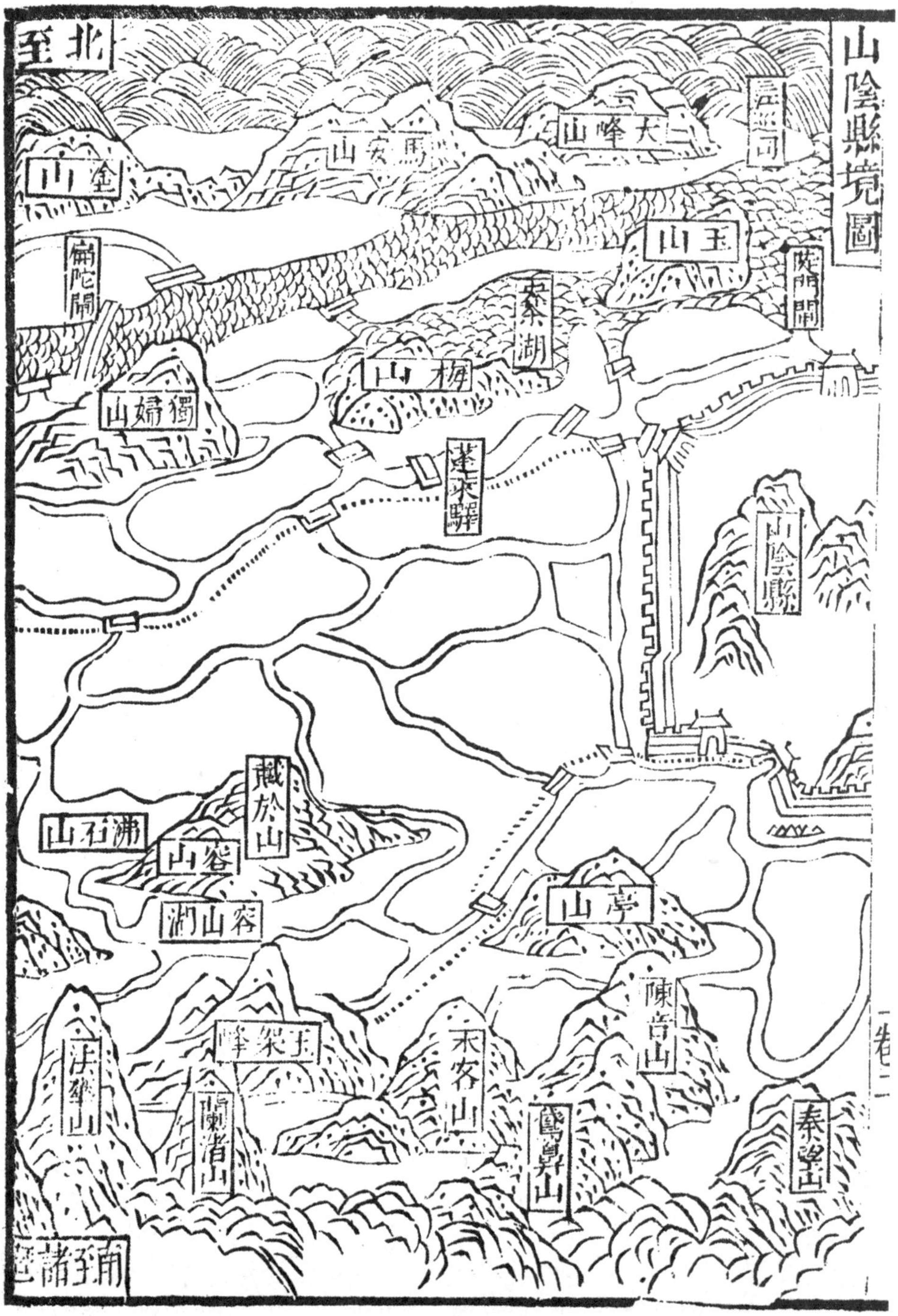
山陰縣境圖
北至
三江司
大峰山
馬安山
金山
玉山
偏陀閘
陡門閘
梅山
獨婦山
蓬萊驛
山陰縣
沸石山
容山
容山湖
亭山
陳音山
玉架峰
法華山
蘭渚山
鳳鼻山
秦望山
南至諸暨

大海
航塢山
白洋山
羊石山
浮橋
東湖
西湖
黄蛇湖
錢清江
西至蕭山縣界
項里山
秋湖
外山
臨江山
花徑山
六峯
大巖山
古博嶺

會稽縣境圖
北
巡司
瀝海所
曹山
東至上虞縣界
稷山
東關驛
曹娥江
鳳凰山
梅
銀山
蒿尖
鷄山
傑山
駐蹕嶺
東小江
石隴山
南至嵊

海
三江所
土城山
賀家池
會稽縣
箬簣山
白塔洋
葛山
龍尾山
虎池山
連山
東帝攢宮
禹陵
赤堇山
寶山
南鎮
會稽山
天柱山
新婦尖
日鑄嶺
界

餘姚縣境圖
北至
觀海衛
仙居山
陳山
安山
横山
布政司
按察司
公館
姚江驛
東至慈谿縣界
白山
竹山
石匱山
山川壇
松楊湖
桃花嶺
大蘭山
分水嶺
南至
卷四

大海
臨山衛
眉山巡司
千金湖
余支湖
汝仇湖
臨山
石姥山
廟山
鳳山
新湖
邑厲壇
秘圖山
牟湖
姚丘山
巢支湖
西至上虞縣界
社壇
龍泉山
龍泉寺
餘姚縣
下新壩
江橋
北關湖
儒學
渚山
靈源山
茅山
四明山
前溪湖
西泉塘
東泉塘

上虞縣境圖
北至大
鳳山
羅岩
大查湖
小查湖
上虞縣
府館
儒學
按察分司
布政分司
東至餘姚縣界
通明壩
中壩
金罍山
上金山
白龍潭
百樓山

海
夏蓋山
廟山巡山
牛頭山
黃家堰巡司
瀝海所
夏盖湖
上妃湖
白馬湖
梁湖巡司
百官街
五癸山
紫墓山
皂李湖
便民山
曹娥驛
東山
蔡墓
西溪湖
西至會稽縣界
曹娥江
桂林山
象山
石壁山
象田山
銅山
太平山
黑龍潭山

北至
蕭山縣境圖
龕山
航塢山
洛思山
東至山陰縣界
螺山
苧蘿山
石岩山
厭鳥山
越王山
文筆山
白露塘
新河閘

大海
長山
老虎山
北幹山
西興驛
龕山
布政分司
蕭山縣
按察分司
儒學
西至錢塘江
排馬湖
湘湖
蕭山
官山
蓮山
箬山
利市湖
周家湖
漁浦
漁浦巡司
稅課局
龍門山
臨浦

諸暨縣境圖
卷七
日入杜
南原
東嶺
五湖
五泄山
十子岩
雞冠山
分水嶺
杭烏山
靈泉溪
五洩溪
福昌溪
西至富陽界
流入蕭山溪口
考溪
道林山
下湖
石瀉湖
紫山溪
馬溪
西江
東江
趙湖
西施湖
大侶湖
泥湖
三江口
五馬嶺
張麻湖
白塔湖
七里山
金湖
三山
流入錢清
通漁浦

白岩山
橫山
東白山
深坑
開化溪
龍泉溪
三叉嶺
板橋溪
前村湖
金鷄山
三四湖
高公湖
陶湖
落星湖
小溪
五指山
東陽界
馬塘湖
大湖
東湖
双橋
烏石溪
童家湖
龍溪
左溪
橫山湖
皂莢嶺
戚家湖
朱家湖
楓橋
橫塘湖
白水
走馬岡
神堂湖
草湖
乾溪橋
酒池湖
越山
堰溪
芋湖
小石湖
了江

新昌縣境圖
北至上虞縣
黃澤溪
獅岩山
梓山
顧東山
東岇山
黃柏
石橋溪
雪溪山
月山
沃洲山
東至天台縣界
九峯山
天姥山
關嶺
水自天台來

浦口
界
何家塘
任橋塘
劉門山
白傅岩
鬭鷄山
渡王山
獨秀山
五馬山
三溪
新昌縣
儒學
鼓山
西至嵊縣界
龍岩山
南岩山
旗山
南明山
石城山
韓妃溪
愛湖塘
黄塘
彩烟山
穿岩山
韓妃嶺

嵊縣境圖
北至
花山
嵊山
車騎山
四明山
石鼓山
東至新昌縣界
東林嶺
艇湖山
竹山
公館
按察司
逍遥山
龜山
金庭山
東湖塘
白雲山
南至

稽縣界
上周山
孫家嶺
石門山
清風嶺
舜皇山
五龍山
廣利塘
嵊縣
儒學
書院塘
路絲塘
福泉山
鹿苑山
利湖塘
下利湖
沃塘
芦塘
通山
桂山
獨秀山
方山
九州峯
貴門山
獅子岩
縣界

紹興府志卷之一

疆域志

沿革　隸州　領縣　疆界　坊里　市鎮

關　形勝

沿革　紹興古荒服國唐虞時未有名史記夏本紀曰禹會諸侯江南計功命曰會稽會稽者會計也其後帝少康封子無餘於會稽文身斷髮披草萊而邑焉國號越吳越春秋曰禹周行天下還歸大越則禹時巳稱越賀循會稽記曰少康其少子號於越越國之

稱始此會稽縣志云吳越春秋殆追稱乎趙曄後漢
人謂追稱近是春秋定公五年書於越入吳杜預曰
於發聲也太伯奔荆蠻號勾吳顔師古曰勾吳猶於
越也蓋土音云爾戰國時王無疆爲楚所敗死越遂
服入於楚秦始皇二十五年定荆江南地降越君置
會稽郡治吳漢高帝六年以其地封荆王賈賈死無
後十二年又封吳王濞越絕書云文帝前九年會稽
幷故鄣太守治故鄣都尉治山陰前十六年太守治
吳郡都尉治錢塘按漢書百官表景帝中二年始更

名郡尉爲都尉又是時吳爲王國不應有太守都尉止有中尉然越絕出自漢人要不誤古人或以後官名紀前事山陰當是吳中尉治太守亦當作內史耳景帝四年濞滅復爲會稽郡越絕書漢孝景五年會稽屬漢屬漢者始并之也舊經云後復屬江都國江都王建有罪國除乃更爲郡據漢書江都易王傳吳破徙王江都治故吳國地理志會稽郡註景帝四年屬江都其說同而廣陵縣註又云江都易王非廣陵厲王胥皆都此并得鄣郡而不得吳劉貢父云然則

會稽不得云屬江都也易王傳及二註俱出班氏自牴牾然考嚴助傳建元三年遣助發兵擊閩越會稽守欲距法不爲發後助及買臣又俱爲會稽太守則會稽固爲郡時江都不聞削地所謂治故吳國者似是槩言受濞所封地固不必全屬江都葢誤云歷東漢會稽皆治吳順帝永建四年始用陽羨人周嘉議分浙東爲會稽郡治山陰而浙西自此別爲吳郡晉武帝太康二年封孫秀會稽爲會稽國惠帝永寧元年復爲郡明帝太寧二年徙瑯琊王昱會稽復爲國

宋武帝永初元年國除又復爲郡隋文帝開皇九年
爲吳州煬帝大業元年改越州尋復罷州爲會稽郡
唐高祖武德四年爲越州天寳元年復爲會稽郡十
三載復改越州僖宗中和三年劉漢宏據浙東升義
勝軍光啓二年董昌破漢宏改威勝軍昭宗乾寧元
年錢鏐誅董昌改鎮東軍天復二年封鏐越王梁太
祖開平元年改吳越王俱仍爲鎮東軍宋太宗太平
興國三年吳越國除罷鎮東軍止稱越州高宗建炎
四年避金兵自溫台回駐蹕越州明年改元紹興越

州官吏軍民僧道上表乞府額帝曰昔唐德宗以興元元年幸梁州改梁州爲興元府於是用興元故事賜名紹興府元世祖至元十六年爲紹興路明洪武二年復爲紹興府

隸州自夏建越國至周復隸揚州秦置會稽郡無所屬漢興爲荆國又爲吳國景帝時復爲會稽郡俱無屬武帝元封五年置刺史部十三州而會稽仍隸揚州後漢末孫策權俱領會稽太守統江左諸郡無屬晉平吳爲會稽國仍屬揚州王羲之爲會稽内史王

述爲揚州牧檢校郡事羲之恥之求分會稽爲越州不果宋文帝元嘉三十年始分揚州地建會州而會稽隸會州孝武帝孝建元年改東揚州大明三年復爲揚州自是之後浙東地或爲東揚州或爲揚州會稽俱隸焉唐初改越州無屬太宗貞觀元年分天下爲十道越州隸江南道元宗開元二十一年分十五道越州隸江南東道肅宗至德二載改浙東道後置兩浙道已復置浙東道屢分屢合越州俱隸五代時越州屬吳越國宋太宗至道三年改道爲路置提舉

司越州隸兩浙路高宗改紹興府復分浙東西路置提刑提舉二司而紹興隸浙東路元初罷浙東提刑提舉司改府爲路隸浙江行省明洪武二年罷浙江行省路仍爲府隸浙江布政使司

領縣越國時領邑不可考秦置會稽郡漢因之領縣二十四吳曲阿烏傷毗陵餘暨陽羨諸暨無錫山陰丹徒餘姚婁上虞海鹽剡由拳太末烏程句章餘杭鄞錢塘鄮富春昭帝始元二年以閩歐舊地置冶回浦二縣屬會稽共領二十六王莽時改吳曰泰德曲

阿曰風美烏傷曰烏孝毗陵曰毗壇餘曁曰餘衍諸
曁曰疏課無錫曰有錫婁曰婁治上虞曰會稽海鹽
曰展武剡曰盡忠太末曰末治餘杭曰進睦鄞曰謹
錢塘曰泉亭鄮曰海治富春曰誅歲光武與復從舊
末幾改回浦曰章安以治立東候官分章安立永寧
領縣二十七順帝永建四年分吳曲阿毗陵陽羡無
錫丹徒婁海鹽由拳烏程餘杭錢塘富陽十三縣置
吳郡會稽移治山陰領縣十四永和三年又分上虞
南鄉爲始寧立東部章安統于會稽共領縣十五獻

帝初平三年分太末置新安分烏傷南鄉置長山領縣十七分諸暨之大門村爲漢寧四年又分章安永寧之地爲松陽領縣十九建安四年分太末立豐安分新安立定陽十三年分東候官立邑以年號爲名曰建安爲會稽南郡共領縣二十二二十三年分太末立平昌分永寧立南始平又分烏傷之上浦爲永康分章安立臨海改太末曰龍丘章安曰羅陽餘暨曰永興漢寧曰吳寧領縣二十六吳少帝太平二年分郡之東部臨海南始平松陽羅陽四縣置臨海郡

景帝永安三年分南部東候官建安漢興三縣置建
安郡後主寶鼎元年分烏傷龍丘新安豐安長山吳
寧平昌永康定陽九縣置東陽郡會稽止領縣十舊
志云孫氏立東部爲臨海郡於是會稽始有屬郡夫
兩郡豈得相屬葢會稽爲都會兼督諸郡事如漢末
曹操表孫權爲會稽太守統江左諸郡梁湘東王繹
承制以陳霸先爲都督會稽東陽新安臨海永嘉五
郡諸軍事東揚州刺史領會稽太守是也晉地道志
宋州郡志會稽皆領縣十隋文帝開皇九年郡爲吳

州并山陰上虞永興始寧立會稽縣并餘姚鄞鄮入句章與剡諸暨領縣四唐高祖武德四年吳州爲越州而以剡置嵊州析置剡城縣與會稽句章諸暨領縣仍四又分句章故餘姚地置姚州故鄞地置鄞州七年輔公祏平廢姚州以餘姚縣來屬已又析會稽置山陰越州領縣六八年廢鄞州爲鄮縣廢嵊州及剡城入剡縣並來屬省山陰復入會稽領縣仍六高宗垂拱二年復置山陰儀鳳二年復置永興領縣八元宗開元二十六年割句章鄮二縣置明州越州領

縣六天寶元年改永興曰蕭山代宗大曆二年省山陰七年復置貞元元年復置上虞領縣七憲宗元和十年又省山陰未幾又復置梁太祖開平元年析剡立新昌領縣八宋徽宗宣和三年方臘反改剡爲嵊高宗建炎三年越州爲紹興府孝宗乾道八年分諸暨之楓橋爲義安領縣九元改府爲路成宗元貞元年升餘姚諸暨爲州紹興路領州二縣六明初改諸暨曰諸全洪武二年路復爲府二州復爲縣諸全仍名諸暨

山陰縣越王句踐都秦始皇三十七年徙大越民置餘杭伊攻故鄣因徙天下有罪適吏民置故大越處以備東海外乃更名大越曰山陰會稽土地志云邑在山之陰

會稽縣本山陰縣地沿郡名

蕭山縣吳王闔閭弟夫槩邑縣西有蕭山焉

諸暨縣越王允常所都或言西有櫧山北有槩浦或言無諸舊封夫槩故邑皆上下各取一字從省稍轉訛耳

餘姚縣周處風土記云舜後支庶所封從舜姓郭璞云句餘山在縣南句章北二縣名因之
上虞縣本司鹽都尉治地名虞賓晉太康記云舜避丹朱於此十三州志云夏禹與諸侯會計因相虞樂於此地二說不同
嵊縣縣有嵊山水經註東有簟山南有黃山西有西白山爲縣之秀峯嵊山在北乃四山爲嵊之義
新昌縣本嵊縣東鄙地說者又云割台分剡以成之
區界周以前越太約有浙東國語曰句踐之地南至

於句無諸暨有句無亭北至於禦兒宋嘉興有禦兒鄉漢功臣表兩粵傳有語兒侯東至于鄞西至于姑蔑大宋地今金華府及後滅吳則兼有吳地北渡兩淮徙都瑯琊盡揚州境跨齊逼青兗矣秦西漢會稽郡兩浙外仍兼吳閩地後漢割吳郡移治山陰提封尚數千里南踰閩越西限浙江東北至海視舊越境惟失錢塘餘地或有贏焉孫氏以後始稍分析初立臨海建安東陽三郡分地太半然猶有鄮鄞句章地唐興割嵊姚鄞三州無令嵊餘姚地未幾三州廢地仍來屬開元中始立明州割東濱海地

越州據餘姚爲境至今不改
紹興府境裁長補短方三百餘里東西二百九十里南北四百四十七里東至寧波府慈谿縣二百五十七里東南至台州府天台縣二百里南至天台縣二百九十里西南至杭州府富陽縣一百九十二里西至杭州府錢塘縣一百三十八里西北至錢塘縣一百一十五里北至海四十里東至慈谿縣二百五十七里至省城一百三十八里至江寧一千二百三十里至北京三千七百九十里

山陰縣附府城府治在縣境内東西九十八里南北一百一十八里東至會稽縣不二里許界運河而中分之東南至覆盆嶺諸暨縣界四十里南五十里絶古博嶺西南踰金牛嶺七十里達於浣江亦接諸暨北至海岸四十里沙堤極目轉徙無常海之北岸則嘉興之澉浦也東北以宋家漊爲界鄰會稽西至錢清五十五里界蕭山縣西北抵航塢之瓜瀝村亦達於海

會稽縣亦附府城去府百有三步東西九十二里南

北二百三十里東九十二里至曹娥江之中流上虞縣界東南一百四十里至三界南一百一十里至南嵎口溪之中流並嵊縣界西南八十里至駐日嶺諸暨縣界西一十里運河中流西北三里並山陰縣界北二十里抵海東北七十五里至瀝海纂風鎮上虞縣界

蕭山縣在府城西北一百一十一里東西六十二里南北九十里東五十里至浦陽江之中東南五十一里至螺山之外東北四十九里至龕山抵于航烏山

蕭山陰縣界西至浙江之中二十三里西北一十五里蕭錢塘縣界南至壕嶺六十五里諸暨縣界西南四十八里至黄嶺富陽縣界北至大海之中三十五里杭州府仁和縣界

諸暨縣在府城西南一百四十二里東西一百六十里西北一百一十一里東至古博嶺山陰縣界駐日嶺會稽縣界俱七十里西至五洩山富陽縣界金華府浦江縣界俱五十里南至善坑嶺白巖山金華府義烏縣界六十里北至兎石頭蕭山山陰二縣界俱

九十里東北至白水山山陰縣界九十里西北至雀門嶺富陽縣界七十里西南至日入桂山浦江縣界七十里東南至宣家山嵊縣界八十里而近白水嶺金華府東陽縣界八十里而遥

餘姚縣在府城東北一百四十七里東西六十里南北二百六十里東二十里界桐下湖橋東南三十五里界楊溪之石門山東北七十里界上林之漾塘並慈谿縣西三十里界小楂湖西南六十里界筀竹嶺西北七十里界烏盆斷塘並上虞縣南一百六十一

里界黎州山嵊縣北三十五里入海際又北包懸泥山跨海之北抵海鹽縣

上虞縣在府城東一百二十里東西五十三里南北一百十里東二十里至通明壩東南四十五里至白道猷嶺東北二十里至新壩俱餘姚縣界西二十八里至曹娥江之中流西北八十七里至黃家堰俱會稽縣界西南九十里至車騎山南一百三十里至覆卮山俱嵊縣界北六十里抵海

嵊縣在府城東南一百八十里東西三百七十六里

南北一百七十六里東至陸照嶺一百四十里寧波府奉化縣界東南至太湖山七十里南至胡塍一百五里俱新昌縣界西南至白峯嶺九十里東陽縣界西至勞績嶺一百三十六里諸暨縣界西北至孫家嶺七十里北至池湖五十五里俱會稽縣界東北至郁樹嶺六十里上虞縣界

新昌縣在府城東南一百二十里東西二百二十里南北一百四十五里東至黃栢尖台州府寧海縣界一百里東南至關嶺天台縣界一百二十里南至彩

烟山東陽縣界二百一十里西南至穿巖山嵊縣界四十里西至烏巖溪嵊縣界三十里西北至花鈿嶺嵊縣界十五里北至王宅後溪嵊縣界四十里東北至黄罕嶺奉化縣界一百里

坊里隋以前不可考唐十道圖縣各有鄉有里然其興廢因革亦靡得記焉宋熙寧三年行保甲法始置都領於鄉改里曰保領於都元豐八年廢都保復置附治地爲坊其郭外仍以鄉統里已又分府城四爲五廂仍領坊元改廂爲隅縣各置隅鄉爲都里爲圖

俱以一二次府城四隅不隷於縣别置録事司掌之明罷録事司以四隅還縣而隅都之名不易各縣隅或領圖圖或仍爲里然應役者在城皆曰坊長鄉皆曰里長云近年稍有增損煩瑣不可勝載詳各縣志中

府城内四隅宋太平興國初爲二鄉六里總謂之坊郭鄉　西二隅隷山陰宋鏡水鄉領里四大雲市南北海新河　東二隅隷會稽宋稽山鄉領里二待賢德政

西南隅領坊九曰大辛曰大雲漢東武里曰東觀曰紫金曰下植利曰上植利曰美政曰常禧曰南和豐鏡水鄉宋

嘉定中爲第三廂領坊三十一西河小驛南市富民華嚴鐵釘蕙蘭德惠大市門治平甲子開元南觀仁獅子雲西菩提耀靈植利采家柴場京兆天井水溝大新河南施水船場府橋桐木權木愛民京兆係京兆人遷居之處又爲第五廂領坊五教德卧龍車太顯應秦望元始改爲西南隅領坊四十三改愛民曰美政教德曰道德卧龍曰常禧省府橋以船場入西北隅增清道澄波顯寧作揖千金後路宜化和豐蓬萊澄波以方千池西北隅領坊十四曰西光相曰迎恩曰戒珠曰東中正曰筆飛江淹所居曰西中正曰東光相曰東如砥曰朝京曰下和豐曰昌安曰萬安曰西如砥曰承恩亦鏡水鄉宋嘉定中爲第四廂領坊二十賢良火珠少微板橋北市眞市雙橋水澄新河大路石灰錦鱗武勲晝錦迎恩草帽筆飛斜橋戒珠王狀元元始改爲西北隅領坊三十以斜橋入東北隅增

船場门家禮賓承恩萬安光樹中正昌安大雲五福紫金東南隅領坊八曰上望花曰中望花曰下望花曰東陶家曰西陶家曰朝東曰稽山曰東仰盆稽山鄉宋嘉定中爲第一廂領坊二十一外竹園裡竹園晉昌元真外鍾離裡鍾離靜林卄露外梧桐裡梧桐杏花覲仁日連義井新路小新新都亭法濟孝義禮裡竹園舊名禮遜漢陳嚚紀伯所讓之地元真唐張志和所居鍾離漢鍾離意所居元始改爲東南隅領坊二十九增禮賢稽山望花陶家延慶仰盆九節柔遜東北隅領坊八曰安寧曰西府東曰永昌曰東府東曰都泗晉都泗里曰石童曰東大德政曰西大德政亦稽山鄉宋嘉定中爲第二廂領坊十九棚樓花市日池月池照水小德政寶幢廣陵石灰朴木樂義永福押隊諸善上黨義井祥符詹狀元莫狀元元元始改爲東北隅領坊三十

五增針橋都泗龍華千秋解㑹天長春臺文通五雲石童朝東寶祐永昌府東通泰安寧千秋以千秋亭

蔡邕得椽竹爲笛處

山陰縣城外四十八都各領圖不一第一都領圖五元六圖第四都領圖五元八圖第五都領圖六元九圖第六都領圖二元三圖以上宋爲感鳳鄉領里二永仁玉笥第二都領圖七元九圖第三都領圖二元三圖以上宋爲巫山鄉領里五宋尉永仁鹿山塗山石城鹿山又作六山石城郎漢安成里第七都領圖三元四圖第八都第九都俱領圖二元同第十都領圖六元八圖第十一都領圖二元一圖以上宋爲靈芝鄉領里八表賓賓祐萬歲禹川盡祐埭石北瀆瀆溝第十二都領圖

三元同第十三都領圖十元十二圖第十四都領圖四元五圖
第十五都領圖五元六圖以上宋爲梅市鄉領里三梅福永新寶盆梅福相傳以漢梅福隱處蓋傅會也仰句踐處釁巫之所漢曰巫里第十六都領圖三元同第十
七都領圖七元九圖第十八都領圖六元七圖第十九都
第二十圖俱領圖四元俱五圖第二十一都領圖三元四圖以上宋爲溫泉鄉領里三懷信興德崇業第二十二都領圖四元五圖第二
十三都領圖二元三圖第二十四都領圖一元二圖第二
十五都領圖七元十圖第二十六都領圖三元二圖以上宋爲迎恩鄉舊又名永昌領里四蘭亭明福會昌若竹第二十七都領圖六元七圖第

二十八都第二十九都第三十都俱領圖二元俱三圖第三十一都領圖二元同第三十二都領圖一元二圖以上宋俱爲承務鄉領里二洪漸道秦第三十三都領圖八元九圖第三十四都領圖七元八圖以上宋爲旌善鄉領里二敬忠周嘉第三十五都領圖二元同第三十六都領圖三元五圖鎮都領圖二元同以上宋爲禹會鄉領里一廣陵第三十七都領圖三元四圖第三十八都領圖四第三十九都領圖三元俱五圖以上宋爲新安鄉領里一調山第四十都領圖三元四圖第四十一都領圖二元三圖第四十二都領圖三第四十三都領圖四元俱五圖以上宋爲天樂鄉領里四方山

馨浦斯禮新竿第四十四都領圖五第四十五都領圖三元俱同以上宋爲安昌鄉領里二齊賢東林第四十六都領圖五第四十七都領圖九元俱同以上宋爲清風鄉即唐移化鄉領里二清化洛思編戶兼城內

共二百十一里

會稽縣城外三十一都各領圖不一第一都領圖二第二都領圖五第二十都領圖二元俱同以上宋爲鳳林鄉昔嘗有鳥如鳳止於其林領里三西施鏡水石童第三都領圖一第四都領圖六第五都領圖四第十九都領圖七元俱同以上宋爲雷門鄉領里四上皐高平石瀆長樂第六都領圖六第七都領圖五元俱同以上宋爲上

亭鄉領里三上許靜志淳墅第八都領圖三第十都領圖二元同第十七都領圖二元三圖以上宋爲廣孝鄉以寺名領里二蘇墟崇德第九都領圖五元同第十八都領圖七元八圖以上宋爲袁孝鄉以袁孝子不知何時人又失其名領里一通德第十一都領圖三第十二都領圖六元俱同以上宋爲曹娥鄉領里二福嚴箬林福嚴以寺名第十三都領圖四元同宋爲富盛鄉領里一積下第十四都領圖四第十五都領圖二第十六都領圖三元俱同以上宋爲千秋鄉以觀名領里二稽山城南第二十一都領圖四元五圖第二十二都領圖五元同第二十三都領圖二元三圖以上宋爲太平鄉以山名領里四章汀全節太山嵩山第二十四都領圖二

元四圖第二十八都領圖二元三圖第二十九都領圖二元四圖以上宋爲東土鄉取謝安棲遲東土之義領里三美箭謝公廻潭第二十七都領圖二元三圖第三十都第三十一都第三十二都俱領圖一元俱同以上宋爲五雲鄉領里二石帆西施第三十三都領圖二元同宋爲延慶鄉舊又名延德領里一西岑其第二十五都領圖三第二十六都領圖四地故與嵊接成化八年縣丞馬馴往徵稅民以其近嵊也抗丞知府洪楷乃奏割兩都地屬嵊今見編戶兼城內共一百二十里

蕭山縣共二十四都各領圖不一嘉靖三十二年縣

乃有城城內二十都第二十都領圖十二元同宋合十九都爲崇化鄉領里九陳村徐潭百步朱村黃村趙村史村社壇許君百步者去縣百步社壇舊社所在許君許詢所居

第二十一都領圖十二元同宋爲昭明鄉領里五縣南小鳳龔墅閘明杜頭五鄉俱近縣治宋有三坊清風招賢通闠清風以許詢宅招賢以江淹宅元在城隅無考共領坊八增擢桂崇儒育材菊花善政崇儒育材近縣學令丞簿尉在城內然不領坊

城外二十二都

第一都領圖六元七圖

第二都領圖六元同以上宋爲田化鄉領里八趙墅永豐五里安射賓浦秦君去虎勞湖秦君秦系所居去虎虎負子渡江處

第三都領圖十二元十一都宋爲夏孝鄉以吳夏方孝行名領里八山宅茫巷許村斜橋杜湖寺莊城東城西

第四都領圖四元六圖宋爲長興鄉永興舊縣治也領里三雞鳴安正亞炎

第五

都領圖三元五圖宋爲安養鄉領里五清德靜居横塘羅村魚潭第六都領圖四元同第七都領圖五元七圖以上宋爲許賢鄉以許詢領里五開善三基謝山馬閣篪村第八都領圖五元同第九都領圖三元四圖以上宋爲孝悌鄉以宋郭巨領里五白墅香橋鄭村兎沙盛村第十都領圖四元五圖第十一都第十二都俱領圖三元俱四圖以上宋爲長山鄉以山名領里五鳳皇許賢高屯安神高鳴許賢亦以許詢高屯者唐黄巢嘗屯兵焉第十三都領圖二元三圖第十四都領圖五元同以上宋爲桃源鄉領里五通遠崇山方山曹鳴永福第十五都領圖五元同宋合十六都之半爲新義鄉領圖五前濠莫浦峽下冗村河由第十六都領圖七元六圖第十七都領圖三元同宋合十六都十八都之半爲苧

蘿鄉以山名領里五安國孔湖臨浦西施朱里第十八都領圖七元厨内五圖宋爲來蘇鄉領里三招蘇朱汀蔡嶨第十九都領圖四元同宋爲崇化鄉之半第二十二都領圖七元同宋爲里仁鄉領里七東京下浦陳墅楊新佳浦楊東楊南第二十三都領圖五第二十四都俱圖十三元傎同以上宋爲儀鳳鄉領里十六白鶴大義新田瓜瀝章浦忠義袁里龕山童墅路西佳浦周里塘頭寸里翔鳳長巷厨里句踐舟室吳越春秋所謂周宗也長巷舊名江君編戶共一百四十二里

諸暨縣城內四隅共領圖七東隅領圖二宋合第七十都第七十一都第七十二都爲安俗鄉領里五丁橋柵潭東朱沙岱鳥石西隅領圖三南隅領圖一北隅領圖一以上宋合正一都附一都爲陶朱鄉領里四前應茅渚長山白

隔二鄉內有二十坊招賢西施范鄰永寧瑞津永壽安仁勸農製錦集貨華纓浣溪彩織道山台輔使星芝山相門神秀狀元元初安俗鄉增永樂大唐二里陶朱鄉增相門一里後乃割二鄉之半爲四隅共領坊二十二省范鄰道山增茇亭桂花丹桂聯桂分領坊無考

城外八十四都各領圖不一

正一都領圖一元同

附一都領圖二元三圖以上宋爲陶朱鄉之半

第七十都領圖二元四圖

第七十一都領圖二元二圖

第七十二都領圖二元同以上宋爲安俗鄉之半

正二都領圖一元三圖

附二都領圖一元二圖以上宋爲開元鄉領里二溪丘下墅元初增柳林一里

第三都第四都俱領圖三元俱六圖

第五都第六都俱領圖三元俱四圖

正七都領圖四元五圖

附七都領圖一元二

圖以上宋爲花山鄉領里五白門象湖曉浦中浦下浦元初增石江一里第八都領圖三元四圖正九都領圖三元同附九都領圖一元二圖以上宋爲義安鄉領里六俞宅廻隊茹繩朱墓絨下里亭第十都領圖二元三圖第十一都領圖一元二圖第十二都領圖一元三圖以上宋爲槩浦鄉領里六陳宅大馬塗塘獨山婁下南安元初增新其陶朱長溪三里第十三都領圖二元同第十四都領圖一元二圖第十五都領圖二元三圖第十六都領圖二元同以上宋爲靈泉鄉領里五後金石蝌地岸高塚斗泉第十七都第十八都第十九都俱領圖一元俱三圖以上宋爲諸山鄉領里三梅市清潭墅畈元初增興古同賓二里第二十都第二十一都俱領圖一元俱三圖

第二十二都領圖一元三圖以上宋爲同山鄉領里三西坑東向豐江第二十三都正二十四都俱領圖二附二十四都領圖一元俱同以上宋爲長浦鄉領里二典樂赤岸第二十五都領圖二元五圖第二十六都正二十七都俱領圖一元俱二圖附二十七都領圖一元同以上宋爲超越鄉領里四乾溪古同前山塘頭元初增龍所上泉義井三里第二十八都領圖二元三圖第二十九都領圖一元四圖正三十都領圖一元二圖附三十都領圖一元二圖以上宋爲天稠鄉領里四鯉湖坎頭硯石高塘第三十一都第三十二都俱領圖二元俱四圖第三十三都正三十四都俱領圖一元俱二圖附三十

四都領圖一元同以上宋爲金典鄉領里四平泉稠水蕙渚街亭元初增建德崇山二里

第三十五都領圖一元同第三十六都領圖四元六圖第三十七都領圖一元三圖以上宋爲龍泉鄉領里四板橋黃澤樓子黃畈元初增梅溪崇賢藥王崇岡高崇樂安六里第三十八都領圖一元三圖第三十九都領圖二元四圖第四十都領圖一元二圖以上宋爲開化鄉領里十沉坑苦竹峽山岳風渾里算溪福田演溪獨山大門大門卿吳永興縣故址元初增大田良田湖田三里

第四十一都領圖一元三圖第四十二都領圖一元二圖

第四十三都領圖二元三圖第四十四都領圖二元四圖以上宋爲孝義鄉以宋賈恩領里十流子湖塗白水白隔黃碧小際杜坑城演官貝錢里元初增果林上林

（崇仁城山崇化五里）第四十五都第四十六都俱領圖一（元俱二圖）正四十七都領圖二（元三圖）附四十七都領圖二（元同以上宋爲花亭鄉領里五大林白社徐岸五竈後岸元初增龍泉建興陽明松岡永昌五里）第四十八都領圖二（元四圖）第四十九都領圖二（元三圖）第五十都領圖三（元同以上宋爲長寧鄉舊名永寧領里五步溪大坑石硑馬塘黃山元初增豐義瓜山前湖三里）第五十一都領圖一（元三圖）正五十二都領圖一（元二圖）附五十二都領圖一（元同以上宋爲大部鄉領里三白水白豐安樂元初增秦山香山富樂宜仁四里）第五十三都領圖一（元二圖）第五十四都領圖二第五十五都領圖一（元俱同以上宋爲長阜鄉舊名永昌

領里二上劉前塘元初增招德招賢蘭臺招胥白水塘里六里第五十六都領圖二元三圖第五十七都正五十八都附五十八都俱領圖一元俱同以上宋爲東長安鄉舊名永安領里五屠里湖部招桂杜鳴烏程元初增安明永明楓橋長塘石潭五里舊無第五十九都第六十都領圖二元同第六十一都領圖一元二圖第六十二都領圖三元同第六十三都領圖三元四圖以上宋爲紫巖鄉領里八黃澗盛後白櫟金汀岳樠牛格中里琴鳴元初增釣臺臨川永修三里第六十四都領圖二元四圖第六十五都領圖二第六十六都領圖六元俱同以上宋爲西長安鄉領里七杜汪鍬冶竹浦吳墅秘浦孔湖祈祈元初增安陽江南二里正六十七都領圖四元五圖

附六十七都領圖二元一同第六十八都領圖五元六圖正

六十九都領圖二元二圖附六十九都領圖一元二圖以上宋爲長泰鄉領里十望海桑溪竹熱漁禝鄭墅竹編戶橋皁山新城古塘蕢隴元初增越女九江二里

共一百五十二里

餘姚縣城內四隅共領里二十七東南隅領里六元領坊二雙桂待士東北隅領里九元領坊三安定還淳肅清西南隅領里四元領坊二甘泉高誼西北隅領里八元領坊三永寧袞繡閱武宋無四隅止十坊雙桂待士永寧同共七爲履仁清和崇理訓俗通德太平時清城外三十五都各領里不一東山一都領五里半二都領里六元俱六圖三都領

七里半元七圖以上宋爲東山鄉領里六李春桃娘安僧余福余支蔣德蘭風一都領里四二都領里五元俱七圖三都領里四元五圖以上宋爲蘭風鄉領里六孫兒惠藥施金馮明大悲班兒燭溪一都領五里半元七圖二都領七里半三都領里七元俱八圖以上宋爲燭溪鄉領里六豐山吉泰王勝王祐鳳珏周義梅川一都領三里半元五圖二都領里十一元十一圖以上宋爲梅川鄉領里四劉榮長慶戴福謝芳冶山一都領三里半元四圖宋爲冶山鄉領里四萬歲賈福景安賀恩四明一都領三里半二都領里三元俱四圖三都領三里半元五圖以上宋爲四明鄉領里四白雲趙餘梁政蔣吳開原一都領里九二都領里十元俱十圖三都領里七元七圖以

上宋爲開原鄉領里五汝仇宣訓閣剩趙孟戚余

鳳亭一都領十里半元十二圖

二都領里十二元十三圖以上宋爲鳳亭鄉領里三許君顧伴君恩

雲柯一都領里十二元十二圖

二都領七里半元八圖

三都領里六元七圖以上宋爲雲柯鄉領里五信天承福神像僧保天養

雲樓一都領九里半元十圖宋爲雲樓鄉領里四九功永明神護王政

上林一都領里八元九圖

二都領四里半元五圖以上宋爲上林鄉領里五石人嚴順祁恩田熟王蕙

通德一都領三里半元六圖

二都領里四元五圖

三都領四里半元六圖以上宋爲通德鄉領里四仁歸再生仁德多兒

孝義一都領里八元八圖

二都領里十五元十六圖以上宋爲孝義鄉領里四俞成王壽壽荅黃金

雙鴈一都

領里九元十圖二都領七里半元八圖以上宋爲雙鴈鄉領里四中隸南雷國覇王安（宋李光雙鴈道中詩）曉潮落盡水涓涓柳老秧齊過禁烟十里人家鷄犬靜竹扉斜掩護蠶眠

龍泉一都領五里半元七圖二都領八里半元九圖以上宋爲龍泉鄉領里六羅浣傳太太慶王保施惠駱德編戶共二百七十五里

上虞縣城內四隅東隅南隅西隅北隅共領圖七元隅同共十三坊尚德尊賢昭位崇義恤孤純孝金罍闞文務農廉貫思仁重義習古分領坊不可考宋爲瑞像上鄉以寺名領里一孝義內亦有十三坊金罍爲好學餘名俱同城外二十五都各領圖不一第一都第二都俱領圖六元俱同宋爲蛾眉鄉以山名領里一羅巖第三都領圖十第四都領圖三元俱同鎮都領圖

一元二圖以上宋爲永豐鄉領里一玉祥第五都領圖五元同第六都領圖五元三圖第七都領圖二元万圖以上宋爲寧遠鄉領里一夏蓋以湖名第八都領圖八元同宋爲新典鄉領里一纂風以山名第九都領圖九第十都上領圖七元同宋爲孝義鄉領里一嵩城以古廢城第十都下領圖七元同宋爲上虞鄉領里一蘭芎以山名第十一都領圖四元同宋爲蕺初鄉領里一集浦第十二都領圖五元同宋爲葛仙鄉以葛元墓領里一蔡碑第十三都領圖三元同第十四都領圖五元六圖以上宋爲景隆鄉領里一常管第十五都領圖四第十六都領圖二元同宋爲上山鄉領里一南寶第十七都第十八都俱領圖三元俱同宋爲寶泉鄉領里一夏湖第

十九都領圖三元二圖第二十都領圖四第二十一都領圖六第二十二都領圖十元俱同以上宋爲瑞像下鄉領里一新安第二十三都領圖十三元同宋爲始寧鄉舊始寧縣也領里一通明以斸名編戶

共一百四十二里

嵊縣城內二隅共領坊六東隅領坊三元領坊十四清紀益詠棲鸞淳化宇民成俗齊禮嘉會豐義醴泉仁德桃源絃歌訪戴宋合第二都爲仁德鄉領里五廿棠永樂餘糧歸仁金塘四隅領坊三元領坊十秀異集賢化民繼孝兆慶繼錦妙首招提清河儒桂宋合第五十三都第五十四都爲昇平鄉領里五承霞靜豐尙賢泰和伍山二鄉內亦有三十四坊清紀日佐理益詠日進德撫棲鸞淳化儒桂有通安遷善迎春城外五十四都各領圖

不一第一都領圖一元同宋爲方山鄉領里五全節永壽懷仁通山光德第二都領圖一元二圖宋爲仁德鄉之半第三都第四都俱領圖一元俱同宋爲康樂鄉以謝靈運領里五游謝宿剡竹山康樂感化宿剡取靈運詩中語第五都領圖一元二圖第六都領圖二元四圖第七都領圖一元二圖以上宋爲崇信鄉領里五休祥甘泉竹山懷安剡中第八都第九都第十都共領圖一元各領一圖宋爲筮節鄉領里五灌濤昇僊馴翟思善澄江第十一都宋爲靈山鄉領里五欽義下闈靖安守義崇孝第十二都共領圖一元十一都二圖十二都一圖第十二都領圖一元同宋合十二都爲金庭鄉以山名領里五昌化善政惟新永寧緣德第十四都第十五都俱領圖一元俱同宋爲孝嘉鄉舊名

清苦里陳王知元有孝行宣帝嘉之改孝家里領里五石鼓桐栢安樂忠節安義

第十六都領圖二元一圖

第十七都領圖二元同以上宋爲忠節鄉領里五三峯孝嘉石鼓忠節修仁

第十八都領圖四元五圖

第十九都第二十都共領圖一元各領一圖宋爲遊謝鄉領里五康樂明登宿星暝扱吹臺明登宿星暝扱俱用靈運事宋陳克送汪藻詩雨裏落帆遊謝鄉寒聲古木共荒涼四山爲我洗蒼玉況有故人歸上方

第二十一都第二十二都俱領圖一元俱二圖宋爲靈芝鄉領里四石林東節正筠化善

第二十三都領圖一元二圖

第二十四都領圖一元同以上宋爲崇仁鄉領里五感化霞丘靖林歸善愛敬

第二十五都領圖一元同

第二十六都領圖二元三圖以上宋爲孝節鄉領里五新豐從化招賢綏安方

山

舊無第二十七都第二十八都領圖一元二圖第二十九都領圖一元三圖以上宋爲永富鄉領里五克遊西清東蘭餘風禪房第三十都領圖二元三圖第三十一都領圖一元二圖第三十二都領圖一元同以上宋爲富順鄉舊名正順領里四長敬新安溫泉慈烏第三十三都領圖二元四圖第三十四都領圖一元三圖以上宋爲崇安鄉舊名永安領里五澄清懷善依賢化俗清安第三十五都領圖一元二圖第三十六都領圖六元同以上宋爲羅松鄉領里五紫巖雙璧中川斷金豐樂第三十七都領圖二元八圖宋爲剡源鄉領里五尊賢澹城中和光明積善第三十八都領圖二元七圖第三十九都領圖一元三圖以上宋爲太平鄉

領里五碧潭擇賢懷仁建昌懷信第四十都領圖一元二圖第四十一
都領圖一元同以上宋爲長樂鄉領里五崑山陽明昭仁禮義寧安第四十二都
領圖二元同宋爲開元鄉領里五靜安回鄉招仁居賢氷魚第四十三都領圖
二元同宋爲繼錦鄉以史綸史叔軻父子相繼登科舊名治化領里五馴善板轅鳴絃戴星遷星第
四十四都領圖二第四十五都領圖一元俱同宋爲積善鄉領里
五名俱與羅松鄉同但紫巖爲南巖耳第四十六都領圖一元二圖第四
十七都領圖三元五圖以上宋爲桃源鄉即劉阮所居領里五永闞白泉長樂崇信安居
第四十八都領圖三元六圖第四十九都領圖二元同以上
宋爲清化鄉領里五懷善開明欽賢習善招賢第五十都第五十一都第五

十二都俱領圖二元俱同宋爲禮遜鄉舊名禮節領里五長安僊林平樂懷安新安第五十二都第五十四都俱領圖二元俱三圖宋爲昇平鄉之半第五十五都領圖三第五十六都領圖四成化八年割會稽二十五六兩都來屬者元領圖同宋爲德政鄉領里三太欽恭存奉化編户共八十八里

新昌縣城内外共三十都各領圖不一城内四都第一都第二都共領圖一第三都領圖六第四都領圖一内共有八坊文昌儒慶青瑣春官文林通明應台聚賢元共領圖九在城隅無考有十三坊治平康樂覇越千秋太平通明錦繡崇化集賢登俊明倫應台宣德康樂令泰當崇化今青瑣集賢今聚賢宋爲五山鄉以五龍山領里四孝行孝義仁巖步渚内有四坊康樂覇越千秋太平城外二十六

都第五都第六都共領圖二第七都領圖一第八都第九都共領圖一第十都第十一都都歸併領圖一元第十都以上共領圖七宋為豐樂鄉領里八紆湖永泰美人楊谷僊巖全節通義懷化第十二都第十三都俱領圖一第十四都領圖二第十五都第十六都第十七都共領圖一元合十一都共領圖九宋為彩煙鄉領里三松門穿巖太清第十八都第十九都歸併領圖二第二十都第二十一都歸併領圖一第二十二都第二十三都歸併領圖二元第二十二都以上共領圖四宋為仙桂鄉領里二思行晝錦第二十四都第二十五都第二十六都第二十七都第二十八都第二十九都第三十都俱

領圖一元合第二十三都共領圖十一宋爲善政鄉領里二永寧開化第三十三都第三十二都第三十二都歸併元共領圖一宋爲新昌鄉領里二金塋新豐第三十四都第三十五都第三十六都第三十七都歸併共領圖一元第三十六都以上共領圖一宋爲安仁鄉領里一義順第三十八都第三十九都共領圖一元合第二十七都共領圖一宋爲守義鄉領里三崇賢靖安惟新編戸共三十里

市府城內清道橋市在府東南一里

酒務橋市在府東南半里

江橋市在府東一里以上隸山陰

越大市在都亭橋南秦漢時越人於此爲市卽薊子

訓賣藥處宋時廢隸會稽

山陰灕渚市在府城南四十里

柯橋市在府城西四十里

夏履橋市在府城西南五十里

錢清市在府城西北五十里

安昌市在府城西北七十里

玉山陡亹市在府城北二十里

會稽平水市在府城東二十五里蓋唐時嘗有市今廢唐元稹序白氏長慶集云予嘗於平水市中見村校諸童競習歌詩召問之對曰先生教我樂天微

之詩固亦不知予之爲徵之也
其自註云平水鏡湖傍草市名
三界市在府城東南一百二十里卽漢始寧縣址
馬山市在府城北二十里
樊江市在府城東三十里
道墟市在府城東七十里
傖塘市在府城東八十里
白米堰市在府城東七十里
曹娥市在府城東八十里
蕭山縣市在夢筆橋

臨浦市在縣南三十里
長山市在縣東北四十里五代時立
諸暨楓橋市在縣東北五十里宋大觀中立乾道末
爲義安縣
黄潤街市在縣北六十里
餘姚縣江橋市在縣城南門外
臨山市在縣西北六十里衛城南
滸山市在縣東北三十五里三山所城東門
姚家店市李家閘市俱在縣東南三十五里

新塌市在縣西三十里
梁衕市在縣西南四十里
馬渚市在縣西南二十里
周巷市在縣西北四十五里
天華市在縣西北五十里
店橋市黄淸堰市俱在縣西北三十五里
埋馬市匡堰市俱在縣東北三十五里
石人山市在縣東北七十里
上虞縣市在縣東二百十步豐惠橋邊

梁湖市在縣西二十里

五夫市在縣北三十五里相傳焦氏有五子皆爲大夫又曰焦氏常爲五大夫今市西山下有焦婆井云唐會昌三年俞球記亦云因焦氏或云秦封松爲五大夫之地市有五松又名五松市宋王十朋會稽賦松封五夫

小越市在縣北三十里

嵊縣市在縣城中以直街爲市心

華堂市在縣東七十里

上罔市在縣東二十五里
長樂市在縣西南六十里
三界市在縣北七十里
崇仁市在縣西三十五里
新昌王澤市在縣東北二十里
胡十市在縣東三里
長潭市在縣西三十里
棠墅市在縣南七十里
坑西市在縣東三十里

蔡𡺸市在縣東八十里以上諸市大約城內外者日聚鄉則旬中一二日或二八或三七聚然祗日用常物耳無珍奇府城內外最爲盛次餘姚次蕭山上虞若新昌則故無市成化中餘姚王金三始興之後稍稍湊集

鎮

山陰錢淸鎮在府城西五十里接蕭山界舊有江有驛今江巳湮廢舟行由運河直抵西興宋陳淵過錢淸詩江潮來去自有時扁舟閣淺心如飛岸容霜竹青照眼春信梅花香撲衣天塞鄞江道路阻歲晏錢淸風俗非故園回首二十里落日看盡行人歸

會稽三界鎮在府城東南一百二十里

蕭山西興鎮在縣西十二里古西陵也錢王鏐屯兵

惡陵字改曰興〔宋謝惠連西陵遇風獻康樂詩〕我行指孟春春仲尚未發趣途遠有期念離情無歇戒裝候良辰漾舟陶嘉月瞻途意少悰還顧情多闕哲兄感仳別相送越坰林飲餞野亭館分袂澄湖陰悽悽留子言眷眷浮客心迴塘隱艫栧遠望絕形音靡靡即長路戚戚抱遙悲悲遙但自弭路長當語誰行行道轉遠去去情彌遲昨發浦陽汭今宿浙江湄屯雲蔽曾嶺驚風湧飛流零雨潤墳澤落雪灑林丘浮氛晦崖巘積素惑原疇曲汜薄停旅通川絕行舟臨津不得濟佇楫阻風波蕭條洲渚際氣色少諧和西瞻興游嘆東睇起悽歌積憤成疢痗無萱將如何〔唐皇甫冉西陵寄一公詩〕西陵遇風處自古是通津終日空江上雲山若待人汀洲寒事早魚鳥興情新南望山陰路吾心有所親〔又送陸潛夫賦得越山三韻〕西陵猶隔水北岸已春山獨鳥連天去孤雲伴客還秖應結茅宇出入石林間〔僧靈一酬皇甫冉西陵見寄詩〕西陵潮信滿島嶼沒中流越客依風水相思南渡頭寒光生極浦落日映蒼洲何事揚

帆去空驚海上鷗〔郎士元送李遂之越〕未習風波事初爲東越遊露沾湖草晚月照海山秋梅市門何處蘭亭水尙流西陵待潮信落日滿孤舟〔元稹與樂天別後西陵晚眺詩〕晚日未抛詩筆硯夕陽空望郡樓臺與君後會知何日不似潮頭暮却來〔白居易答微之泊西陵見寄次韻〕烟波盡處一點白應是西陵西驛臺知在臺邊望不見暮潮空送渡船廻〔李紳西陵寄王行詩〕西陵沙岸廻流急船底粘沙去岸遥驛吏遥呼催下纜棹郎閑立道齊橈猶聽伍相青山廟未見雙童白鶴橋欲責舟人無次第自知貪酒過春潮〔吳融西陵夜居詩〕寒潮落遠汀暝色入柴扃漏永沉沉靜燈孤的的青林風移宿鳥池雨定流螢盡夕成愁絕啼螿莫近庭〔宋呂祖謙西興道中〕鳧鶩迎船自有情隨波故故趁綠蒴蒴野花照水開無主誰信春歸已兩旬〔又〕柔麻張主不知春帝恐鶯花太斷氣東岸紅霞西岸柳却將影色爲平分〔元張九思西興夜宿詩〕行如歸鳥來安巢泊似枯蟬暫解包軟語逗留吳地習拙詩慚愧越儈抄未諳上酒隨宜飲旋買江魚借

具砲有酒得魚身是客絕勝無酒與無肴〔施釣詩〕片帆風力飽凉意碧颸颸江潤欲沉鴈天空惟見秋漁歌聞四起人影在中流隔望秦峯出東南第一州〔明高起宿西興詩〕掛帆無天風到岸日已夕捨舟理輕裝欲問古鎮驛颯颯灘聲廻莽莽山色積僕夫夜畏虎告我弗遑適望林投人家炊黍旋敲石寒眠多虛驚我體若畏帶離云別家適數日已在客今宵始驚歎東西大江隔〔鏽漁西興夜居詩〕鴈陣驚寒過驛樓江聲月色暗生愁扁舟此夜西陵渡頓使行人易白頭

漁浦鎮在縣南三十五里

上虞纂風鎮在縣西北七十里

嵊剡鎮在縣東南一百步今遺跡不可考舊志云近邑民於縣西南惠安寺前池中得片石題曰瞻都鎮下有文殘闕可見者云當鎮奉勅旨重開道〔闕〕洫子以防火燭

闕巳丑之歲二闕日開此淨池闕畢工故記于此漫不可辨所謂贍都鎮疑即舊鎮也然以剡爲贍又天慶觀有錢氏時有都公移稱兩都都軍糧帖檢先據贍縣奏云云錢氏僭稱杭爲西都越爲東都號兩都據此則錢氏嘗改剡爲贍矣疑因古語有二火一刀之說惡其不祥改爲豐贍之贍理或然也宣和中方寇初平宣撫司亦乞改剡爲嵊宜撫使乃童貫其意與錢氏畧同

鼓井鎮在縣西南十五里

關　蕭山漁臨關在縣東南十五里凡商販竹木牌筏自上江順流東下經富陽入小江悉集於此每竹木到關南關主事渡江蒞縣監視南關榷書曰木從嚴處衢嚴由大江進漁浦港往諸暨賣者泊臨浦下𬎼

堰山抽分餐寧紹賣者過義橋新壩臨浦麻溪等壩裏河抵至白露塘下抽分

此外山陰有錢清關瀝渚關清潭關花街關三江關會稽有蒿陡關平水關餘姚有陸浦關石堰關上虞有梁湖關今俱廢舊志皆稱洪熙元年巡按御史尹崇高奏革然考南關榷書梁湖關嘉靖九年爲差委人員索詐財物裁革平水關嘉靖二十六年爲拍陳利弊稍舒貧民累苦事本縣具申每年額徵銀二十兩解部始裁革不盡由尹御史也會稽新志曰蒿陡

平水二關雖經奏革後工部分司仍遣人抽分嘉靖二十七年張知縣鑑復申革之山稅帶辦於縣並尹公奏革於前工部仍抽分至此乃盡革權書不知前巳革遂謂二十六年始議革耶新志又曰近來山民相讐遇採伐者仍以匿稅越訟於杭之権關重爲民病獨嘉靖四十五年鉛山費工部堯年知其弊特示禁云欽差工部員外郎費爲禁約事照得朝廷設關實寓抑末之意若居民採取本山竹木修葺房舍非販賣可比豈宜一例起稅有挾讐妄告者重治勒石永遠禁革

形勝 紹興枕大海岸北吳興亘田鱗次左右兩江如

夾曹娥外四明大蘭爲翼東接明州由西陵渡浙江則臂天目諸山控扼三吳南山爲前障五泄天姥錯三邑巖谷連綿犬牙天台永嘉閩與閩豫章相望固東南一都會也禹迄功萬國委輸句踐生聚教訓竟滅强吳續五覇二孫據江東俱自領會稽太守晉東渡之初三吳豪蓋請都會稽五代之亂錢氏據兩浙越獨爲完州南宋都臨安則紹興爲股肱郡明置防海諸軍紹興實搤其肮二百七十餘年名賢輩出

國朝定鼎以來人才蔚起益稱名郡云

漢紀許子將曰會稽富貴策之所貪

三國志張紘曰收兵吳會則荆揚可一孫權謂虞翻曰孤有征討事未得還府卿復以功曹爲吾蕭何守會稽耳

虞翻曰會稽上應牽牛之宿下當少陽之位東漸巨海西通五湖南暢無垠北渚浙江南山攸居實爲州鎮山有金木鳥獸之殷水有魚鹽蛛蚌之饒海嶽精液善生俊異

晉書諸葛恢爲會稽元帝謂曰今之會稽昔之關中

宋書史臣曰江左以來根本於揚越又曰會土帶海傍湖良疇數十萬頃膏腴上地畝直一金鄠杜之間不能比也

宋陳舜俞曰越爲東南一都會公私晏安百度饒羨蒼山白水連屬附郭古今以爲人物登覽之勝

嘉泰志陸游序曰高宗駐蹕彌年定中興之業升州爲府冠以紀元大駕既西幸而府爲股肱近藩葢視長安之陝洛汴都之陳許所命牧守皆領浙東安撫使又諸陵攢殿相望於鬱葱佳氣中朝謁之使舳艫銜

轂擊中原未清今天下鉅鎮惟金陵與會稽耳荆揚梁益潭廣皆莫敢望也

明周述學曰吾郡諸山南從朱華峯起頂北來分三支一支自大亭山入爲臥龍一支自小亭山外山入爲飛來峯一支自禹陵入爲蕺山郡城峙焉其外東西二小江環遶會於三江口潮汐日往來以海爲池壯哉大都之勝也後郡西築麻溪壩則海潮不至沿海築堤餘姚上虞之水復由定海出又不能與郡相衛雖田土有耕種之利而江山之靈秀損矣予志郡

中山水仍載東西二江者蓋存天地自然之秀也
南新志曰稷山東峙姚丘拱焉梅里西翼苧蘿抱焉
會稽南面秦望聯焉梅山北合璜嶺繞焉曹娥錢清
映帶乎左右鑑湖陡疊散漫乎崇卑舟行陸憇如在
畫圖瑰偉之觀蓋有欲言而不能盡者矣 官制連山瀆海好訟刁頑
談府城之勝者一統志曰鑑水環其前臥龍擁其後
稽山出其東秦望直其南自浙以東最爲勝處南新
志曰天下之山祖於崑崙其分支於岷山者爲南條

之宗掖江漢之流奔馳數千餘里歷衢踰郴包絡甌閩而東赴於海又折而北以盡於會稽故會稽爲南鎮鎮止也南條諸山所止也越郡正當會稽諸山之中郡城之外萬峯回合若連雉環戟而中涵八山八山者又會稽諸山之所止也堪輿者之言曰越山又祖華頂而宗鵝鼻鵝鼻之中支曰大慶折爲二脉東爲秦望西爲朱華朱華之脉北委於平野若隱若見二十餘里而起爲琵亭諸山蜿蜒東折以入於郡城曰臥龍山郡治於是乎在八山之所尊也秦望之脉

東折而北爲天柱又北爲香爐禹穴又北爲三湖之阜隱而西折以入於城曰龜山龜之陽伏地百數十丈南起爲石岡負城半出以臨於水曰鮑郎山其陰伏地北行二三里微見其脉於水際曰蛾眉山又北爲火珠山而止火珠正當臥龍之頷其勢若相吞吐者葢中支二脉之所會也鵝鼻之西支中岐而爲二其東支亦中岐而爲二西支之內則連暨陽諸溪之源自牛首東至於上方涉梅山而南以入於城爲蕺山而止東支之內則連嵊西諸溪之源自五峯北至

於逵門踰苧蘿而西以入於城爲彭山又西爲白馬山而止白馬正當蕺山之麓其勢若相交搆者葢東西直兩支之所會也西支之外循錢塘而北下東至於馬鞍山盡陡亹之西壁東支之外循曹娥而北下西至於龕[illegible]以盡陡亹之東壁陡亹雖增鑿於人力而亦實因東西二外支之所盡葢越中諸水之關也百源之流皆來萃於八山之間直者爲經橫者爲緯渟演旋伏然後合流而北以出於陡亹則八山者又越中諸水之所會也此段所論山脉與前述學所云又不同未知孰是今兩存焉

山陰會稽皆附郭邑而談形勝者亦各一論南新志曰山陰則岡負塗山渚面蘭亭湖抱青田江通漁浦會稽則禹陵前峙稱山後拱遶門中含娥江外附山陰新志曰秦望南屹滄海北環峯巒緯列於左右而潛江巨湖經流其中膏壤沃土民物廣饒會稽新志曰東環娥江北遶大海南接杉嶺西倚山陰東南阸嶀山西南阻駐日官制山陰上衙會稽多訟繁衙中談蕭山之勝者倪淵儒學記曰西瞰浙江潮汐之雄放東攬會稽巖壑之奇秀西山亭記曰越山近自湘

湖分布而出若星離綺錯於會稽之陸而浙江則波濤洶湧黃潭汗漫夢筆橋記曰青巖交映兩山亭賦曰揖秦望爲後薇聳天目爲前屏爲東藩之喉舌南新志曰險據錢塘利開湘湖北幹明月佳山青蕖官制繁衝中

談諸暨之勝者南新志曰五泄爭奇羣湖瀉曜長山掛榜浣江拖練縣新志曰縣治坐漁樵外屏杭烏面白巖內案苧蘿諸山而左白茅右長山白茅北長山相去雖稍遠得浣江緊繞而茅峯高起勢實與長山

爭雄白茅之外屏則鐵崖芝菰諸山長山之外屏則
五洩陽塘諸山而東白爲東南之崑崙五指鎮西南
之門戶道林紫巖諸山爲北東西之護衛其間扶輿
蜿蜒森列奔峙要有不容盡述者官制辟繁中
談餘姚之勝者唐虞世南曰波濤觸天渺若瀛海又
曰三江重複百怪垂涎王速江橋記曰東接鼓門西
通曹渡長江制其區宇巨浸帶其封域縣譙記曰山
秀而整水流而廻元周伯琦曰南起崇山高峻天表
北際滇海橫截地維鍾靈孕秀元夫鉅公世產其地

高明州城記曰襟江枕海南連嶀嵊北距錢塘實吳越要衝之地南新志曰四明南列巨海北滙長江中橫諸湖外吞縣新志曰入邑城北望豐山若馳而南融爲秘圖姚江界其胸臆竹山西石鎮其中流龍泉二黃參衞拱翼而客星秀表經緯諸湖南北山海更復壯麗蓋山之交水之會風氣之委藏也於茲邑焉得其勝矣官制衙繁甚上

談上虞之勝者南新志曰百樓五癸對峙後先玉帶金罍環揖左右縣新志曰左舜江右娥江南帶溪北

負海河横厥中亘三十里山則百樓拱前五癸峙後螭蚴鬬奇不厭拄笏而羣峯蜿蟺自西而東周遭矗矗若雉堞然官制冗頗衙中

談嵊之勝者南新志曰秀蘊剡溪風清嶀嶺金庭縹緲石鼓連綿縣志曰縣治居剡山之麓治東五里爲艇湖山又五里爲竹山治西五里爲象駱山又五里爲福泉山五里發脉自嶀一起一伏迤邐數十里分爲五支其勢南奔俱及剡溪涯而後止俗呼五馬據泉以剡山處中而四山分列左右抱顧有情而爲嵊

城之輔翊也始皇之鑿刻山蓋以秀氣所鍾云官制下頗衝

談新昌之勝者南新志曰沃洲東亘天姥南延南明攲崟南巖嵯峩縣新志曰南接䭾峯北依五馬祥溪環其東旗鼓峙其西此邑居之形勢也蘇木關嶺石臬陳公控扼乎東北楊坑夾谿三溪梅渚襟帶乎西南此四境之形勢也若夫天姥沃洲之秘南明濂洞之幽此又遊觀之勝槩自昔名流紀述詳矣官制中頗冲

附宋謝靈運會吟行六引緩清唱三調佇繁音列筵皆靜寂咸共聆會今會吟自有

初請從文命敷敷績壺冀始州水至江汜列宿炳天文負海橫地理連峯競千仞背流各百里滮池溉稉稻輕雲臒松杞兩京愧佳麗三都豈能似臂臺指中天高墉積祟雉飛鷺躍廣途鷁首戲清沚肆呈窈窕容路曜嬛娟子自來彌世代賢達不可紀句踐善麼與越叟識行止范蠡出江湖梅福入城市東方就旅逸梁鴻去桑梓牽綴書土風辭殫意未已

宋王十朋會稽風俗賦

昔司馬相如作上林賦設子虛烏有先生亡是公三人相答難子虛虛言也烏有先生者烏有是事也亡是公者亡是人也故其詞多誇而其事不實如盧橘黃甘之類蓋上林所無者猶莊生之寓言也余賦會稽雖文采不足以擬相如之萬一然事皆實錄故設爲子真無妄先生有君問答之辭子真者誠言也無妄者不虛也有君者有是事也以反相如之說焉

有客過越自稱子真介于無妄先生贄見于有君謁入乃膝而前曰聞有君之名雅矣今幸際顏色聆詺言僕

輙有請君其聽焉君世家于越以風流自命業傳緗素才播歌詠越之山川人物古今風俗載在君腹顧聞其畧可乎有君乃歛袵肅容謝曰唯唯客姑坐焉吾以語爾越於九域分曰揚州仰瞻天文度當牛斗在辰爲丑自夏而侯郡於秦漢覇於春秋州於隋而使於唐公有素而王有鏐因種山而中宅廓蠡城而外周龍樓翼而乾峙石竇伏而與流法天門兮地戸惟崑崙兮是侔實東南之大府號天下之無厹其山則鬱鬱蒼蒼巖巖嵬嵬磅礴蜿蟺嶒崒岬嵱若鶩若犇若闘若閣或凸或凹或自或白或斷而聯或昂而低虎卧龜蹲龍盤鳳迴舒爲屏障峙爲樓臺掩映江湖明滅雲霓八山中藏千峯周廻彭鼂名存蛾馬迹淶鉅者南鎮是爲會稽洞曰陽明羣仙所棲石傘如張石帆如揚石簣如藏石鷄如翔石壁匪泥石甕匪攜香爐自烟大柱可梯韞玉有笥降仙有臺禹穴窅而叵探葛巖兆而自來射堂豐內之的宛委目月之珪憑天上之玉衡直海中之蓬萊至若嵊山歸其東龕山屹其西阜至縣蜀龜來自齊梅山乃隱吏之窟

紵羅盖西子之閨五泄爭奇於鴈蕩四明競秀於天台五雲中令之故居十峯疊翼之招提故越爲之首兮劃爲之面兮沃洲天姥肩兮目兮金庭桐栢仙子宅兮南明嵌崆寶相游兮南巖嵯峩海跡古兮陟秦望而望秦兮登洛思而思洛兮采葛食蕺敬弔前王兮修竹茂林緬想陳迹兮連山如珠秦皇之所驅兮擧山如玦亞夫之所剖兮北幹隱兮明月在東山卧兮白雲迷以徵寂兮幽鳥怨太白空兮埜猿啼其水則浩森泓澄散漫縈迂漲焉而天風焉而波淨焉如練瑩焉如磨溢而爲江瀦而爲湖爲沼爲沚爲瀆爲汚滙爲陂澤疏爲溝渠滈而田疇淤而泥塗生我稻粱漑我菓蔬集有鳧鴈戲有龜魚實有菱芡香有芙蕖鷁舟如擊馬檝如驅船龍天矯橋猒雖斫堰限江河津通漕輸流甌舶鬪浮鄞達奠浪檕風帆千艘萬艫大武挽縴玉丁謀謗榜人奏功千里須臾境絕利博莫如鑑湖有八百里之回環灌九千頃之膏腴浮賀監之家滈充常之都人在鑑中舟行畫圖五月清涼人間所無有菱歌兮聲哨有蓮女兮貌都日出兮

烱銷漁郎兮笑嘷東注曹江哀彼孝娥西觀鷲濤弔夫子胥槩浦思夫槩之封翁洲訪偃王之廬簟醪投兮浴吳國爾舟去兮變陶朱鼓樵風兮遊若耶輿雪櫂兮尋隱居禊事修兮觴蘭渚陶泓沐兮池成珠了溪鑒兮禹功畢刑塘築兮長人誅酌菲泉兮懷古飲清白兮自娛其物則有魚鹽之饒竹箭之美山涵游蓄育其有幾貢入王室利周遐邇耕焉以火耨焉以水南向風翼莽翠浪千里杷柂一空玉粒如峙炊粳釀秫既甘且旨學系之奇號爲第一龍精儀儀吐絲潸室萬艸丁丁乎機軸中出綾紗縉縠雪積無匹木則楓梃千丈松封五夫桐栢合生櫲棐異隅文梓梗柟櫟柞槠榆連理之柯合抱之株乃斧乃斤以輿以廬乃有蕭山陸吉諸暨三如湖柟成林賀瓜潸區棗實全赤擒腮半朱火櫂殼玉櫻桃薦珠鴨脚含黃雞頭去盧百益七絕之奇雙頭四角之殊蔗有崑崙之號梅有官長之呼蔓生則馬乳蘡薁土實則梟芡慈菰野蔌谿毛園蔬木菌湘湖之蓴箭里之筍可薦可羞釆顧無盡鱗蟲水族海生池養丁首丙尾鰣腹縮項赤

鱓文鱧元鯧黃鰷漁人騈集以釣以網羨金膾玉不
數熊掌能言之鸚善鳴之鵝輸芒之蟹孕珠之蠃文
身合氏之子敗足從事之徒銜塡巷委與土同多異
獸珍禽爵鼠銅吐綬猛虎負子靈鳥送鸑鳳棲鹿化鶴
拾鳳搏熊鵾狎豹猴玃猿狖鵋銜鷓吐鸜求鶉鬬鷗
浮鷗浴鶴寒鳧瘦乃婦維喙春鋤雪脰林棲水宿倏
尾長味江湖爲龍山林爲囿以牡以牝以蜚以走甲
第名閣奇花異香牡丹如洛芍藥如揚木蘭載新游
榴懷芳蘭山黃華蘭亭國香天衣杜鵑東山薔薇湖
駛香雪鑑生水芝鴛梅並蔕仙桂丹枝司華騁巧天
女效奇桃李漫山滅獲胝之藥物之產不知其名白
朮丹參甘菊黃精吳萸越桃禹糧石英薊訓鬱之以
療疾彭祖服之而延齡秦皇求之而莫致葛仙餌之
而飛昇日鑄雪芽卧龍瑞艸瀑嶺稱仙茗山鬬好顗
渚爭先建谿同蚤礮壁飛玉甗濤蘇皓牛兩服之清
風輿氣甌於蓬島剡藤番番管城斑斑冰敲嵊水竹
蔚頑閩製於蒙蔡之手游於羲獻之間友陳元與端
紫同文字於人寰至若龍護金書若封石刻茝山金

玉邪董銅錫黃帝之鑑神禹之璧歐治之劍蔡邕之笛虞翻之牀秦皇之石淳碑斯篆江筆蕭壘雷鼓銅漏梅梁窆石罍金履鐵罌銅印玉船艸跡石黃竹神木流黃漢簞錞于周樂活人之艸止痛之木栢敷榮而花含戚天雨錢而山儲粟皆希世之奇迹蓋欲言而不足其人則見於吳越春秋會稽典録圖經地志歷代東牘大書特書班班滿目孝者弟者忠者義者廉者遜者智者健者優於文詞者長於吏事者擢秀科目之榮者策名卿相之貴者殺身以成仁者隱居以求志者埋光居約之微者晦迹佛老之異者虞翻之言有所不能盡未有之對有所不能既予亦焉能縷數之哉茹蒲其尤之一二前則種蠡計倪號賢大夫後則嚴助買臣直承明廬孝恪則張蕭和之父子韓靈敏之斧尾鄧斯祈樊自殺以代罪董黯來魂報讎而名開或溼衣以障火或泣血以戢焚或銜哀而廬墓或負土以成墳或以行而名里或以義而旌門懿哉三女賢哉二娥處子之孝凜然可多節義則黃公居四皓之列魏少英參八儁之儔榮雖衛主則有

若丁潭委身授命則有若王脩虞喜躬歲寒之操孔愉洪止足之謀或一門數三世之義或一邑萃三康之流至若松楊柳朱永寧瞿素婦節崢嶸蹈燄不顧卓行則鄭洪韓說鍾離意朱雋戴就舉於孝廉虞潭孔奐沈融朱仕明舉於秀茂虞寄起于對策趙曄擢于有道陳子公退侵地之藩鍾離牧拒葱還之稻循吏則有還珠孟嘗致鳳虞國希甑遺四州之愛夏香著歷任之績儒學則王充以論衡顯沈洵以大義稱謝沈謝承之史學孔僉孔祛之明經賀孝先擅儒宗之號虞伯施剸博學之名文章則孫興公擲金聲之賦徐季海揮玉堂之策曄若春榮則任奕虞翔文不加點則四明狂客二賀二虞蜚聲籍籍吳融十詔成於俄刻隱逸則嚴謝秦方述虞充符方術則介象吳範嚴卿夔吾丹青則孫遇道芬筆札則孔琳徐嶠浮屠則道林靈澈神仙則劉晨阮肇乃有溪上浣紗之女林間舞劍之妹色白天下氣雄萬夫故勾踐復國也有六千君子項氏崛起也有八千子弟霸有江淛横行當代彼二霸之得人尚斗量而車載矧歷代之

人材亦足明其大槩逮我國朝尤號多士二百年間不可勝紀大則杜正獻之勳德次則孫威敏之功名姚夕郎司元祐之直顧內相號江南之英萬石雲仍匪建則慶二陸棠棣如雲與衡吳先生風高于賀老齊聯方迹擬於淵明錢氏世賢科之盛史門繼衣錦之榮劉求以義門顯杜趙以處士稱或覽古以流詠或編圖而著名至若聯翩桂籍焜燿簪纓名登史策足疊天庭蓋嘗詢之故老往往莫識其名矣故千巖競秀萬壑爭流者顧長康之言也山轉遠轉高水轉遠轉清者李淵東之記也瑰奇市井佳麗闠闠者白餘杭之詩也忠臣係踵孝子連閭者虞功曹之對也越之山川人物其大畧如此予眞始驚而疑卒歎而喜曰壯矣哉盛矣哉山川如斯人物如斯吾未之前聞也然越在春秋僻處東夷大子作經昇爲於越其人材風俗固未可與齊晉魯衛諸列國抗衡也今有君所稱幾不容口豈昔日遠於京畿含香未越如黃景與之言耶抑山川降靈孕秀固自有時耶抑亦因人作成而致然耶有君曰昔嚴朱二子爲漢名卿盡

繡故鄉夾道郊迎爭觀快覩歆艷其榮故其俗始尚
文學而喜功名晉王右軍爲越内史雅會蘭亭流觴
曲水臨池墨妙輝映千祀能使遺文感慨君子故其
俗始尚風流而多翰墨之士唐元微之一代奇才罷
侍玉皇謫居蓬萊賓贊鄰白唱酬往來遂是鑑湖秦
望之奇益聞故其俗至今好吟詠而多風騷之才不
獨此數君子也任延張霸以尚賢爲治而俗始貴士
劉寵車俊以廉巳化下而人斯尚清第五倫下令而
淫祀之風革諸葛恢蒞政而凌遲之俗興至若李唐
刺史九十八公首有麗玉顯有姚崇圖經十子郡績
稱雄國朝遠今蓋百餘政前有文簡後有文正題名
所記比唐爲盛承宣得人風俗斯美蓋亦理之然也
子貞曰是誠有之然皆二千石之事耳未足多也願
聞其上者有君曰昔句踐懲會稽之棲也痛石室之
辱也蓼目冰足抱冰握火采蕺于山置膽于坐葛婦
與歌名曰何苦其詞曰嘗膽不苦味若飴令我采葛
以作絲二十年間焦心苦志卒滅彊吳以雪前耻越
絶之稱權輿于此故其俗至今能慷慨以復讐隱忍

以成事若是何如子眞曰茲霸者之事也傳不云乎粹而王駁而霸彼齊威晉文之盛猶不足稱于大君子之門況句踐乎有君曰昔禹治水旣畢與群后計功苗山更名會稽卒而葬焉祠廟陵寢于今尙存上有遺井下有菲泉過而飮者莫不發免魚之歎與河洛之思不獨勾踐有其烈焉侯嗣其功至今其俗勤勞儉嗇實有禹之遺風若是何如子眞曰美哉禹功宜其代舜而有天下也游於是歲於是廟食於是茲將以化彼萬世之久也然說者以爲入聖域而未優其必有大於此者乎有君曰舜生於諸馮孟子以爲東夷之人歷世逾遠流傳失眞太史公以爲冀州然都不存邪然越之邑則有上虞餘姚山則有虞山歷山泰則有漁浦三㵎地則有姚丘百官里焉有粟陶焉有竈汲焉有井祀焉有廟其遺迹也意者不生於是則游於是乎舜爲人子克諧以孝故其俗至今烝烝是傚舜爲人臣克盡其道故其俗至今孳孳是蹈舜爲人兄怨怒不藏故其俗至今愛而能公舜爲人君以天下禪故其俗至今廉而能遜若是何如子眞與

然離席而立拱手而對曰於戲噫嘻盡善盡美雖甚盛德蔑有加矣昔季札觀樂而止於韶自韶之外不敢觀余問風俗亦極於舜自舜之外不復問矣無妄先生粲然失笑于旁曰固哉子真之問有君之答也茲皆古之越非今之越也人殁骨朽世變風移山川雖在人物已非前日淳朴變而澆偽前日廉遜變而爭競前日勤儉變而驕怠前日忠孝變而凶悖尚何執紙上陳迹而譊譊其真否邪有君曰先生之言是也然風俗不常美亦不常弊善焉惡焉維人是繫今朝廷駐蹕東南越爲鉅藩密邇堯天蓋尺五閶帝命重臣來鎮是邦入境問俗登堂觀風固舜禹之遺化明吾君之至仁布德教于黄堂變薄俗而還淳朔何世之無才亦奚有于古今子不見夫銜命使金效于王事如陳公張公者乎議禮靖康赴難建炎如華君傳君者乎是豈異代之人邪又不見夫姚江陳公所臨有聲亦克知退身名兩榮執政李公忤意權臣老于淪落世賢其人愍孝蔡子捐生可悲同彼旌忠廟食于茲懸吏王君斬讐著名一門可稱賢父難兄茲

圖先生曰所覩覩也安知後之視覩今不如今之視古
乎先生曰有君越人也知越之風俗而已矣昔子虛
夸雲夢烏有先生詫齊亡是公折之以上林之事今
越未足侔齊楚之大尚何足以夸之有君曰昔吳子
問柳先生以晉國之事而柳以晉對今子真問余以
越國之俗而予以越答亦各因其所問而及之爾余
豈嘗然無聞無知於越之外哉今天子披輿地之圖
思祖宗之績求治如不及見賢而太息文德既修武
事時閱蕃將舞干戚而服遠方復侵疆而旋京闕余
竢其車書同南北一做吉甫美周室賦崧高歌吉日
將希公命元結磨蒼崖禿鉅筆頌中興紀洪烈邁三
五夏前謀亙天地昭日月於是竊章亥之所步攷神
禹之所别覽四海九州之風俗掩兩京三都之著續
騰萬丈之光芒有皇宋一統之賦出廻視會稽蕞甑
陶中之一物無妄先生自知失言色有餘媿乃與予
真逡巡而避有君退而寄傲于南牕有飄飄淩雲之
氣

採因越問

莊舄越人也仕楚而爲越吟夏統越士也入洛而爲越唱越俗之好吟詠其來尚矣亦聞有大述作者乎蘭亭有序脩禊事也金庭刻銘愛輕舉也康樂山居之賦附性情也微之州宅之詩寫物景也若是者謂之大述作可乎曰未也若昔河東柳先生曾粹二河之遺筆網羅千古之異聞作爲晉問以昭來世斯文也可謂大述作矣先生晉人也居晉土習晉事爲晉所職也晉有堯之遺風不可以有加矣居乎越者亦知越之事可與晉方駕乎晉堯都也越舜禹之邦也古有三聖人越兼其二焉加以種蠡之所經營王謝之所棲隱司馬遷李太白杜少陵之所游覽以至國朝諸名賢之所流詠班班可攷而大述作未聞也惟紹興間狀元王公以幕府元僚援筆作賦搜奇抉異椎麗卓偉雜用二京三都晉問體蓋自有會稽以來之大述作也然嘗熟複詳繹其間猶未能無遺恨焉何者越之四封最爲廣袤南踰句無北界禦兒東至于鄞西盡姑蔑至後漢時提封尚數千里今之越雖非昔之越然都督一道封疆猶

不爲狹而斯賦所錄止及境內之山川此其遺恨一也會稽土地所宜以金錫竹箭爲稱首職方氏九牧之貢莫先焉蓋金錫竹箭戎備所資非其他一草一木比正當表而出之而是賦所述乃雜舉夫秔秫桑蠶楓松桐梓雞頭鴨脚馬乳梟茨木蘭梅橊園蔬木菌之屬他郡獨無之乎此其遺恨二也並海魚鹽之饒東南大都仰焉柳河東晉問於魚鹽一物各爲專條以後其富饒鋪張揚厲無慮數百字彼三河所出尚未敵海藏之什一也茲賦纔一語及之往往纖悉于赤鱗黄頰之族而闕畧于縱壑之巨鱗搜羅乎餘櫻石英之品而簡弃夫積雪之寶鹽此其遺恨三也紹興之初翠華巡幸駐蹕者踰年實履舜禹之故迹陞州爲府冠以紀元且嘗就行殿舉大享禮中興之業于此乎濟可謂是邦曠絕之盛典而茲賦俱不之及此其遺恨四也然自有越以來所謂大述作者獨此一賦而已王公作賦後五十七年有書生孫因自句章徙餘姚逍遥鹿亭樊榭間處越土爲越民飽越飯酌越水亦欲補越絕之所未載廣越賦之所未

備有未能也又九年帥憲新安汪公衣繡衣持玉節森書戟載朱幡臨制七郡四十二縣臺府多暇百寮具與輪奐恢閎山川改觀鯫生幸覩盛事竊謂越爲大都會公有大規模以其大學問大力量寓于人建立大設施中興百年所未覩也獨無大述作可乎宗工鉅儒之記述騷人過客之題詠金石震耀黼黻周張韶鳴濩應宮呂叶和所謂述作亦一時之盛矣使張平子左太冲柳河東諸人見之將曰此大規模也歎何容易儻郡小小創置裁革則伐石爲一記濡墨爲一詩足矣獨施之越則不可越舜禹之邦也牧是邦者舜禹之臣也而可易言之乎愚不敏成越問一篇釐爲一十五章凡三千九百五十字借楚辭體而去其蹇莽謷佗之聲倣晉問意而削其詰屈聲牙之製非足以發揚會稽之盛庶幾附郡志之末云

典午氏之盛時兮余鼻祖曰子荊謀樂郊以隱居兮颺漱石之清名有聞孫曰承公兮嘗令鄞與餘姚愛會稽之山水兮爰徙家于兹城當永和之九年兮惠風暢夫春莫借王謝之諸公兮會修禊于蘭亭賦臨

流之五言兮寄幽尋之逸興泛迴沼倚脩竹兮松風
落而泠泠維輿公尤好事兮作流觴之後序助逸少
之高致兮齊芳譽于難兄既乃登陟而游兮歷天台
與四明漱飛瀑于筆端兮遺擲地之金聲余自句章
徙姚兮倏綿歷乎十稔慨風流之浸邈兮幸猶爲大
越埧掬清泉之潺湲兮友過雲之溶洩訪樊榭之杳
靄兮棲石隱之瓏玲客有過余兮謂余博覽而好古
世與越人兮何不志夫越之風土余謝不能兮偏余
指而縷數前有靈符之記兮後有諞齡之賦嗟彼皆
已爲陳迹兮時亦隨夫所遇儻含毫而不能兮將羞
余之鼻祖　石篇引　九州皆有山鎮兮職方氏獨
先會稽射祥光于斗分兮占星紀于天倪牽牛柄其
初躔兮屆須女之七度少陽當其正位兮爲萬物之
潔齊南控引乎甌粵兮北連亘乎鉅海日出扶桑之
隅兮風行浙河之西八山蜿其中蟠兮羅千巖以爲
鄣三江滙而別派兮瀨萬壑以爲谿洞天岭岈以連
雲兮俯九垠其如芥洪濤沸渭以捎天兮轟三軍之
鼓鼙宅臥龍之岧嶤兮蠡城屹其環繚帶平湖之浩

澙兮雲鏡鑄而天低闢陵門而四達兮八風颯其遞至飛翼其樓而舞空兮天門洸其可梯提封方數千里兮運甌臾于掌上七郡四十餘縣兮歸中權之總是茲古今之大都會兮爲九牧之冠冕該天地之設險兮他郡寧得而攀躋客曰偉哉山川兮信美矣其無歉然吾聞四國兮不以山溪之險　右封疆

觀地之所宜兮惟金錫之最良貢品舉於有媯兮暨若姬而加詳雖歷代之所珍兮凜異氣其猶秘甌冶子之神奇兮爰採取而鍊淬剖赤堇而出錫兮山色變而無恙涸若耶之銅液兮俯不見夫潛鱗鑄嶺岌其插天兮冶井浸而寒冽前靈霹爲擊槖兮後雨師爲灑塵發銅牛之藏屑兮赭林纚麗以炊炭弃石冶之餘滓兮草木爲之焦爛炎煙漲乎銅孤兮寒光浮乎鍊塘越砥安其歛鍔兮鑄浦沸其若湯合衆靈而成器兮爲寶劍凡有五曰湛盧與巨闕兮蓋珍名之最著既屬之善相之薛燭兮復謀之南林之處女水試則斷蛟螭兮陸用而剸犀虎掃欃槍使澌滅兮伏蚩尤使奔怖豈吳鉤之敢抗兮非燕匜之能禦客曰偉哉利

器兮　誠爲越國之珍斯劍客之喜談兮非文種之願
聞　右金銀　維苗山之竹箭兮禀勁氣于乾坤實
東南之美材兮聲價等乎瑤琨良工相夫陰陽兮加
利鏃以爲矢習國人于射瀆兮震電激而星奔挾之
以六千之君子兮從之以八千之子弟可以償方張
之闔閭兮走善射之樓煩彼羣仙之會聚兮亦以射
而爲樂登石室之射堂兮射東峯而的白丁令威爲
拾箭兮山上下以求索獲遺鏃于樵夫兮償以樵風
之南北客曰異哉斯事兮誠振古之怪奇然越人之
彎弓兮則談笑而道之　右竹箭　百川會同滄海
兮浩不知其津涯吐雲濤以瀾汗兮沃日御而瀰瀰
藏巨靈之贔屓兮見天吳之惚怳戴五山之業峩兮
涵百怪之陸離巨魚出没其中兮不知其幾千里鼓
浪沫以成霧兮噓雲氣以成霓任公子之投竿而釣
兮五十犗以爲餌閲朞年而得魚兮牽巨鈎而下之
鬐鬣怒而刺天兮白波湧而山立膏流溢而爲淵兮
鸕骨積而成坻自浙水以東兮無不饜若魚之肉彼
赤鱔黄頳何足數兮又况梅魚與桃鰡維天地之實

藏兮有煮海之鹾鹽隰曬靈以攏涉兮浮蓮的以試滷編箕筦以爲槃兮處烈熖而不灼霜鋊倏其凝沍兮雪花滋其的皪兹海若之不愛寶兮豐功被乎天下抑造化之自然兮詎人爲之力假客曰富哉魚鹽兮此越國之寶也是特以利言兮吾願聞其上者

右魚鹽

越人生長澤國兮其操舟也若神有習流之二千兮以沼吳而策勳尋笠澤以濳涉兮北渡淮而盟會擢航烏之長技兮水犀爲之逡巡浮海救東甌兮有握節之嚴助治船習水戰兮榮衣錦于買臣渡浙江而誓衆兮鄮稽之內史率水棹以拒戰兮淩江之將軍坐大船若山兮公苗山陰之傑洪波襲番禺兮季高永興之人想萬艘之並進兮紛青龍與赤雀颿帆倏忽千里兮駕巨浪如飛雲今競渡其遺俗兮習便駛以捷疾觀者動心駭目兮相雜襲如魚鱗客曰盛哉舟楫兮他郡孰加於越然同濟或不同心兮請置此而新其說

右舟楫

揚州之種宜稻兮越土最其所宜稉種居其十六兮又稻品之最奇有海上以漂來兮伊仙公之遺育別黄秈與金釵兮紫

珠貫而纍纍酒人取以爲釀兮辨五齊以致用滑鏡
流之香潔兮貯秘色之新瓮助知章之高興兮眼花
眩乎水底侑酌得之雅遊兮陶丹府而哦詩集羣賢
以觴詠兮浮罰觥乎于敬指鳴蛙爲鼓吹兮暢獨酌
于稚珪斯越酒之醞藉兮非宜城中山之比豈捉醪
之醇德兮能使勇氣百倍於熊羆客曰指哉越釀兮
固越俗之所怡然自征榷之法行兮安得薛戎而藹
之　右越釀　日鑄山之英氣兮既發越於鎮鄉地
靈液而不盡兮復薰蒸于草芽雖名出之最晚兮爲
江南之第一視紫筍若有臺兮又何論乎石花維瑞
龍之爲品兮與此山以相亞意山脈之貫通兮仙種
同乎一家汲西巖之清泉兮松風生乎石鼎滋芳液
于靈礫兮沆瀣集乎齒牙歐公錄之歸田兮蘇仙流
諸佳詠伯玉註于詩版兮文正賞其甘華至鳳塔與
花塢兮固郡志之所載若餘姚之瀑布兮尤茶經之
所詫嗟陸羽之不逢兮宜鑑味之絶少世方貴夫建
茗兮孰有知夫越茶客曰世非不知兮顧茗禁之已
苛亦幸其不盡知兮姑舍是而言他　右越茶　緊

剡藤之爲紙兮品居上者有三蓋篠簜之變化兮非
藤楮之可參在晉而名側理兮儲郡庫以九萬曰姚
黄金最顯兮蒙詩翁之賞談加越石以萬杵兮光色
透于金版近不數夫杭由兮遠孰稱夫池繭半山愛
其短樣兮東坡睹夫竹展薛君封以千戶兮元章用
司筆硯數其德有五兮以縝滑而爲首發墨養筆鋒
兮佳不蠹而耐久惜呂黎之未見兮姓先生而爲楮
使元輿之及知兮又何悲剡藤之有客曰嫩哉越紙
兮有大造于斯文然世方好紙而玉兮又烏知乎此
君　有越紙　陽明太元之天兮乃羣仙之所游有
金堂與玉室兮把方丈與瀛洲伯經得道泉兮乘雲
氣于木杪仙公韜光丹井兮發函書于船頭騎青騾
以入市兮薊子訓之賣藥切鱠魚以作膾兮介元則
之垂鉤卯景寄跡釣槎兮隱吏棲于梅市廣信駕龍
白日兮羽人萃于丹丘擷芝艸以爲侶兮左元放之
金液飡桂屑而飲水兮范少伯之扁舟煉日精以回
形兮虞翁色若嬰孺位上清而標籍兮思元跡混俗
流嚴青能服石髓兮終斷穀而輕舉伯陽煉成神丹

兮雖蹤形而不留御天風而上征兮與日月以齊壽皆地勝之所招兮舉塵寰而少仇客曰神仙信有兮特秘恠而難求吾聞越多隱君子兮試詳言而旁搜

右神仙　謝隱士當少微兮精神見乎天文嚴子陵應客星兮光芒動夫至尊居剡下高潔兮戴安道之父子游嵩嶽以偕隱兮孔述睿之弟昆御米餉而不受兮朱百年之夫婦愛肥遯以就閑兮阮萬齡之祖孫閉蓬戸以觀書兮淳之棲于窮岫輕白璧而不盻兮景齊隱于石門扣藥船而引聲兮歌競傳于仲御漁鏡湖以賦詩兮島尚號于方干黃公列乎四皓兮成定儲之羽翼稽康儕于七賢兮著養生之至言王子猷詠招隱兮愛山陰之竹種謝靈運賦山居兮采地黃與溪蓀着貂裘坐巖石兮弘之志不在釣磯豹席與櫻橋兮志和豈羨囘軒彼皆不事王侯兮以高尚而辟世亦地氣之所鍾兮多秀水與名山客曰士各有志兮斯固古之逸民夫何欲潔其身兮弗念君臣之大倫

右隱逸　昔句踐兮懟報吳問國政兮五大夫辟田野兮實倉府訪疾苦兮字幼孤抱冰

兮握火置膽兮坐臥釆蕺兮與葛側席兮闔左觴酒豆肉兮必均其施樂不盡聲兮食不致味鶩鳥匿形兮踰一十祀吳無稻蟹兮越有地利一朝興師兮三戰得志姑蘇既墟兮橫行淮泗伯東諸侯兮貢華致赫然雋功兮又何可議客曰異哉兮彼長頸而烏喙如其可與共樂兮何鴟夷之遠避　右句踐市

舜生于姚丘兮地近夔而居東毋握登感天瑞兮濛祥光于大虹歷山其所耕稼兮陶漁皆有遺迹二女降于嬀汭兮百官備而景從大禹起于蒲山兮會羣臣而計功執玉帛者萬國兮戮後至之防風託非飲以名泉兮鑿了溪而宅工發金簡于石匱兮藏秘圖于山中望邑名夫虞姚兮山靈護夫禹穴嚴觚貌于千古兮遺化被于無窮繄帝王之所在兮宜風俗之近古習孝悌與勤儉兮亦好遜而上忠客曰於戲大哉兮又何可以比隆然有爲者亦若是兮豈無與舜禹之事同　右舜禹

維六飛之南渡兮潢濤江以東歷後舜禹三千年兮履舜禹之遺跡駐翠蹕以彌年兮因改元而頒詔爰陞州而爲府兮冠紹興以大

號舉大享之上儀兮即行闕而蕆祀覗總章與重屋兮亦庶幾其遺意登堂而望稽嶺兮懷克勤之令德啇建炎之御製兮彰復古之素志釆上虞之囊封兮終然法乎舜禪山鬱葱以蜿蜒兮鍾禹陵之佳氣御香四時來下兮道冠蓋以相望拱觚稜于雲闕兮儼盛顏而天咫緊百年之父老兮及親逢乎盛事想天民之覗皐兮與虞下而同治客曰幸游舜禹之邦兮復逢舜禹之君然儻無舜禹之臣兮孰能收舜禹之民

右駐蹕

自大駕之西幸兮府遂爲于近藩賜行殿爲府治兮暨擇牧之惟艱張毘陵首當是選兮寶賬總之舊綃仍土階之素規兮因舊宇以爲安朱忠靖公剖符兮屹具瞻于巖石趙忠簡亦相望兮凜清風而獨寒忠定王之來鎮兮當乾道之四禩捐帑以置義租兮闢宮而祠先賢諒棠陰之蔽芾兮思召伯其如憩宜大封于是邦兮民天道之好還後五十餘年兮誰儷美以增飾維我新安公兮鷙逸駕而獨攀剖滯訟如澌流兮召雨暘如應響使百城俱安堵兮令淦海無驚瀾立吏瞻于秋霜兮洽民氣于春澤

出于將于寶匣兮照沆瀣于銅盤闈扉鞠爲茂艸兮麥岐藹其連秀令修戸庭之内兮民樂湖山之間旣修政而人悅兮文書省于幙府新百廢以具興兮煢輪奐之偉觀八邑不知有役兮一道不知有費若天造而神設兮豈民力之或煩化榛莽爲宏麗兮敞隘蔽爲爽塏革蠹撓而雄豐兮易朽腐而堅用茲棟隆之規模兮特于此乎小試非成毁之相仍兮數循環而無端鎮越嶠乎中踞兮修廊翼其旁拱何獨欽夫散氣兮所以重夫中權巨扁揭乎雲霄兮鈞筆粲于星斗山靈爲之呵護兮珍光赫而屬天前方臺之月華兮後蓬萊之雲氣左燕春之凝香兮右清白之寒泉繞層城以拂雲兮開屏障于四面臥林影于雲壑兮棲山光乎二軒吸平湖于酒杯兮浮翠峯于茗椀送歸鴻于天外兮數飛鷗于海門動秋聲之摵摵兮泊晴嵐之藹藹餞崦嵫之夕照兮賓暘谷之朝暾上越王之危臺兮論唐人之傑句鷓鴣飛而地迥兮晴烟淑而天寬飛蓋游乎清夜兮羃輕烟之素練棹歌發乎中沚兮浴明月于金盆麗譙滂乎青冥兮角聲

起而寥亮隹山蔚其顯眼兮洗萬里之陰霧新堤平而擬掌兮沸行歌扱載路漕渠濬而谺鍾兮鼓于艘而駢闐椎威遍營壘劍兮震歡聲于貔虎泮宫修貢闡闢兮遂飛躍于魚鳶臺府煥而一新兮嵓竪爲之改觀他人視之拱手兮公談笑而不難既游丞之有餘兮復善刀而藏用寂然若無所營兮湛中襟而蕭淵灶爐香而讀易兮悟至理于泰否託寄軒之薤刻兮等遽廬于乾坤上方有事明庭兮將入處于豹尾如旄倪之借留兮紛截鐙以攀轅緊郢曲之寡和兮信蕭規之難繼民願公無遽歸兮帝謂吾今召環雖卿月之暫駐兮幸臨照夫越土恐使星之遷次兮迫泰階之魁躔推治越之道治天下兮固我公之餘事然越人愛公如慈父母兮願託歌而永傳客乃歛衽肅容兮屏氣弗敢復言孫子于是濃纍大字兮終去越問之篇　布良牧

祭告會稽山賦

康熙六年刑部侍郎王清奉命祭告會稽山原任部郎丁彥賦

皇帝嗣位之六年躬攬大政載循舊臬纘
襭類
帝圖書具列爰
命少司寇王公祭會稽下於越齋文軏于覆鬴應王
事于仲月碁以南浮昭泰集百靈而揚天業也彥刺
草之臣將因泰望之堵採百年之若幸逢
朝廷之美事庶其放山呼泳達略乎竊聞會稽古之
苗山揚州之鎮土稽所安考職方之爲紀標山海而
不刊故其輿宅神居虞氏有巡狩之臺焉金符玉字
夏后有昌會之律焉洞曰太元黃帝有候神之館焉
邑從披萊無餘有奉祀之籙焉見若蟻垤配暘谷矣
見若一隅徵玉燭矣上蔭牛宿金錫旒矣下生句水
寶鼎蓄矣若夫紫宮法而竈來雷鼓開而鶴去秦設
郡以計功漢分浙而置吏五代集于威勝建炎升爲
天府羅平之書幣時通開寶之封章長阻所以埋根
蘭渚擲炬遂萊苕侵木塔之螻鳥上越王之臺探賜
明其既遂踐芽毀兮何階惟我
太祖肇出青宾制輔居方鍾王氣而三分有二受天

策而四維聿張迄于
太宗龍飛遼碣聲暨朔南日月之壁已秉望秩之志
猶含美哉
世祖兆大横而定漢剪鶉首以韡秦歌功既作海内
削平開衡山之玉匱協真誥于金庭邦國之嶽克播
帝王之列畢陳今
天子穆然于珍臺玉英之中儲精澄心所以感動神
人者惟日乾乾不敢自懈祠嵩宮而光遠奏龍門而
時適名山大川因其所在九州之域越爲鉅藩山封
不與會計之壇載在祀典以玉以牒乃
召王公肅事于纘公拜稽首
天子萬年於是馬首南馳龍節前導歌皇華以白鼉
乘青雀而有倬望允當之故都問南山之原廟濟江
而執射埠而嶺而張庭燎齋廬省牲賓屬故旄攀飛
爵之香岑巖含風之翠嶠碧樹青葱于曲水玉堂鬟
影于夕照啟宛委之冒符致
聖人之新詔從王役于鏡中憑南鎮之諸峰八山縈
其屏障五嶽若爲朝宗磐石屹焉而秀出雲門矯矣

其乘空及木蕭之陽艷□晉修林之棧鍾飾玉砌兮梅
棟訪菲井與丹宮度虹橋兮求舜跡眺帷田兮歎禹
功周廻三百五十里兮可以卜聖瑞挹仙蹤又何羡
乎隗林高普之登封乃知卧龍繞其北五泄韞其西
前有赤堇東有少微觀射的而知民事諄窆石而悟
神樓睇娥江而稱孝曬嘐嚐而思齊忠臣生于獄液
獨行出于樵溪追陰權于黃竹緬好道于天衣剡藤
續藻竹箭揚威雲五色而出鳳石三箭而舒蜺飛葢
存其公路法華尚有罘罳又可弘覽博物而贊盍萬
幾者也至于祀事孔明六元吉斯應醴泉自出卿雲相
映含金龍之穴獻有熊之鏡壐璽王公卯必若栢常
童律之臣颺六巵五箭之論以昭
天子之敬勝者將見紫光弗河繡衣受命泥金薊菩
之庠獲歷常禾之瑞插廿泉之發根承含少以調政
彥之狂愚自同土梗戀舊華于河滑讀欒東之月令
感勸落之
聖心附繇驥而寫慶

紹興府志　卷之一　輿地志　[illegible]

紹興府志卷之二

城池志附圖

舊越城圖

今府城圖

舊越城圖

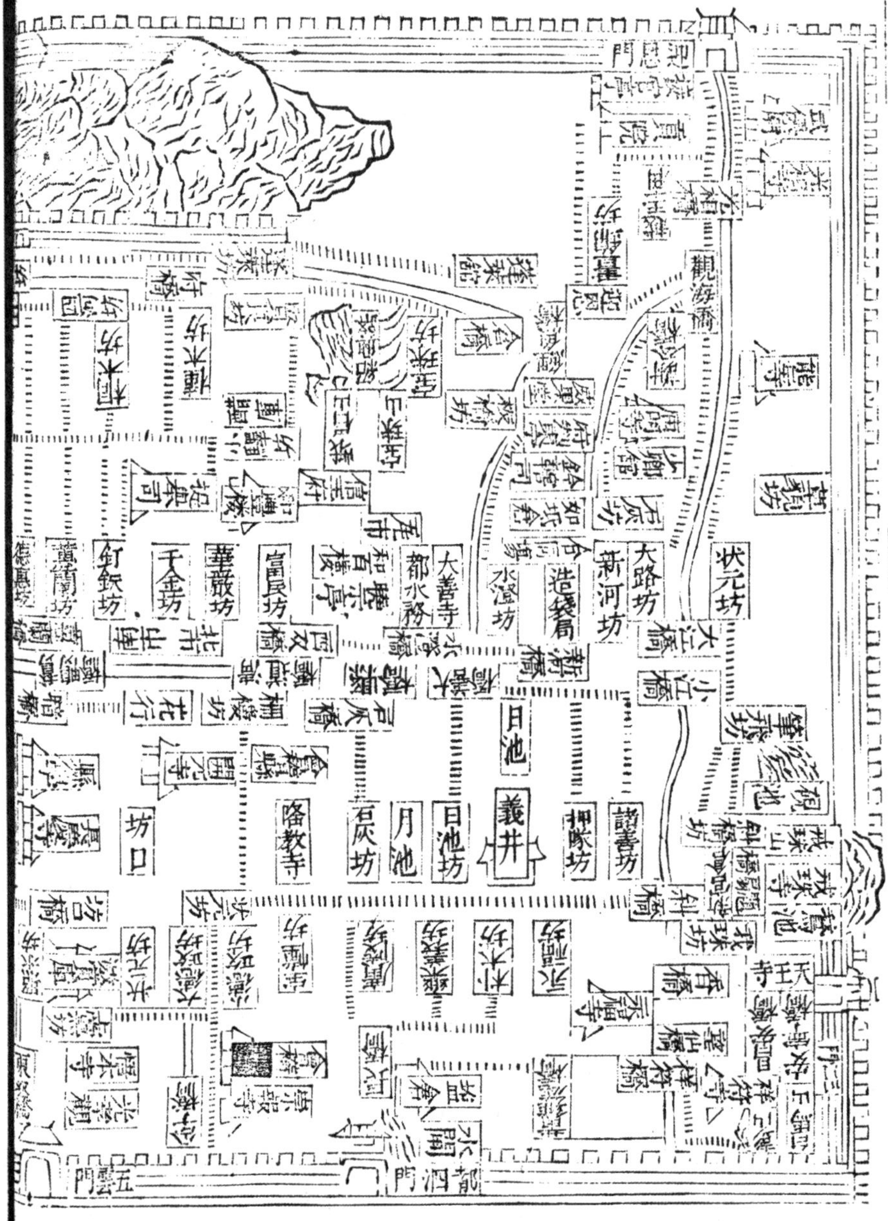

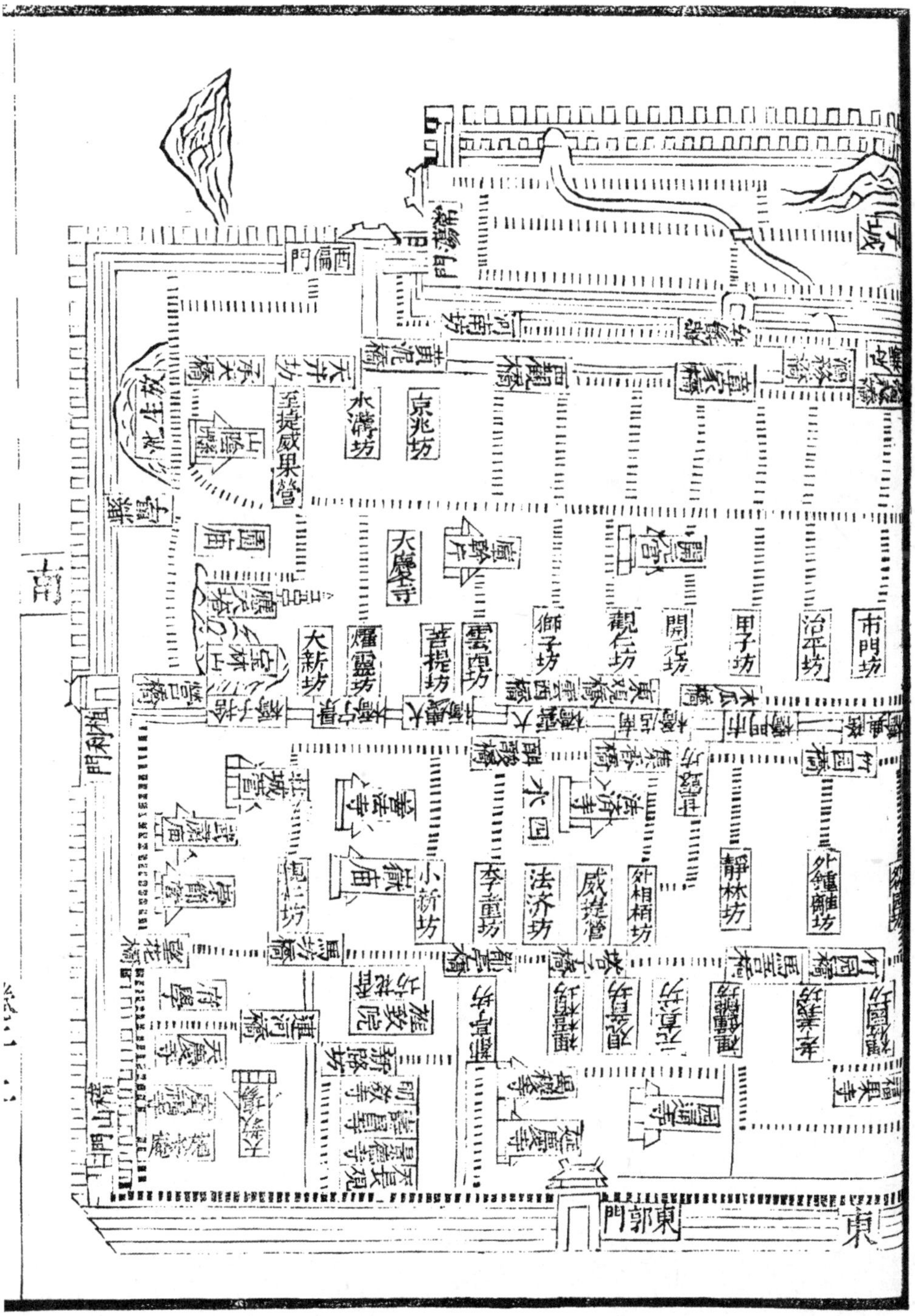
京兆坊
大慶寺
市門坊
治平坊
甲子坊
觀仁坊
獅子坊
大新坊
小新坊
靜林坊
法濟坊
外相橋坊
府學
天慶寺
延慶寺
東郭門
東

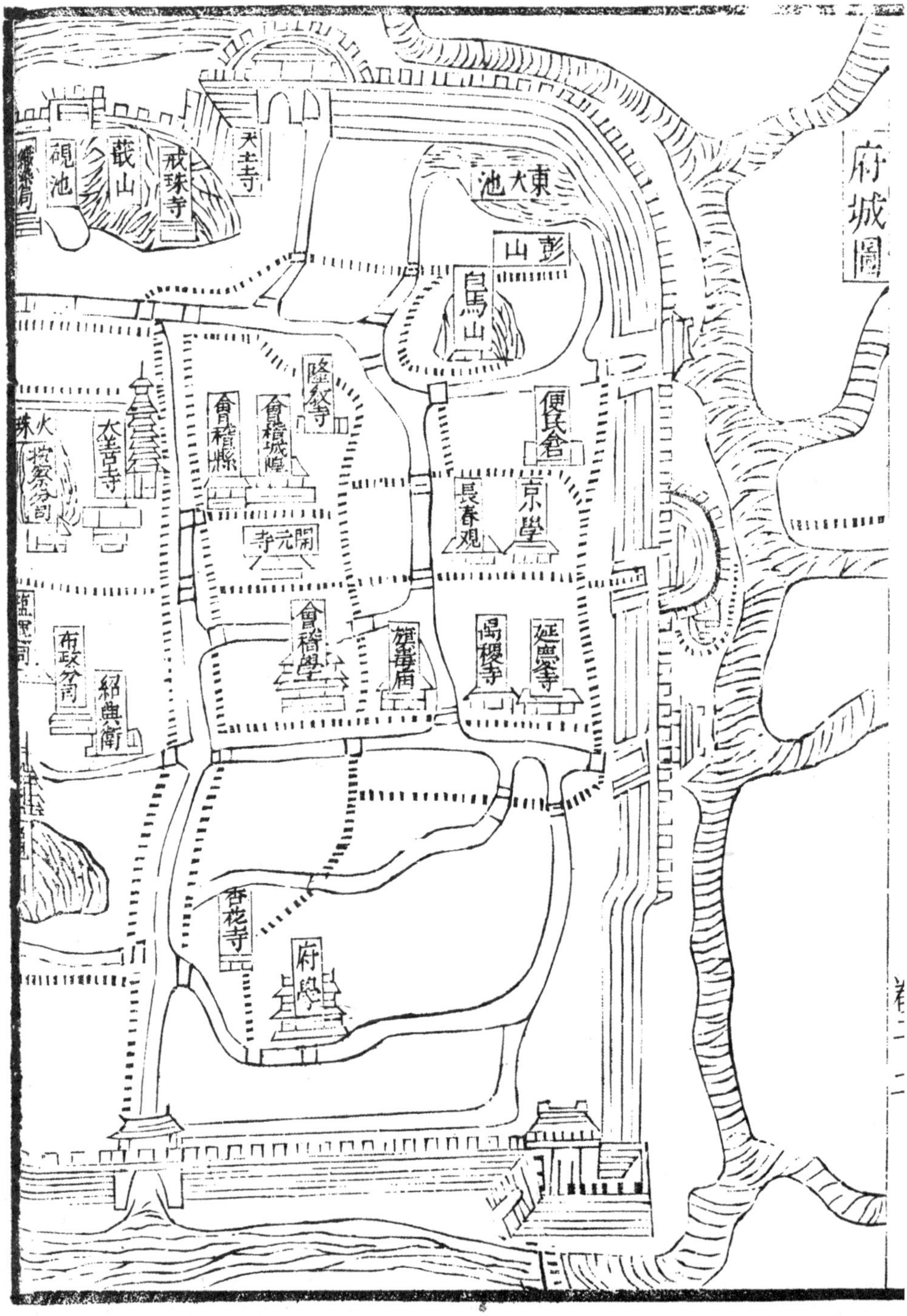
府城圖
東大池
彭山
戒珠寺
蕺山
硯池
會稽縣
會稽城隍
大善寺
按察分司
開元寺
便民倉
長春觀
會稽學
延慶寺
布政分司
紹興衛
府學

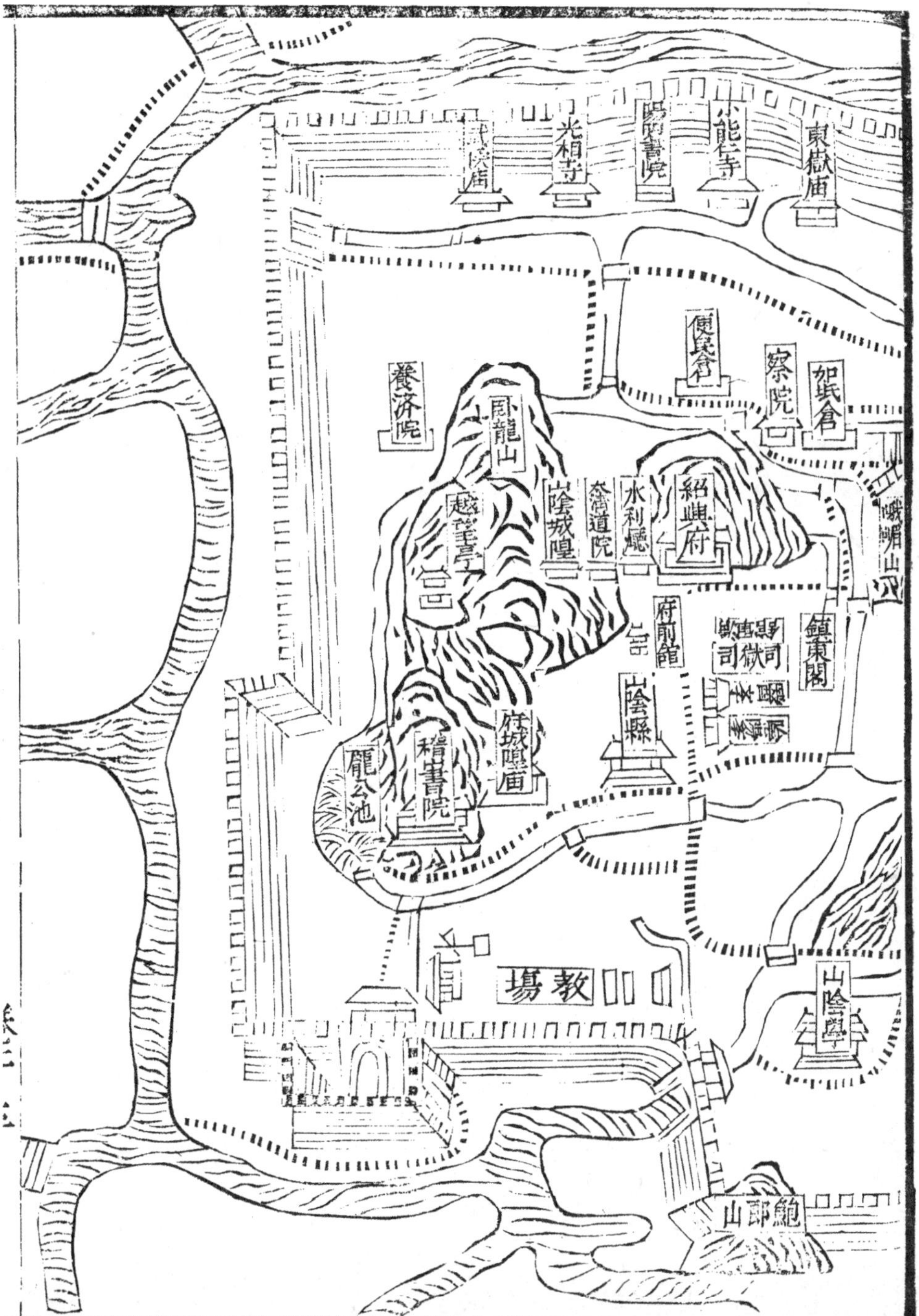
光相寺
陽明書院
東嶽廟
便民倉
察院
養濟院
臥龍山
山陰城隍
水利廳
紹興府
府前館
鎮東閣
司獄司
山陰縣
府城隍廟
稽山書院
教場
山陰學
鮑郎山

紹興府志卷之二

城池志

府城　縣城　衛城　所城　巡司城　古城

衢路

府城越絕書山陰大城者范蠡所築治也陸門三水門三決西北又云大城周二十里七十二步不築北面而滅吳徙治姑胥臺圖經云城南近湖百許步會稽治山陰以來此城即爲郡城隋開皇中越國公楊素修郡大城加廣至周四十五里高一丈七尺五寸

上廣一丈五尺下廣二丈七尺女墻七千六百五十皆高五尺名曰羅城唐乾寧中錢王鏐重修宋皇祐中太守王逵復加修治且浚治池壕城之四面高厚之數舊經云東面高二丈四尺厚三丈西高二丈六尺厚一丈八尺南高二丈一尺厚如西面北高二丈二尺厚二丈六尺宣和初劉忠顯韐治城禦方寇稍縮其西南隅嘉定十三年守吳格雖加葺而旋復摧剝十六年守汪綱乃按羅城重加繕治并修諸城門東曰五雲門即古雷門也舊經云有重闕二層或云

句踐以吳於陵門上有蛇象而作龍形龍異雷故作
此門以勝之其改五雲則以王獻之宅五色雲見之
故又稍北不二里許曰都賜門南不二里許曰東郭
門二門皆水門此向東三門也東南遍隅曰稽山門
由此門達禹陵正南曰殖利門又直西三里許稍曲
而北其門面西畧稍斜向南曰偏門蓋適當西南隅
縮處與殖利皆水門又稍西不一里面南曰常喜門
吳越備史錢鏐攻亭山及申光門相傳此門是舊志
云州城至此與子城會門在其上三門向南而一門

向西南間其中此城南面四門也又西轉而北約五里面西曰迎恩門錢鏐討董昌以兵三萬屯迎恩門望樓再拜而諭之即此有水陸二門又由此北轉而東直過蕺山幾六里面北曰三江門亦水陸二門西北二向俱止一門而俱兼水陸焉十道志又有督護門云晉中將軍王愔成帝時拜爲督護到郡開此門出入時人貴之因以爲名梁元帝元覽賦御史之牀猶在督護之門不修督護一作都督今不知何所豈即都賜門耶凡門在東南者皆有堤護湖使不入河

西門因渠漕屬于江以達于杭北門引衆水入于海元至正十三年浙江廉訪僉事篤滿帖睦爾增築加廣規一鄉入城內始甃以石開塹遶之城身之高東一丈四尺西一丈五尺南一丈六尺北一丈四尺其厚也面則東一丈八尺西一丈七尺南一丈五尺北一丈八尺脚則東二丈一尺西一丈九尺五寸南一丈九尺北二丈二尺城樓九敵樓五月城十三兵馬司廳九窩鋪一百二十五女墻八千五百四十十八年樞密副使呂珍鎮越增浚壕塹明嘉靖二年秋颶

風大作城之樓堞半圮知府南大吉悉修復之三年
冬又修其傾頽者女墻悉易以新塼高四尺六寸厚
一尺復濬鑿内外池外池東廣十丈深一丈西廣八
丈深一丈二尺南廣八丈八尺深九尺北廣五丈深
八尺内池俱廣一丈八尺深七尺崇禎十六年秋金
華山賊許都聚衆倡亂時震鄰鄉紳余煌建議請於
署府事推官陳子龍增設耳城五處以捍之
國朝順治十五年部院李率泰檄府增高女墻六尺
四寸弃二爲一約廣一丈中設孔竇可發矢銃凡女

墻十則置砲臺一城自是益堅今門都賜曰都泗偏門曰水偏常喜曰常禧亦曰岸偏殖利曰南堰迎恩曰西郭三江曰昌安都泗五雲東郭稽山隷會稽南堰水偏岸偏西郭昌安隷山陰嘉泰志云羅城周回二十四里二百五十步熙寧中郡守沈立爲會稽圖其序如此而舊經云四十三里者非也厥今州城以步計之八千八百二十有八按度地法步三百六十是爲一里舉今步數總歸於里亦二十有四餘步百八十八較之圖敘所損六十有二宣和初劉忠顯治

城嘗稍縮其西南隅然則今所損步或者自是時也舊經云城不爲壕今城外故有壕但不甚深廣耳皇祐中有詔濬湟太守王逵始治其事舊經成於祥符不及知也南志云今府城以步計之凡七千四百九十又六以度地法三百六十步爲一里者計之今步總歸凡二十里二百九十六步方之洸立圖敘所云減三里二百一十四步今城西南隅見窳缺宋劉忠顯韐者久在兵間身履西陲要害之地至于城壁制度尤其所悉故在會稽修葺郡城雖用功不多而寇至可以無恐使他人爲之雖有才智亦未必能也其說曰築城之法城身高四丈城濶五丈上歛二丈若城身高

三丈五尺則址濶四丈三尺七寸上斂一丈七尺城外築甕城去大城十五步甕城圜一面包城高厚與大城之數相等甕城外鑿壕去大城三十步上施釣橋凡爲三壕第一重濶二十步深二丈水深四尺至七尺第二第三重遞減五尺壕之內岸築養馬城去大城五步高八尺址濶五尺上斂二尺自上三尺開箭牕外至壕垠留一步埋設鹿角大城上每三十步置馬面敵樓各一座女墻相去各十步凡樓櫓之法曰垂鍾版曰拐子木曰伏兎子曰手把腰褔曰鷹架曰踏空版曰杈柱版曰護柱版曰猢猻柱曰郭水版曰馬面曰梯曰馬垠踏道曰蛾眉甎踏曰笆曰草椁曰牛革曰氈曰大小索曰鐵雁鈎此其名數之大略也並塞控阨之地人人習知故其築城也易爲力而堅緻可守內地既非臨邊又郡邑安固無寇盜之虞者久雖興版築或出草創故畧書梗槩欲在官者知城池之不可忽如此會稽縣志曰郡城自水門外其他諸門並有月城一座以護而稽山門獨倍之左右翼遶接其門先是倭入內地頗逼知府劉錫恐寇階

以登用郡人言墮鈌之錘稍深得石匣一啓之有骸一具銕索錮其項復有木匣函其顱索錮如之而骸與匣並鮮新如昨瘞是門屬西南爲巽隅地家所稱當避賊風者而今若此意城時取賊軀以厭勝耳人相傳自來郡城中無剽寇自墮月城後始漸有以爲犯勝理或然也（唐孫逖登越州城詩）越嶂繞層城登臨萬象清封圻滄海合鄽市碧湖明曉日漁歌滿芳春棹唱行山風吹美箭田雨潤香粳閭閻英靈盡人間吏隱并贈言王逸少已見曲池平（元稹詩三首）越州都在浙河灣塵土消沉景象閑百里油盆鏡湖水千峯鈿朶會稽山軍城樓閣隨高下禹廟烟霞自往還想得玉郎乘畫舸幾回明月墜雲間（又）繞郭笙歌夜景徂稽山迴帶月輪孤休文欲詠心應破道子雖來畫得無顧我小才同培塿知君險闘敵都盧不然豈有姑蘇郡擬着陂塘比鏡湖（又）莫嗟虛老海壖西天下風光數會稽靈汜橋前百里鏡石帆山崥五雲溪水消田地蘆錐短春入枝條柳眼低安得故人生羽翼飛來相伴醉如泥（宋章孝標詩）窓戶潮頭雪雲

霞鏡裏天鳥桐秋送雨江艇暮揺烟藕折蓮芽脆茶挑茗眼鮮還將歐冶劍更碎若耶泉（元張翥詩）千巖秋色徹層霄憶昔來乘使者軺翠袖屢扶蓬閣醉藍輿時赴寶林招山陰客已無春會溪上風猶送暮樵此恨古今消不盡西陵寂寞又回潮（明劉基詩）越絕孤城枕海湄越王亭下景遲遲雲埋夏后藏書穴草沒秦皇頌德碑鑿齒未循虞禮樂戈船猶駐漢旌旗春風淡蕩吹楊柳笑看吳鈎有所思（鄭善夫詩）不周風動越王城天姥峰陰氷雪生黃道侵氛雙闕暝滄溟波浪一鷗輕西巡未返雲臺仗南顧猶煩瘴海兵大事安危賴元老

小臣茹草望昇平

縣城蕭山城舊經云周一里二百歩高一丈八尺厚一丈一尺久廢明嘉靖三十二年知縣施堯臣始剏建周圍五里高二丈五尺濶二丈二尺四門東達台

南拱秀西連山北静海各設月城門之上各建有樓日近日拙政聽潮修文雉堞二千五百八十有五鋪舍二十有三下設水門三東泒入三江南淸北郎官西越臺重鎮内設巡警廳四外設弔橋四長皆丈餘

四望臺一在北幹山上築城爲之城周圍二十三丈三尺高一丈八尺濶一丈二尺雉堞六十有一西爲門内有廳房三間中設眞武像城外地因取土築城遂以爲濠各深一丈五尺廣三丈長總計一千五百九十一丈五尺八

國朝順治十五年部院李率泰檄府屬邑增高舊堞六尺廣八尺中開一隙可發矢銃又於數堞間置一砲臺康熙八年城漸傾圮復修築之明施堯臣敘城基約地九里有餘週迴共一千六百八十丈邑中該遞年一千四百名人各分工一丈二尺料價出于官人給銀二十五兩三錢工食令其自辦以有餘補不足約每工費銀六兩其工食之費頗煩則擇城中之殷實者任之以其得享有城之利也中外俱用石版而腹內則以亂石和土築之基下俱用松樁而遇有河池則仍以石板疊砌俟與地平然後築之城中留路一丈二尺外留路四丈城河三丈連城共佔毀過民地十丈四尺照畝給價該地一百五十畝共給過價銀六百八十兩工興於癸丑冬十一月完於甲寅春三月蕭民好義而善幹故其敏事有如此通用過銀三萬七千五百兩而巡撫王公[illegible]巡按趙公炳然大發司府之積

亦遭逢之幸也佔毁田地稅糧則洒派于通縣田帶徵於田地帶徵於地于城之法止以城中居民編爲保甲計宅栢丁已自有餘蓋置軍未有不擾民者恐非邑之所能堪也

諸暨舊城不知築於何年舊志云圍二里四十八步高一丈六尺水經注縣臨對江流江南有射堂縣北帶烏山唐開元中令羅元開建東北門天寶中郭密之建西南門吳越王錢鏐遣王永修築之至正末明兵取諸暨是時縣爲州將軍胡大海重築州城左流江右長山圍九里三十步爲門者五東迎恩南迎薰北朝京西西施而水門不名未幾守將謝再興以諸

暨牧大將軍李文忠馳來擊之未克乃去州六十里別築一城不旬日而成樓櫓濠柵畢具明太祖聞諸暨變遣使來議別爲城使至城巳完上大喜賜名諸全新州巳而紹興平舊城亦下仍卽舊城爲縣而新城廢成化以後舊城久漸圯民皆據爲官室惟門存嘉靖中倭寇爲患知縣林富春至乃議築城撓者紛紛一日榜示曰城本官地決不弓民城本官造決不擾民毋再議遂興工刻日告成不啻一民而所議給帑金尚未啓封先是施知縣堯臣築蕭山城聲籍甚

人爲之語曰蕭山城打成諸暨城誇成問民孰良看兩城城週四里凡千三十丈有奇高一丈八尺雉堞六尺共二丈四尺有奇樓門四東禹封玉帛南句乘雲物西蠡湖烟月北槩浦桑麻水門三

國朝順治十五年部院李率泰檄行每堞增高六尺并二爲一凡堞皆有隙凡數堞間增一砲臺（明林富春自志）嘉靖三十四年冬請築城于監司時公帑告匱民力弗兢請賣官沁湖以益之曰可乃以十二月十二日起徙役三十五年六月報成公私費計六萬有奇

餘姚縣城始築於吳將朱然圍一里二百五十步高

一丈厚倍之莫詳何時隳元至正十九年秋方國珍
復城之凡一千四百六十五丈延袤九里高一丈八
尺基廣二丈陸門五東通德西龍泉南齊政北武勝
後清水門二四面引江爲濠可通舟楫明洪武二十
年大將軍湯和遣千戶孫仁增治壘堞後漸圮縣志
云大將軍置千戶所於餘姚正統六年邑人李應吉
奏調楚門城遂不治非然也大率時承平武備見謂
不急又勞民勢自弛耳自嘉靖三十年後有倭患乃
漸完葺遂改其東門曰澄清

國朝順治十五年部院李率泰檄行每堞增高六尺幷二爲一廣一丈其中開隙以便發矢銃凡十堞間增置砲臺一元行省都事高明記至正十有八年天子賜印綬節鉞命江浙平章榮祿方公分省東藩明年廵行至餘姚瞻視形勢乃議築城而屬役于軍士於是姚民咸願輸財効力公從之且曰餘姚爲鄞郡外屏吾其召鄞縣慈谿奉化之民分築之以紓爾力其四門用力尤重吾其給鏹庀財令軍士自營之遂界基址辨土方揣高卑仞溝洫慮財用書餱粮峙楨幹稱畚梮公視工黎明至城所夕猶不息工先畢者犒以金帛既畢而或隤圮者又出錢令軍士繕修之公之弟僉樞密亞中公能竭力勸相以贊公志以至正十九年九月戊午始十月甲申畢功凡城以里計者九以丈計者一千四百六十五有奇餘姚當其半自西迤北爲丈七百有六其自北而東五十四丈慈谿縣當之又東而南四百六十丈鄞縣

嵩之南盡直西委之奉化縣爲丈一百八十有二而義士魯允寶俞誠李吉徐曾四人者又樂爲助築三十有一丈界餘姚慈谿之交城爲址廣二丈其上之廣殺其址二尺其高如上之數郭口之高又六尺焉四面之門有五其南北又各立水門通舟檝

江南城明嘉靖三十六年以倭患建周一千四百四十丈有奇陸門四東泰西成南明北固小陸門二恩波流澤水門二左通右達四門之上皆有重樓而北固樓枕江與舊城舜江樓相直通濟橋亘其中南北皆爲月城通兩城爲一順治十五年增修俱如舊城

〈明大學士徐階記〉餘姚去海百里夾江居民數萬家舊有城直江北以署所在也測其生齒江以南得三

之二焉學宫倉廪咸於是乎在頃歲倭寇犯海上江南八走保城邑不能容則散入山谷間麃駭狼顧父子不相保邑人少保大學士呂公聞之嘆曰今兵興尚未已江南旣不保縣城則獨完乎餘姚不完則上虞山陰不足恃而土崩之勢成矣今若益城江南紘流之守常平之粟豈惟姚民攸頼將全浙實屏蔽之議既定有譁于里者少保公以問其里之仕者曰如何郎中鄒君德久侍讀陳君陞前曰定大計者不恤浮議語有之衆心成城今日之事惟公主之德久等無有異也鄒君等已又爲疏言江南所以不可無城狀天子可之於是總督都御史胡公宗憲實與領其事胡公曰民勞甚矣兵又不可役而明詔不敢不舉微保公之志不可以不成也乃會巡按御史王君本固羅君元楨程土物度形勢而經費則督府制之不足始助以諸郡贖緡什之一蓋總其費曰金鍰計不滿萬者百有十自木甓石之材以至于畚鍤版榦募人之力無一求而不給焉始于丁巳年九月己卯而以次年六月辛卯城成江南北之人見城郭樓櫓之

完而不知材之所自出聞鼙鼓之聲而不聞役召之及己也四隣有警弛然而卧恃以無恐始之譁者今乃大愧曰城實生我而顧謂其屬我以自衛乎乃用諸生計爲祠尸祝少保公而予記之是役也憲副陳元珂剏新督率知縣徐養相規畫綜理經始則知府李僑董役則同知王近訥明皇甫汸句餘八景百雉雙環詩遶萬雉環虹架石梁中流樹色影蒼蒼垂竿試問瀵溪水非復乎泉醒酒莊

上虞城水經注舊治水西常有湖溢之患晉中興之初治今處江水東逕縣南蓋今百官地也今縣則自唐永慶中徙縣志云舊無城嘉泰志所稱縣城周一里九十步者蓋縣治之衙城也元至正二十四年方國珍據有東浙始建議築縣城東南平衍西北因山

爲隍西南則跨長者山周廻凡十有三里高二丈厚二丈五尺置樓堞作五門東通明南朝陽西晝錦北豐寧西南金罍水門三在金罍晝錦通明之旁明初信國公湯和拆上虞城石改築臨山衛城縣城惟存土基嘉靖十七年知縣鄭芸乃即故址復建甃以石

國朝自順治三年夏入版圖時土寇王岳壽猶結寨大嵐山四年春破城五年再破雉堞盡毁十五年部院李率泰檄行增舊堞高六尺凡一丈爲一堞開大隙可發矢銃又計遠近設有砲臺〔元汪文璟記〕至正二十四年太尉方

公與其賓佐僚屬議曰上虞寔要害地城池不設何以奠民居固士志卽與貴介弟知行樞密院事國珉率賓佐僚屬將帥偕來諏故實相地宜慮財用以令役于近地之州縣曰餘姚奉化昌國鄞慈谿象山定海並上虞爲八邑其役之羸縮則視田賦所入爲之差惟上虞當六之一焉其築之之法斬木爲杙夾而列之杙長二丈有四尺陷其五之一于地中其四出地上因以崇土土與杙等則輦致巨石縱橫疊置以護其外至其面則治使平正以石帖之於是規制旣定民庶子來宵營晝作鼛鼓弗勝陸運川輸材用山積公與知縣及其賓佐僚屬日周行城上察工役勤惰而勸懲之凡爲城十三里其址之厚二丈有五尺五分其厚之四以爲城身之高十分其高之九以爲城面之廣其上則每二十步架樓櫓以宿巡警之卒其下則于四隅列營房以宅屯駐之士礨甓爲陴樹木爲柵塹以深濠懸以飛渠守禦之具無一不備陸門五水門三皆環石爲洞下闢重扉上屹層閣錮以金鐵絇以丹雘嚴嚴翼翼旣固旣飭而山川形勝爲

之一新矣經始於是年
之十月踰月而告成

嵊城吳賀齊爲剡令自江東徙移今治嘗開城門擊破姦吏族黨則今城亦齊所創建水經注縣開東門向江江廣二百餘步自昔耆舊傳不得開南門開則有賊盜舊經云嵊城周十二里高一丈厚二丈宋宣和三年縣遭睦寇城圮守帥劉述古掃清睦寇遂命縣令張誠發修城完壁高堞自是寇至不爲害慶元初溪流湍暴城存纔二三尺知縣葉範累石爲隄百餘丈城賴以全後二年水決東渡城壞提舉常平李

大姓給千緡增築明年秋大水又壞知縣周僎增築一百二十餘丈明初信國公毀嵊城移磚石築臨山衛城由是城半圮僅存四門弘治中知縣臧鳳以承平久城雖可緩然水害急不可無堤於是討築堤之費請於藩臬借府帑羨餘及徵于民以足之高三仞廣如之袤二百四十五丈邑人稱爲臧堤十一年適水勢汎濫堤之潰者又數百尺知縣徐恂築護堤自是堤賴以全嘉靖時倭患作三十四年知縣吳三畏乃力請築縣城高二丈有奇厚一丈有奇周圍共六一

千三百丈有奇爲門四東拱明南應台西來白北望越門上各有樓有月城東有陡門上扁曰溪山襟帶亭城上北有四山閣當學前有起鳳亭東門有騰蛟亭敵臺四火鋪二十四崇禎十三年知縣鄧藩錫修之

國朝初年城堞半圯順治十五年部院李率泰檄府行縣爲堞增高五尺

〔明郎中王畿碑〕世宗皇帝建極之二十有九載海氛爲孽倭寇忽颷至蜮射欃禍千浙東黃巖萬室爲燼甲寅歲再陷天台海上剽掠無已嵊知縣吳侯喟然嘆曰是可坐受無城之困乎歲已卯乃請其事于諸上官相基庀費然咎無羨鏹民又艱于土瘠侯于是稽散徭丁

口田地凡五十餘頃築城一丈計爲丈者九百有奇
因舊爲址繞山帶溪侯日自周省城功自忘飢疲工
始秋九月凡四閱月告竣東西南北四門次年請布
政司五百金成之東陡門北四山閘則取諸罰鍰漸
成之方築成甫半倭寇自台突入嵊黃泥橋夜遣諜
叅五里鋪覘視望城上燈燎晃燿呼噪之聲動地遂
命引出浦口背遁趨城工未畢止二板倭寇又自台
流嵊侯日夜督民兵分城哨守倭寇用是遁逃夫城
工雖未完而有險可據侯故得以殫力警守而保完
億計生靈嚮使侯不早計而亟圖是役則兩畨寇至
時嵊能免于黃巖天台之難否也周別駕云吳侯經
始鳩工鍾故址得一甎識云漢乙卯歲剡長吳某記
夫吳侯築城千五百載之後而與前
令姓同其築之歲又同噫嘻亦奇矣

新昌城嘉泰志新昌舊有土城高二丈厚一丈二尺
周十里久廢無考惟迎恩鎮東侯仙共仁四門名存

而已竊疑東堤舊址首起龍山尾接北鎮其蹟略如城制意舊志所云或指此耳宋知縣林安宅趙時侄嘗相繼築東堤以捍水患嗣而洪水爲災堤屢齧漂民居守土者各以時修築明弘治十八年知縣姚隆始築洞門於蔣溪廟右嘉靖中倭寇爲亂三十一年知縣萬鵬始議築城其城制長一千三百七十四丈有奇高一丈七尺濶二丈四尺周圍凡六里城門四東應台西通會南仰山北濟川城上爲女墻爲窩鋪門上爲譙樓門外爲子城內外馬路各一丈有奇門

東抵北自北抵西皆引溪爲池而西南則面山嗣是
續行修治亦因陋就簡而已迨
國朝順治十五年部院李率泰通行各府屬凡邑城
增堞高五尺城賴以堅（明尚書呂光洵碑）新昌盖剡之東境梁開平間析其十三
鄉爲縣以其創建也因名新云縣舊有城記稱周十
里高十尺厚十有二尺元末城廢逮我朝更新令尹
而議不及城聖德不丕冐守在四徼況區域之內耶縣
所治地東瀕海西帶剡江內有崇岡峭壁絕壑叢林
之險而魚鹽負販之徒相競逐競而不遂即丑嚚横
暴此其故俗也頃者劇盜起海隅入剽台寧台寧不
能禦鋒刃接于新昌新昌之民盡震空其縣走山谷
郎官師亦離次而匿矣於是武進萬侯鵬銜命在道
聞警亟馳抵縣乃召其父老拊循之其父老率子弟
伏庭下曰惟侯令侯乃簡其壯鋭授以利器日校于

演武之亭聲聞遠近盜驚懾不敢近乃召吾耆老黎庶而告之曰新昌故巖邑也羣盜所窺前此僥倖脫虎口其可恃以久遠耶吾爲爾計必依險而城城固乃可守父老曰唯侯令侯以父老之言告于贈吏部尚書石橋潘公參議三泉俞公又以告洵亦曰惟侯令侯乃具狀白于巡撫梅林胡公巡按玉泉趙公胡公特其議未下詳于趙公趙公曰新昌瀕海盜時至無城是棄民也宜亟下其議議下侯乃大集士庶度地相基計工量費取石于南山購材于四境諏日以致工工始自東隅循南山之麓而西跨澗而北又迴溪而東計周一千三百七十四丈九尺高一丈八尺厚一丈七尺表裏俱石而實以土礫蓋極其堅緻云城東故有捍水石堤城附于堤堤愈堅城愈壯既竣外傍又禦橫流居者安堵過者竦望覬覦者恭心眞千百載不磨之偉績也迨今十有餘年而吾民頌功之碑尚未有詞竹山田公乃授簡于洵洵寡昧未能敷張盛美

竊有愧焉

衛城臨山衛城明初洪武二十年二月信國公湯和經畫浙東以餘姚東北控大海慮海島中竊發上虞非要衝也乃奏徙上虞故嵩城於餘姚西北五十里廟山之上企海而城之是爲臨山衛城初用土石半其秋指揮同知武瑛督築乃盡用石爲方五里三十步高一丈八尺永樂十六年增五尺址厚四丈五尺面半之陸門四水門一城樓大五小三敵樓十四月城三池深一丈五尺廣五丈五尺吊橋四窩鋪三十八女墻九百九十兵馬司廳七瞭望臺一墪臺九

觀海衛城明初將軍湯和所築在餘姚縣東北八十里慈谿縣之境爲方三里三十步高二丈四尺厚二丈八尺城門四水門二城樓大小各四角樓四敵樓二十五月城四池深八尺廣六丈八尺弔橋四窩鋪三十七女墻一千一百七十八兵馬司廳四整臺六

所城明洪武二十年國公湯和皆築之

三江所城在府城北三十里山陰浮山之陽踐山背海爲方三里二十步高一丈八尺厚如之水門一陸門四北則背焉城樓四敵樓三月城三引河爲池可

通舟楫兵馬司廳四窩鋪二十女墻六百五十八墩臺七

瀝海所城在府城東北七十里會稽三十三都之薛家瀝爲方三里三十步高二丈二尺厚一丈八尺城門城樓角樓敵樓月城各四池深一丈五尺廣五丈五尺兵馬司廳四窩鋪十六女墻六百十一墩臺四

三山所城在餘姚縣東北四十里梅川一都之滸山爲方三里一百二十八步高一丈六尺明永樂十六年增六尺址厚四丈五尺面二丈二尺陸門四水門

一城樓月樓敵樓各四月城四池深一丈三尺廣三丈八尺弔橋四兵馬司廳三更樓一窩鋪六女墻六百三十五墩臺七

龍山所城在餘姚縣東北一百二十里定海縣之境爲方四里二百七十步陸門三水門一城樓角樓各四月樓三敵樓十七池深一丈二尺廣三丈五尺窩鋪九弔橋四兵馬司廳三女墻四百六十墩臺五

巡司城亦將軍湯和所築

三江巡檢司城在府城北四十里山陰浮山之北麓

小江經其前大海浸其東與三江所城南北相峙爲東海之門城惟一門西出而舊無女墻明嘉靖二年有倭寇始增治之爲方一里二十步高二丈厚一丈八尺城樓一窩鋪四女墻三百六十六

白洋巡檢司城在府城西北五十里大海之上亦山陰境有白洋之山緣山而城之爲方一百一十丈高一丈一尺厚一丈城門一譙樓一窩鋪四女墻一百七十六

黃家堰巡檢司城在府城東北八十里會稽上虞之

界曰纂風鎮爲方一百四十丈高一丈三尺厚二丈五尺南北環以月城城樓一窩鋪四女墻一百一十城下有池深一丈二尺廣四丈五尺舊在府城東北六十里黄家堰明洪武二十年徙瀝海所西爲海潮所齧弘治間徙今所故址尚存

三山巡檢司城舊在餘姚之金家山明洪武二十年徙之上林一都之破山西南去縣六十里爲方三百五十丈有奇高一丈五尺厚二丈城門一城樓一窩鋪四女墻一百二十

廟山廵檢司城舊在餘姚之廟山明洪武二十年徙之上虞縣第五都之中堰東南去餘姚縣六十里爲方一百四十丈高二丈五尺厚二丈二尺城門一城樓一更樓一穴城二窩鋪四女墻一百一十

眉山廵檢司城舊在餘姚之眉山明洪武二十年徙之孝義二都之湖海頭東南去縣四十里爲方一百八十四丈高一丈八尺厚二丈城門城樓更樓望海樓各一窩鋪四女墻一百二十

古城　吳越春秋越王謂范蠡曰寡人欲築城立郭委

屬於相國於是范蠡乃觀天文擬法於紫宫作小城周千一百二十二步一圓三方西北立爲飛翼之樓以象天門東南伏漏石竇以象地戶陵門四達以象八風外郭築城而缺西北示服事吳也不敢壅塞内以取吳故缺西北而吳不知也北向稱臣委命吳國左右易處明臣屬也城既成而怪山自生范蠡曰臣之築城其應天矣崑崙之象存焉越王曰崑崙之山乃地之柱吾之國也偏乘東南之維何能比隆蠡曰臣乃承天門制城合氣於后土嶽象已設崑崙故出

於是起游臺東武之上東南爲司馬門立層樓冠其山巔以爲靈臺水經注又作三層樓以望雲物越絕書句踐小城山陰城也周二里二百二十三步陸門四水門一今倉庫是其宮臺處也周六百二十步柱長三丈五尺三寸霤高丈六尺宮有百戶高丈二尺五寸舊經子城周十里東面高二丈二尺厚四丈一尺南面高二丈五尺厚三丈九尺西北二面皆因重山以爲城不爲濠塹嘉祐中刁約守越奏修子城記云城成高二十尺壯因臥龍山環屬于南西抵于堙

尾凡長九千八百尺城之門有五熙寧中沈立爲越州圖敘云楊素築子城十里則子城名始於隋歷唐至宋雖少有改作然規模大略不遠嘉泰志子城陸門四曰鎮東軍門曰秦望門曰常喜子城門曰酒務橋門水門一即酒務橋北水門是也其常喜門與郡城會山陰新志云以今地考之在西南西北二隅之內

山陰越王城在府城西南四十七里舊經越王墓在古城今城雖不可考然地名猶曰古城也

陽城越絕書范蠡城也西至水路水門一陸門二地名陽城里

北陽里城越絕書大夫種城也取土西山以濟之徑一百九十四步或爲南安

北郭外路南溪北城越絕書句踐築鼓鍾宮也去縣七里其邑爲龔錢（凡越絕書所稱縣皆山陰縣也）

苦竹城越絕書句踐伐吳還封范蠡子也其僻居徑六十步因爲民治田塘長一千五百三十三步其冢名土山范蠡苦勤功篤故封其子於是去縣十八里

唐劉長卿晚次苦竹舘詩匹馬風塵色千峰旦暮時
遥看落日盡獨向遠山遲故驛花臨道荒村竹映籬
誰憐却回首
步步戀南枝

石城在府城北三十里地名石城里吳越略史乾寧二年錢王鏐討董昌攻石城即其地也

會稽東郭外南小城越絕書云句踐冰室

會稽山上城越絕書句踐與吳戰大敗棲其中及以下爲牧魚池其利不租舊經越王城在縣東南一十里句踐爲夫差所敗以甲楯五千保於此城也十道志云城天門也天門當閉開必致虎嘗觀吳之勝越

越雖大敗猶以甲楯五千保險拒之故得不亡此與漢伐宛無異宛以得存者亦以中城不下故也豈獨以納賂請盟而得存哉及吳之亡也乃束手請以越之事吳者事越豈可得哉夫差非能存亡國句踐亦非忍於滅吳各因其勢而已故表出之爲後世守國者之戒

會稽山北城越絕書子胥浮兵以守城是也舊經吳王城在會稽縣東一十里夫差圍句踐於會稽山伍員築此城以屯兵

侯城越始侯無餘所都城也舊經云在府城東五十八里

土城在五雲門外東北五里吳越春秋越王得西施鄭旦教以容步習於土城今有土城山

蕭山越王城在縣西九里夏侯曾先地志云吳王伐越次查浦越立城以守查吳作城於浦東以守越今城山是其地也

浙江南路西城越絕書云范蠡敦兵城也其陵固可守謂之固陵

西陵城在西興鎮蓋吳越武肅王屯兵之所今城基在明化寺之南居民猶有得其斷磚遺甓者

錢清城元末張士誠守將呂珍所築圍跨江南北東西兩頭作木栅爲浮城於江面下通舟楫今廢

餘姚虞家城在梅川鄉（元宋元禧記）余辟難梅川時胡處士達道嘗謂余曰鄉有虞家城者父老相傳爲虞世南宅基吾壯歲猶見其遺址高一丈許厚三尺餘吾祖毋出其地余因與其從子惟彥過其處則其址之存者厚如處士往歲所見高則四尺餘耳周圍度之爲丈百有五十旁近居者多虞氏按輿地志及孔曄記漢日南太守虞國宅在餘姚嶼山南郡志謂治之東北三十里有嶼山今所謂虞家城正在其南二里許國宅此無疑謂其宅在治西一里靈緒山南蓋郡志誤也郡志既誤而此

相傳爲世南宅基者意世南亦居是地鄉人自其盛者傳之爾今年冬余得觀虞氏宗譜于梅川按日南若干傳至唐永興公世南永興生工部侍郎昶昶生廣陵别駕闓按陳書虞荔有從父諱闓荔生世南虞譜云永興生昶昶生闓則三四世間便犯家諱此必世譜之誤又聞梅川人嘗得虞氏田園記石刻于城旁川水中石斷裂不全其文有所謂桃源鄉應嶼仲瑶仲瑀等舊管水田二十二頃七十畝三角者可讀今余得見其斷石果然餘所記田園數石刻尚多在水中不可得見而仲瑶仲瑀名見宗譜於永興爲十七世孫以此考之虞家城非止爲日南宅其子孫富貴世居是地甚久遠者益有徵矣嗚呼餘姚舜支庶所封虞氏大聖人之後自日南有惠政及其孫翻等皆爲餘姚聞人逮永興益顯下此世濟其美者至近代尚熾大聖人之澤過百年而不絕若此今則微矣余所覩虞氏宗譜可考者至天與之世而止天與既不顯于今虞氏又未知爲誰祖惜哉餘姚新志亦缺酈道元水經注云虞翻嘗登緒山望四郭戒子孫曰

可留江北居後世祿位當過于我聲名不及爾然相繼代與居江南必不昌諸虞氏由此悉居江北又云山南有百官倉卽虞國舊宅據此則緒山別稱嶼山而郡志沿之殊不爲誤且虞氏奕世貴盛多開第宅據翻之言固有居江南北者又不特專此此城以居也顧其城厚完非永與輩其力或不能辦此

上虞嵩城在縣西北六十里其城斷橫亘數里乃古壘也嘉泰志云孫恩攻上虞袁山松築扈瀆壘嵩城名始此　按晉書袁名山松此乃以嵩城爲袁遺跡疑有誤

後郭在縣西北四十二里縣治舊在百官此北門之外也

嵊故剡城嘉泰志云在今縣西十五里縣志又引舊

經云西四十五里孔曄記剡治在江東歷年多皆不可考

衢路

舊子城由秦望門而入直北曰蓮花橋又北走即府治所也秦望門街之東曰雄節營曰五通廟曰酒務坊曰夏麥倉曰都酒務街之西曰第七營曰第四營曰車水橋巷曰提舉司幹辦公事廳循城而西曰念三營出酒務橋而東經豐宜館三聖廟之前東走酒務橋門由車水橋巷而西過橋之南有大池曰龍噴池池正方可三十畝池北曰僉判廳池西曰社

壇自此西走踰大郎橋會于常喜門蓮花橋北街之東曰司理院西曰臥龍坊而西數百步西南走威果營又數百步抵城隍廟路及西園南邇清冷橋出常喜門府治之南左曰提刑司幹辦公事廳曰作院右曰通判南廳由府治而右手詔亭下少西曰府院口下馬院由府治而左頒春亭下東走即鎮東軍門街之北曰僉廳少東曰通判北廳街南曰通判東廳

寶慶續志云越爲會府衢道久不修治遇雨泥淖幾於沒膝嘉定十七年守汪綱至乃計工伐石在在繕

砌浚治其湮塞整齊其嶔崎除閼陌之穢汙復河渠之便利道塗堤岸以至橋梁靡不加葺經畫有條役且無擾始于府橋至軒亭及南北兩市由府前至鎮東軍門賢良坊至府橋水澄坊至鯉魚橋沿河夾岸迤邐增築暨大小路迎恩門內外至鴻橋牽滙坦平如砥井里嘉歎實爲悠久惠利云

今府城內衢路由府署南下爲蓮花橋又南爲紫金街爲拜王橋自蓮花橋過西爲山陰縣又西南爲府城隍廟爲稽山書院又轉而西稍北爲王公池南爲

常禧門由府署西爲太清道院爲山陰城隍廟皆傍
卧龍山由拜王橋西爲水偏門轉東南爲鮑郎山後
爲教場山鎮東閣東過府橋爲横街轉而北爲軒亭
又北爲大善寺江橋南爲清道橋又南下爲蕙蘭橋
大雲橋南至南堰門由蕙蘭橋轉而北爲布政分司
紹興衛由大雲橋西爲塔山前爲山陰學由軒亭東
爲會稽縣爲會稽城隍廟又東爲縣東門轉而南至
坊口大街南爲貫珠樓會稽學東爲新街口長春觀
過東雙橋東至五雲門由貫珠樓南下爲掠斜溪金

斗橋由新街口折而北爲小寶祐橋頭陀菴大寶祐橋由會稽縣東南爲長簷街又南爲杏花寺街爲南街南爲府學又東南爲羅坟坂官齊橋南至稽山門由南街過覆盆橋爲禹跡寺東至東郭門會稽縣後爲新橋東爲長橋廣寧橋龍王堂東至都泗門由府橋折而南爲鹽運分司酒務橋由鎮東閣折而北爲佑聖觀東爲火珠山火珠巷按察分司娥眉山北爲倉橋東爲水澄巷西爲如坻倉爲察院轉而西繞卧龍山後爲鯉魚橋西小路又北爲北小路中爲大路

西至西郭門鯉魚橋西爲養濟院由江橋折而東爲
斜橋過蕺山北爲昌安門轉東南爲白馬山彭山東
大池
越絕書山陰古故陸道出東郭隨直瀆陽春亭山陰
故水道出東郭從郡陽春亭去縣五十里
廣平路華氏考古云在稽山門外一十里廣平程公
師孟元豐初爲守民服其政日有餘稀放浪於山水
間泛鏡湖欵禹祠探藏書訪丹井攬宛委之秀挹若
耶之勝往來必遊稽山之蹊山中之民相率而治之

芟繁去險使肩輿安行飛蓋無阻師孟字公闢時爲
夕郎路以公名
涉路寶慶志云在西興沙上直抵江岸長一千一百
四十丈嘉定十七年冬守汪綱築用錢三千萬米千
斛椿篠五萬有奇踰月而工成修潤平廣行人利焉
次年三月寧宗靈駕發引遂由此捧擎徑達于河以
避江間沙漲之阻
今紹興府城之西北出西郭水門由運河西至于錢
清鎮又西北至于蕭山之西興鎮渡錢塘江凡一百

二十里達于杭州又由錢清之水路西南至于臨浦達於錢塘凡一百里西通婺䖍諸郡東北至于扈掩閘達於三江口凡七十里至于海西出常禧門由水路西至于婁公埠登岸由陸路西南至於諸暨縣又西南由諸暨江至於安華橋又西南由山路達於金華之浦江凡二百七十里西南通金衢諸郡又由諸暨江北至于臨浦又北至于蕭山達於錢塘凡一百六十里南出南堰門由水路南至於秦望諸山之中東南出稽山門由若耶溪東南至於禹陵又東南至

于上竈又至于平水達於新嵊諸山之中東出都泗門由運河南過五雲門又東至於繞門山又東至於東關之曹娥江渡江由運河又東南至於上虞過縣之東又東至于大江口壩入於餘姚江又東至於餘姚過江橋又東達於寧波之慈谿凡二百七十五里東通寧波入於東海又由東關南至于蒿壩由剡溪而上南至於嵊縣過縣又東南由陸路至于新昌由新昌東南山路達於台州之天台凡三百七十里南通台州入黃巖過雁蕩至于温處東北出昌安門由

水路北至于玉山斗門達於三江海口凡三十里過海北逼於嘉松諸郡又三江之西由湯灣塘路西至於蕭之龕山其三江之東南由王家大之塘路東至於傰山又東南至於曹娥壩過壩渡江東由百官達上虞至餘姚之廟山臨山衛又東北至觀海衛入慈谿又東至龍山所入定海凡三百里又由東關過上虞至黄竹嶺由山路東南入四明山接奉化慈谿凡二百三十里

紹興府志卷之三

署廨志附圖

府治圖　山陰縣圖

會稽縣圖　蕭山縣圖

諸暨縣圖　餘姚縣圖

上虞縣圖　嵊縣圖

新昌縣圖　紹興衛圖

布政分司圖　按察分司圖

今府治圖

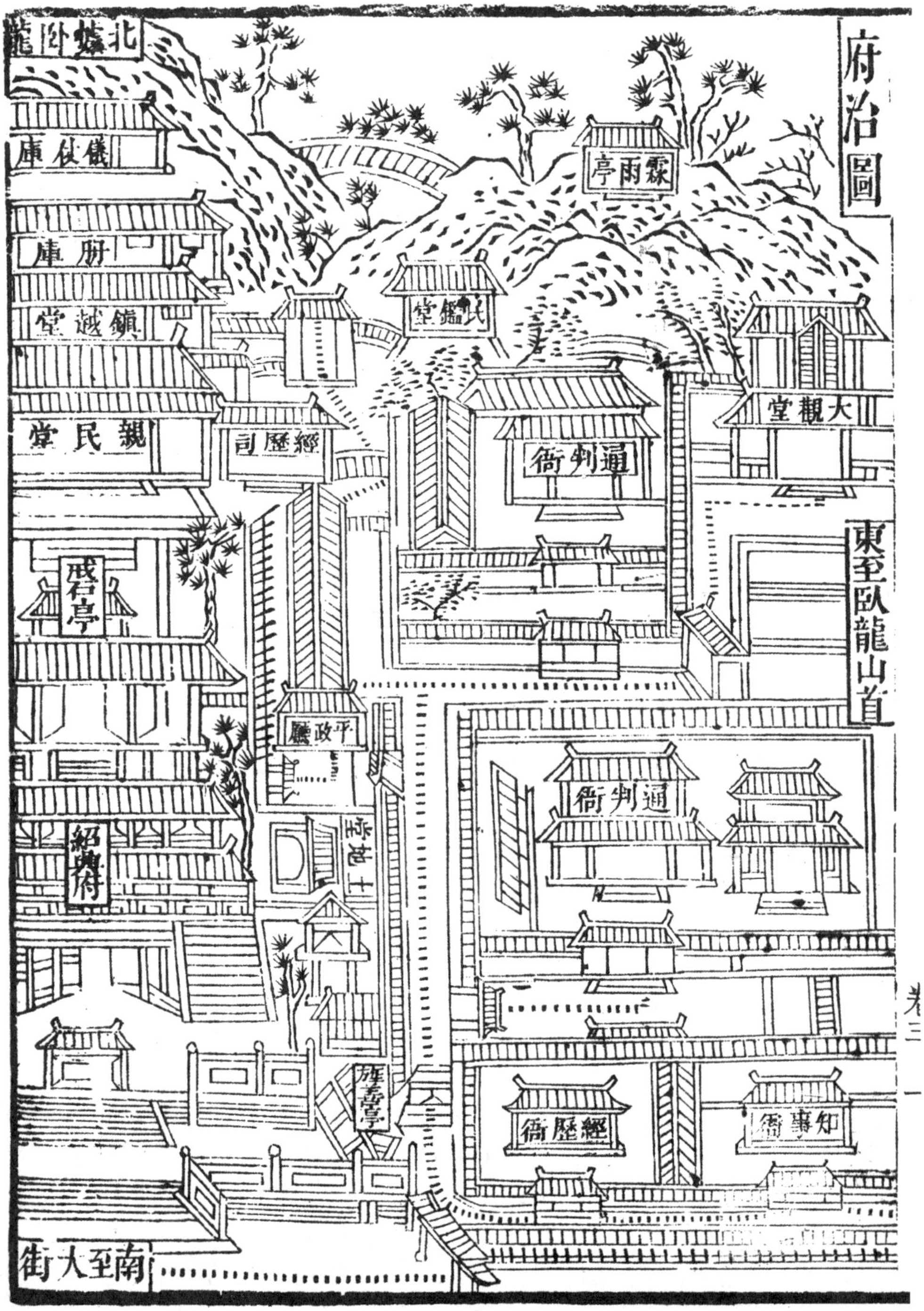
府治圖
北蟠臥龍
霖雨亭
儀仗庫
册庫
鎮越堂
親民堂
經歷司
大觀堂
通判衙
東至臥龍山首
戒石亭
平政廳
紹興府
土地堂
通判衙
旌善亭
經歷衙
知事衙
南至大街

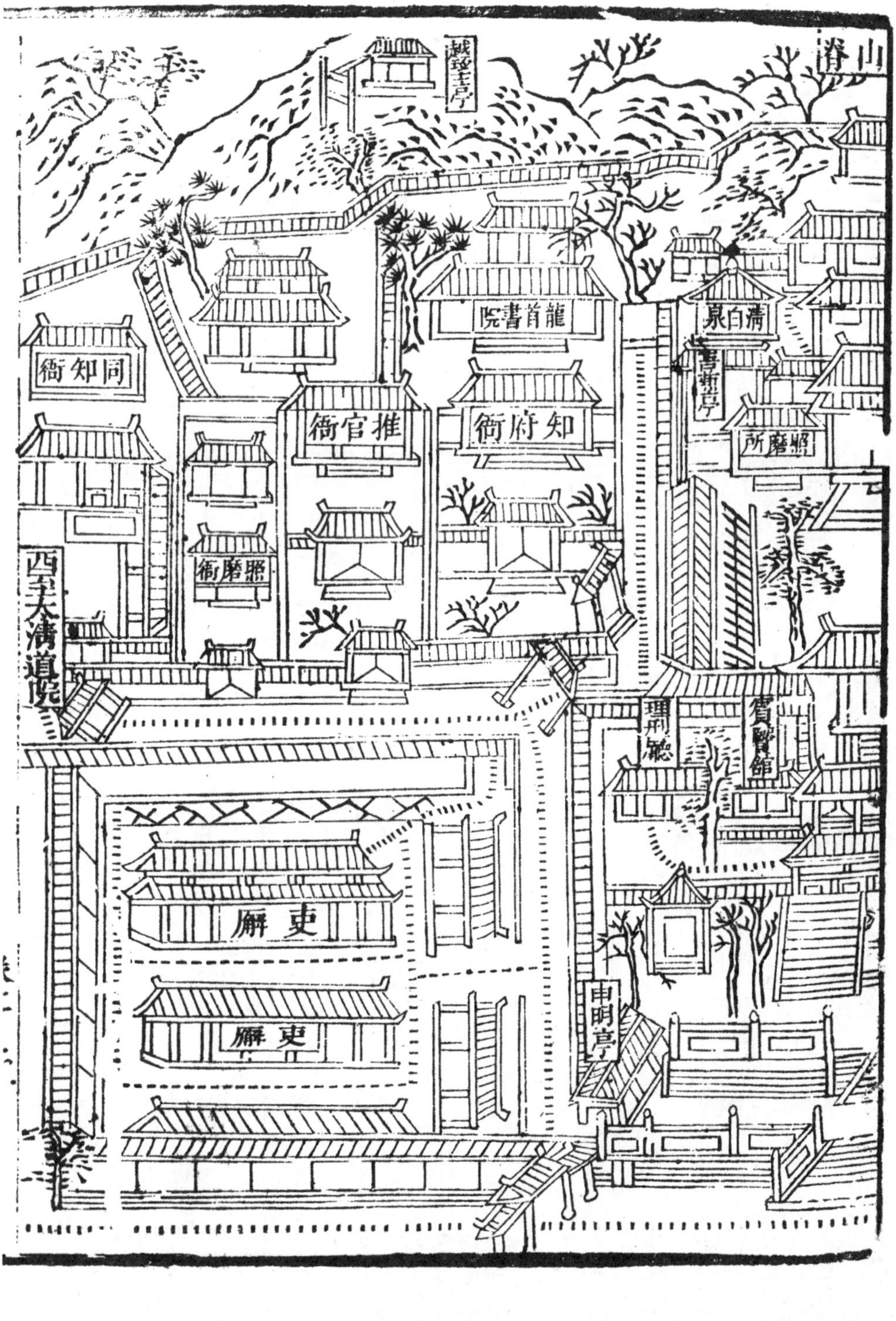
山脊
龍首書院
同知衙
推官衙
知府衙
清白泉
照磨所
照磨衙
理刑廳
賓賢館
吏廨
吏廨
申明亭

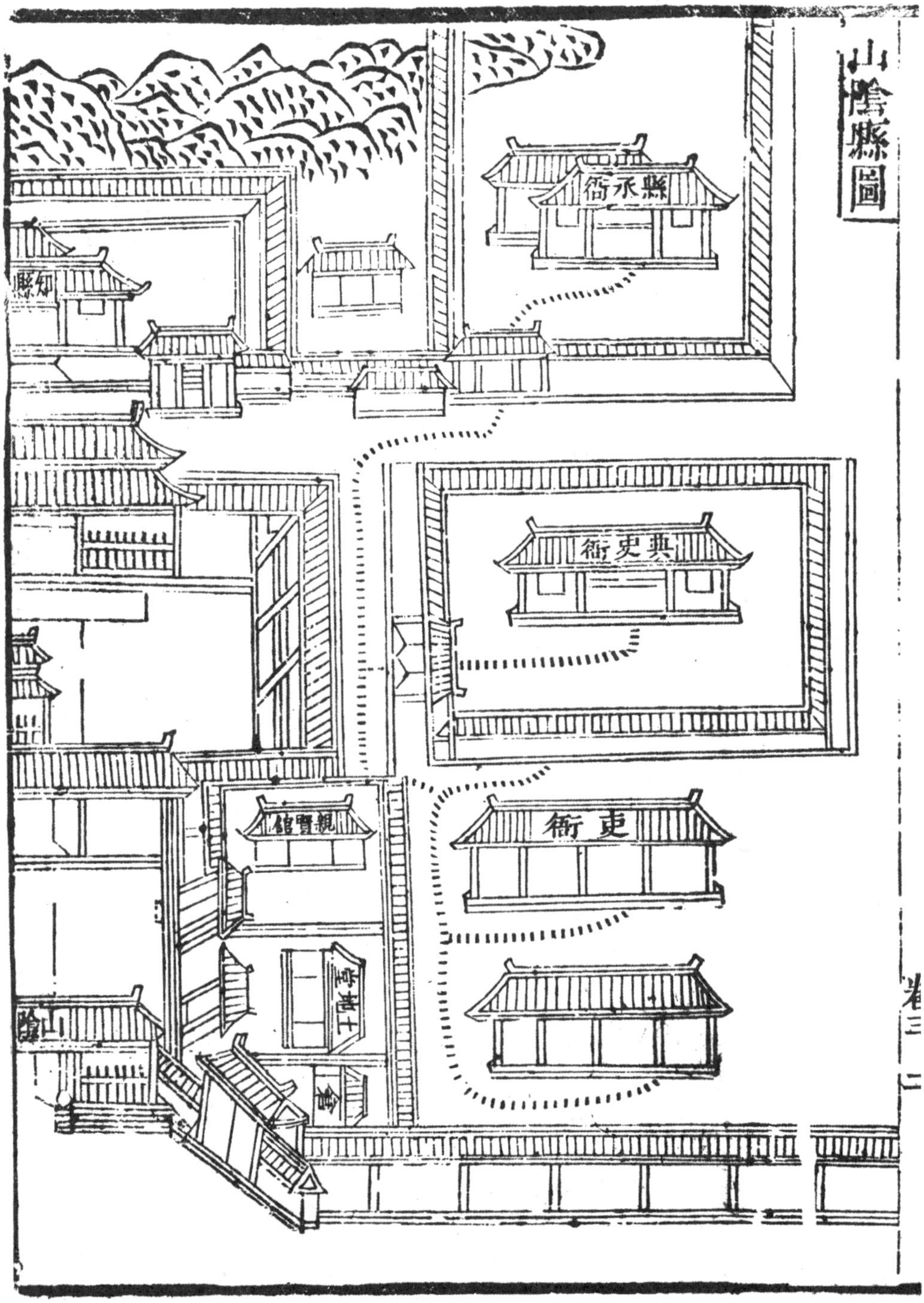
山陰縣圖
縣丞衙
典史衙
吏衙
親賢館
土地堂
倉

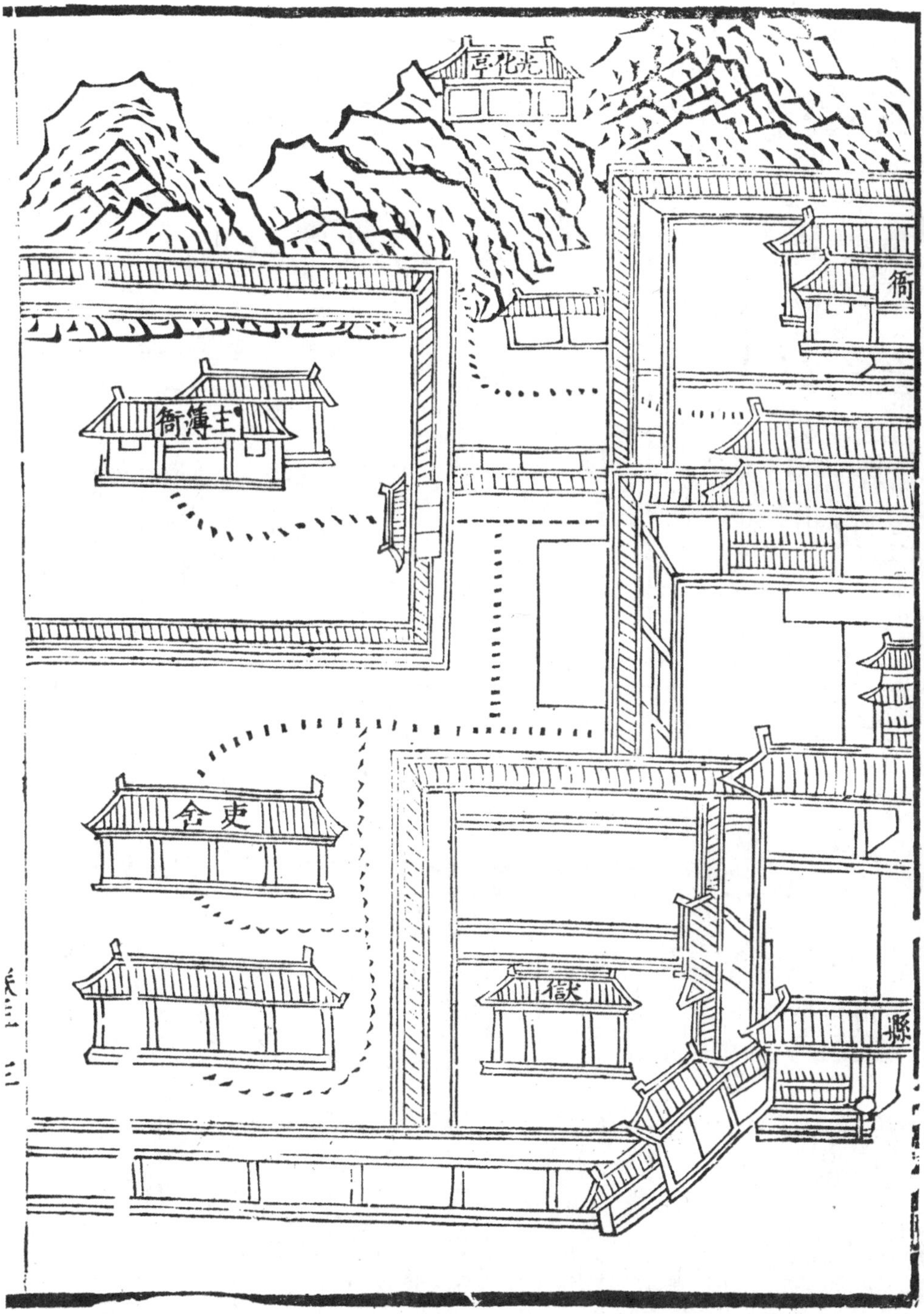
光化亭
主簿衙
衙
吏舍
獄
縣

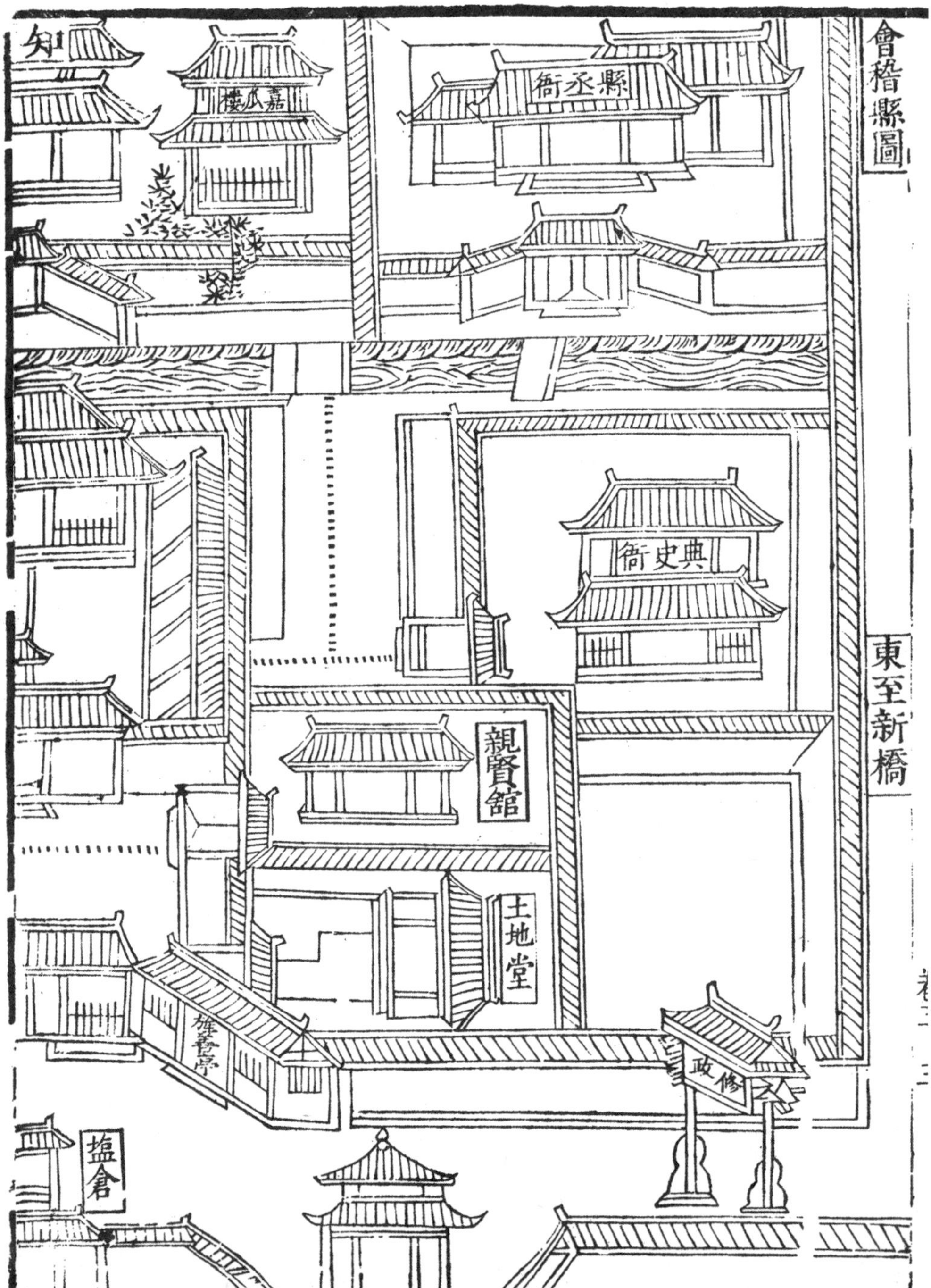
會稽縣圖
知
嘉瓜樓
縣丞衙
典史衙
東至新橋
親賢館
土地堂
旌善亭
修政
塩倉

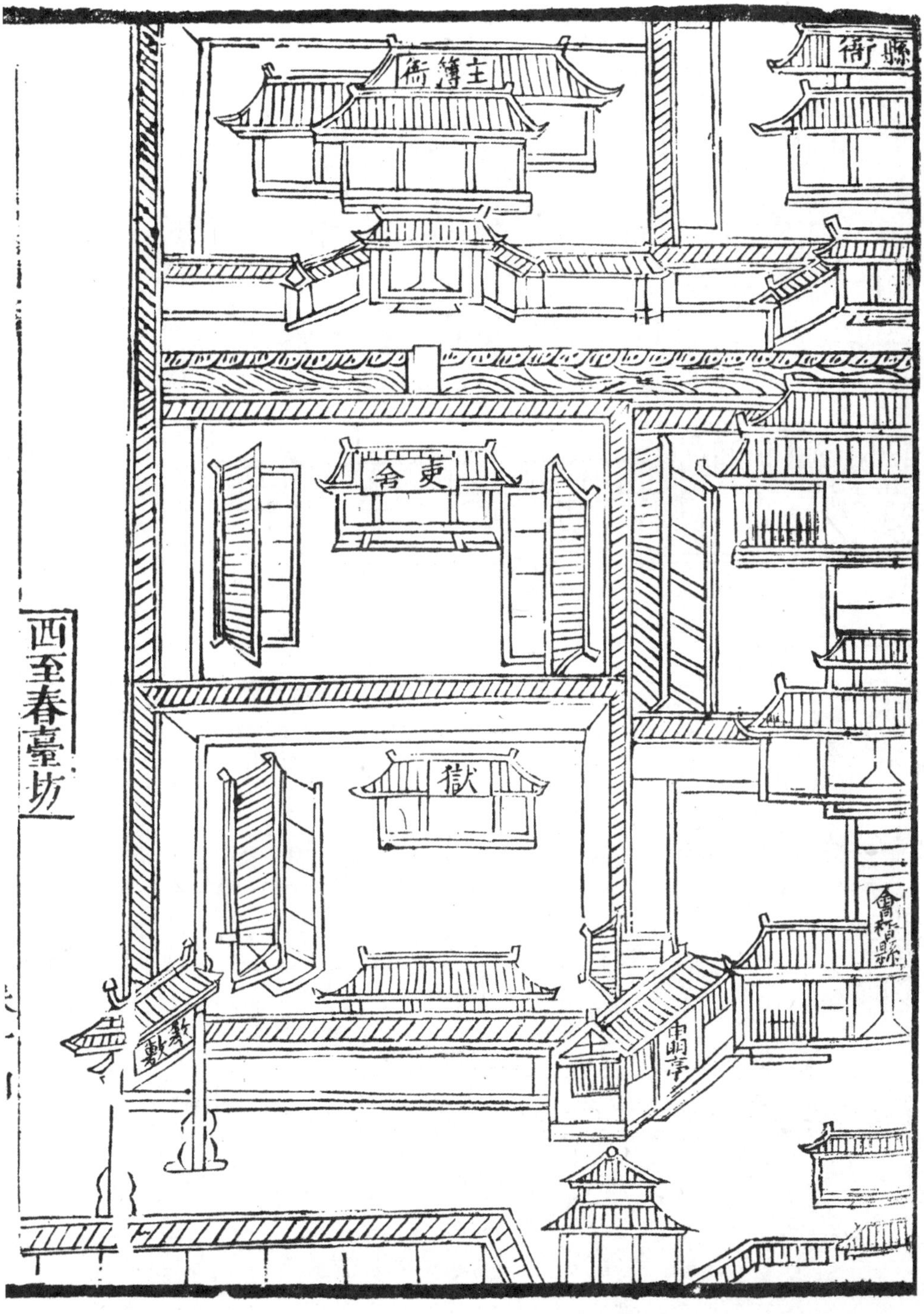
主簿衙
縣衙
吏舍
獄
西至春臺坊
會稽縣
申明亭

蕭山縣圖

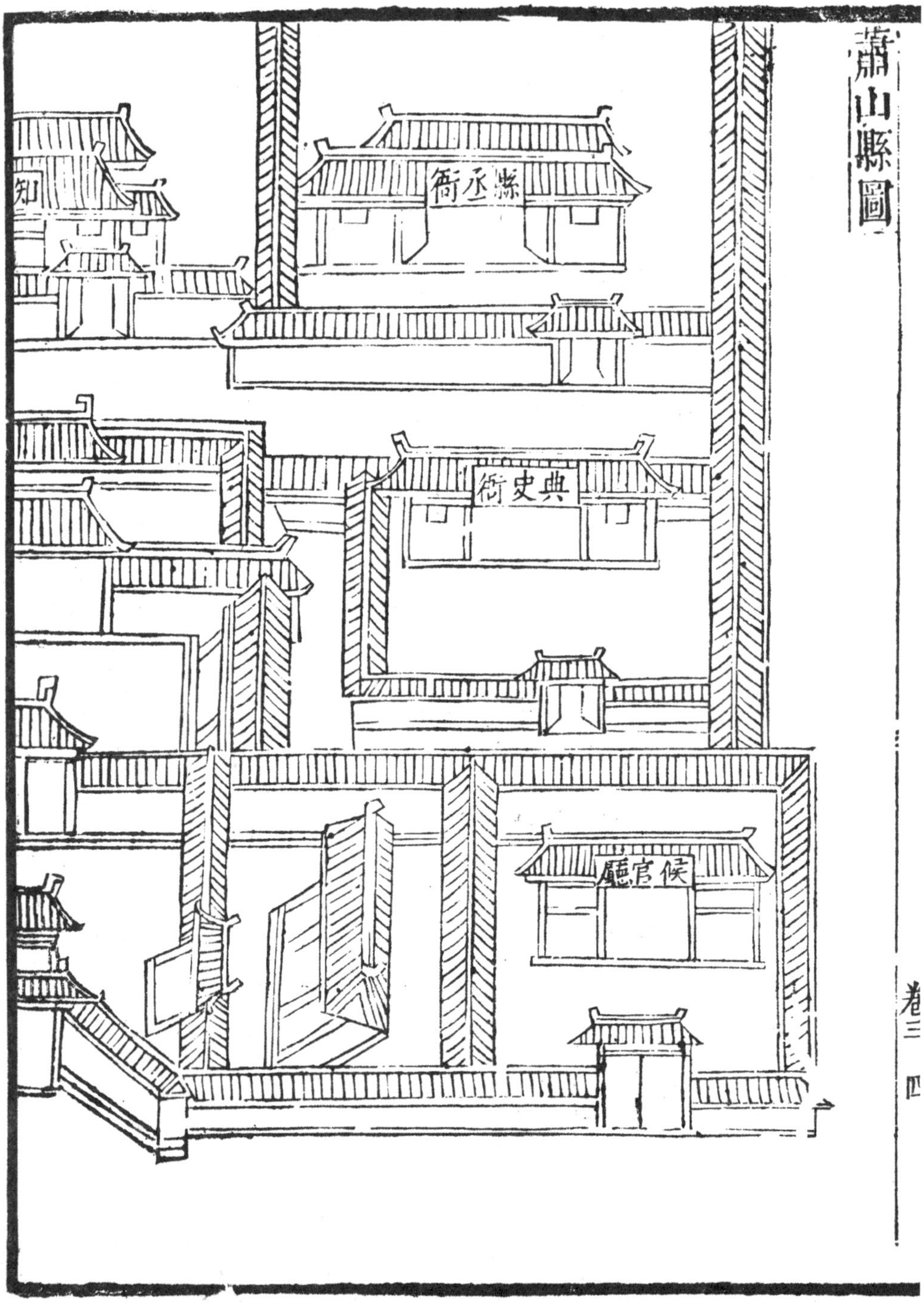

卷二 四

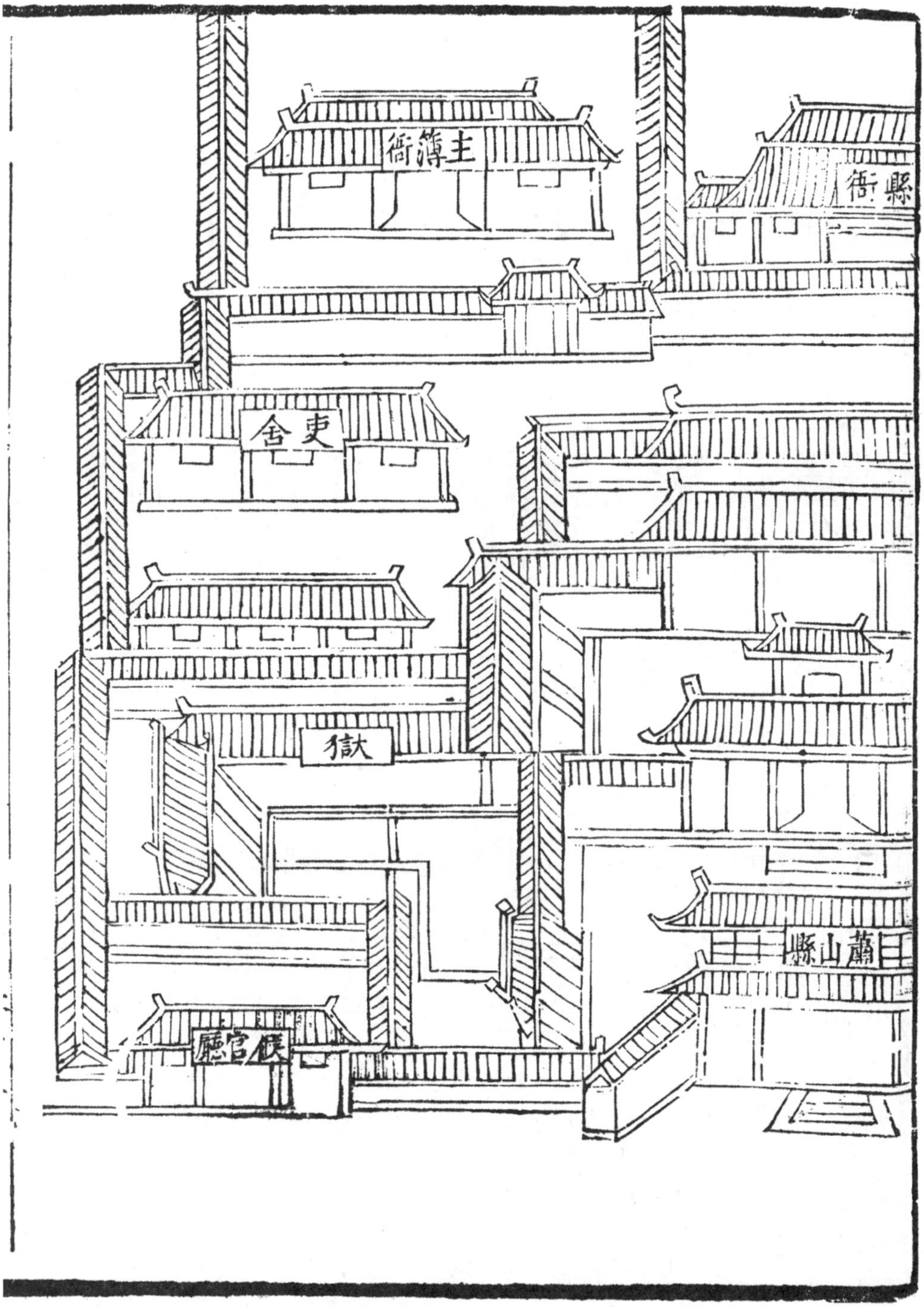
主簿衙
縣衙
吏舍
獄
蕭山縣
候官廳

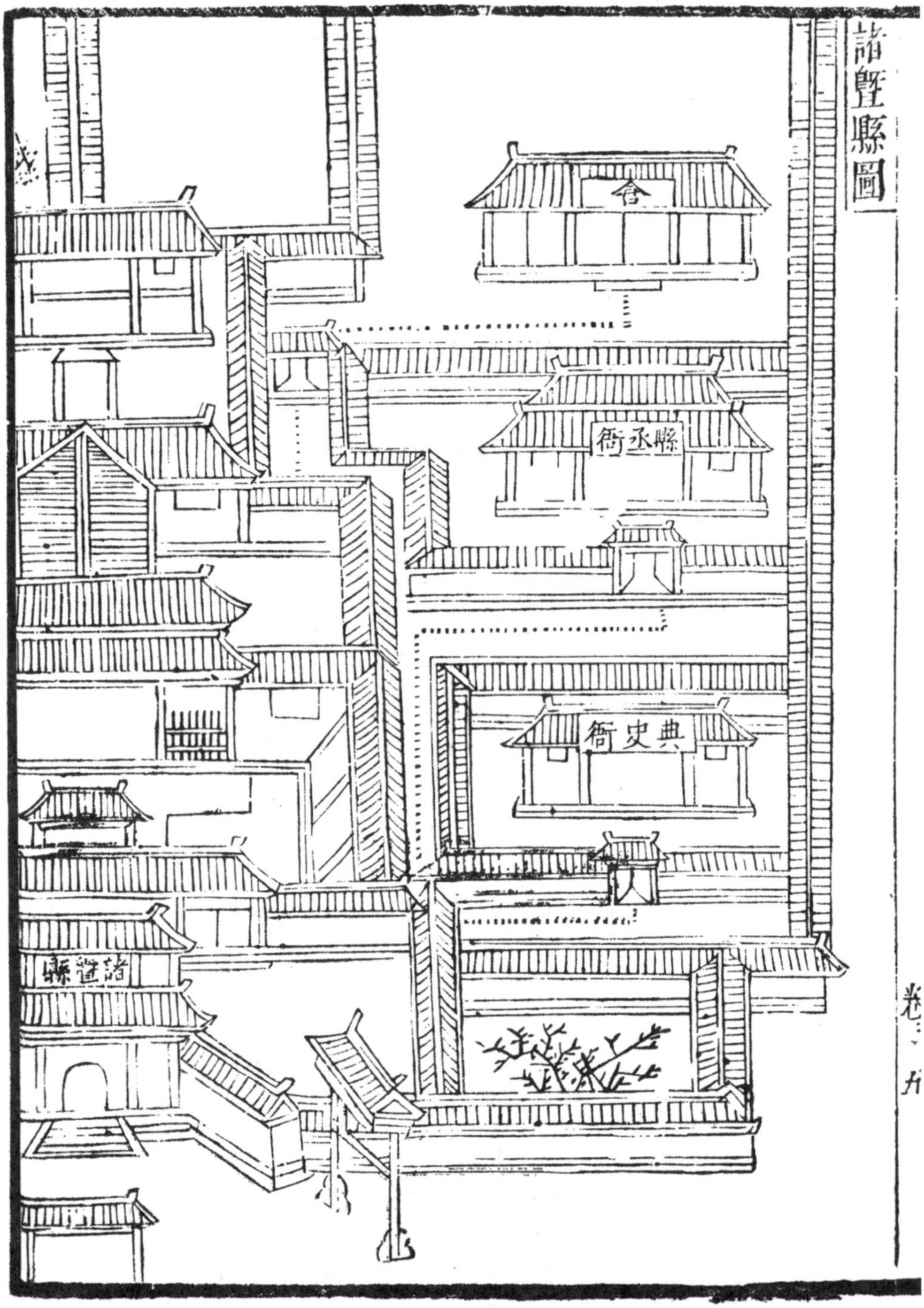
諸暨縣圖
倉
縣丞衙
典史衙
諸暨縣

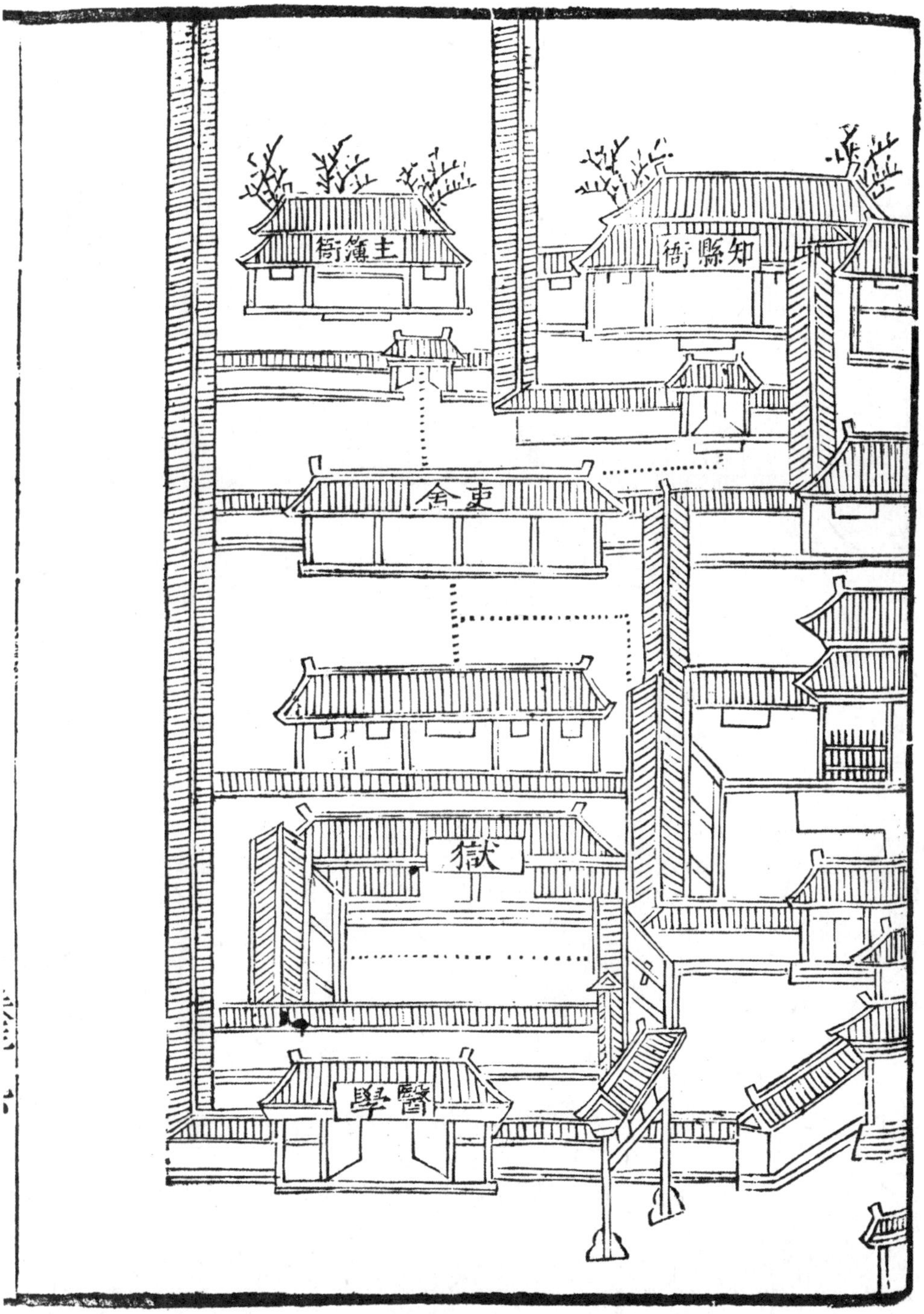
主簿衙
知縣衙
吏舍
獄
醫學

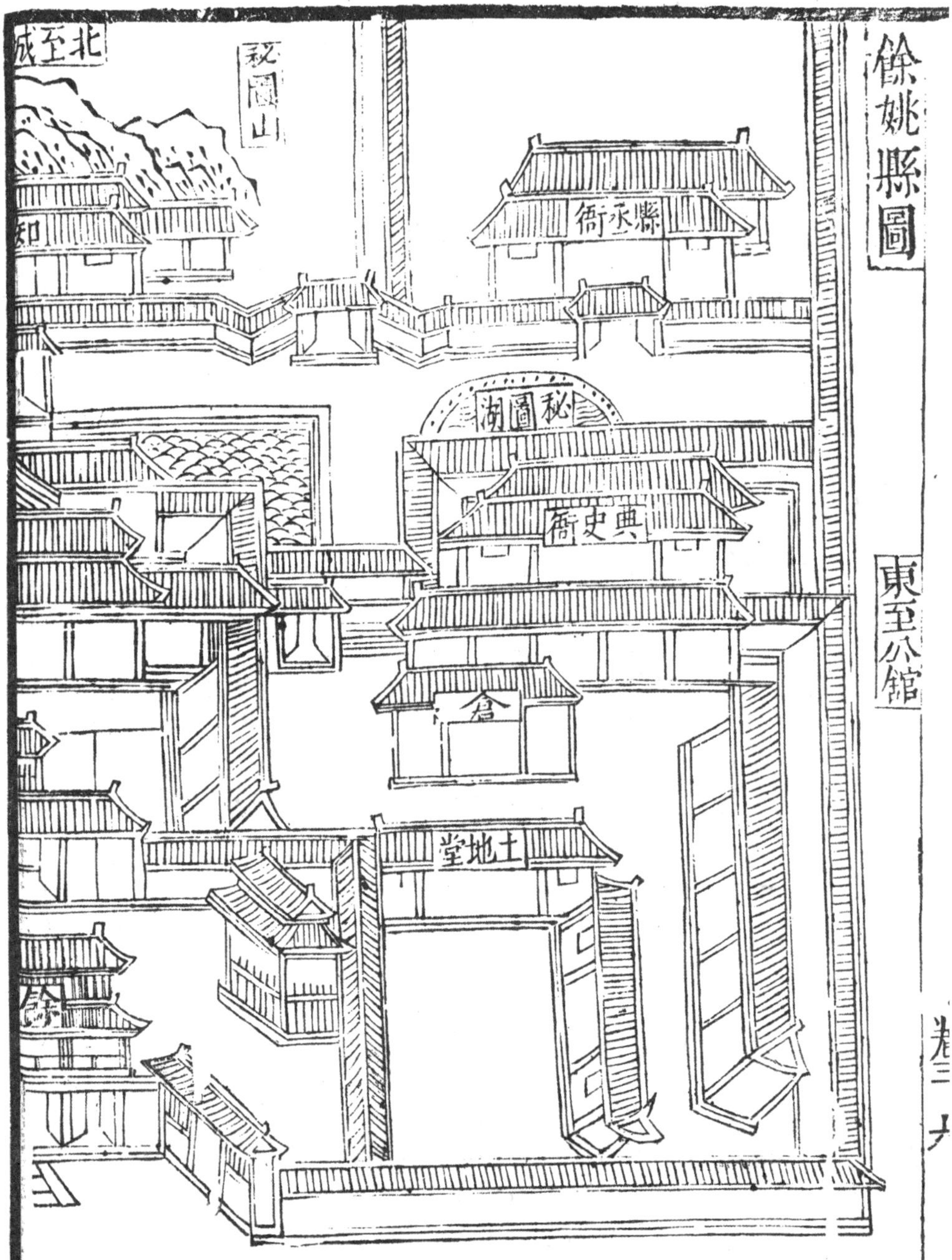
餘姚縣圖
北至城
秘圖山
縣丞衙
秘圖湖
典史衙
東至八館
倉
土地堂
南至

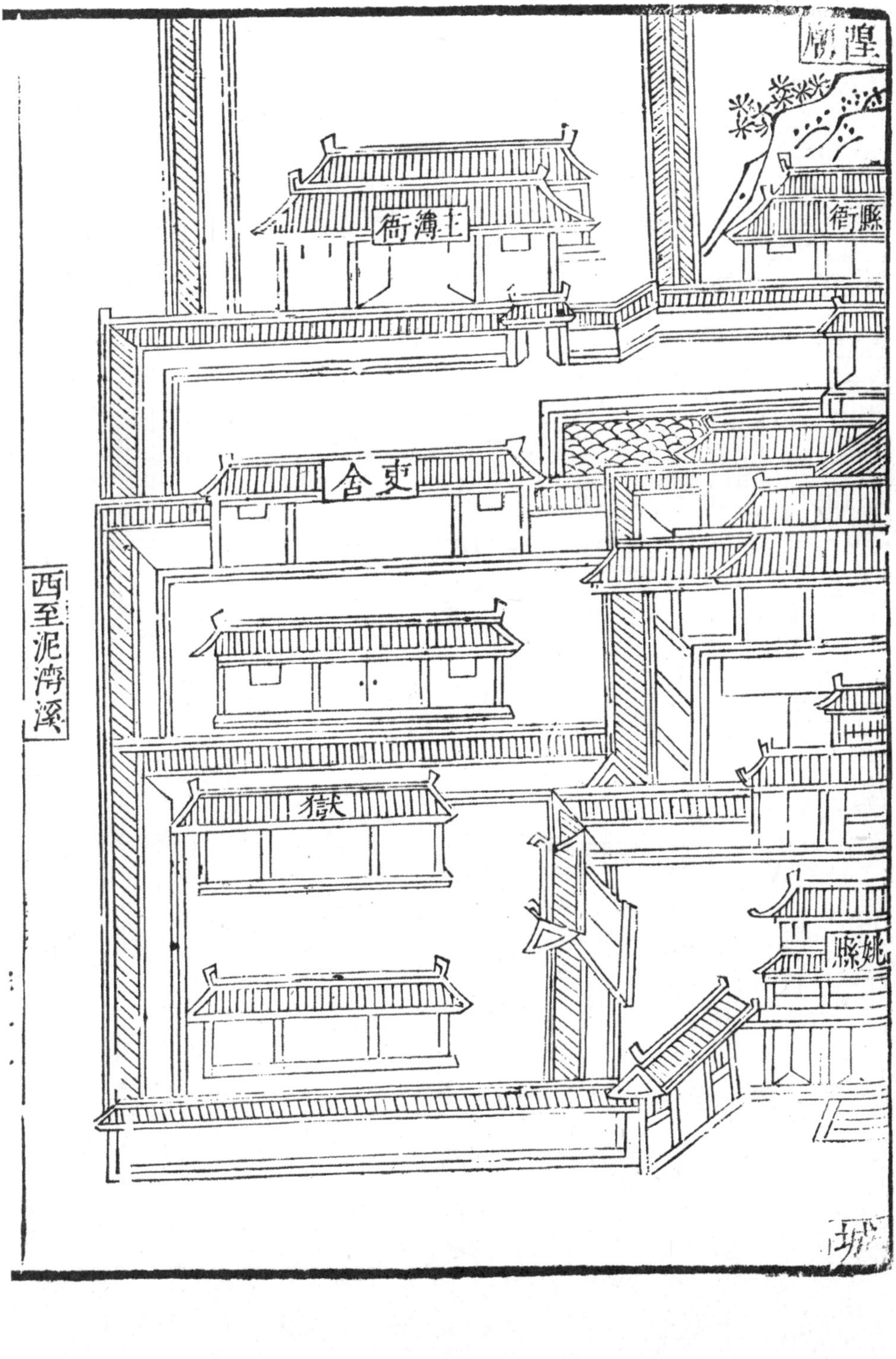
隍廟
主簿衙
縣衙
吏舍
西至泥湾溪
獄
姚縣
城

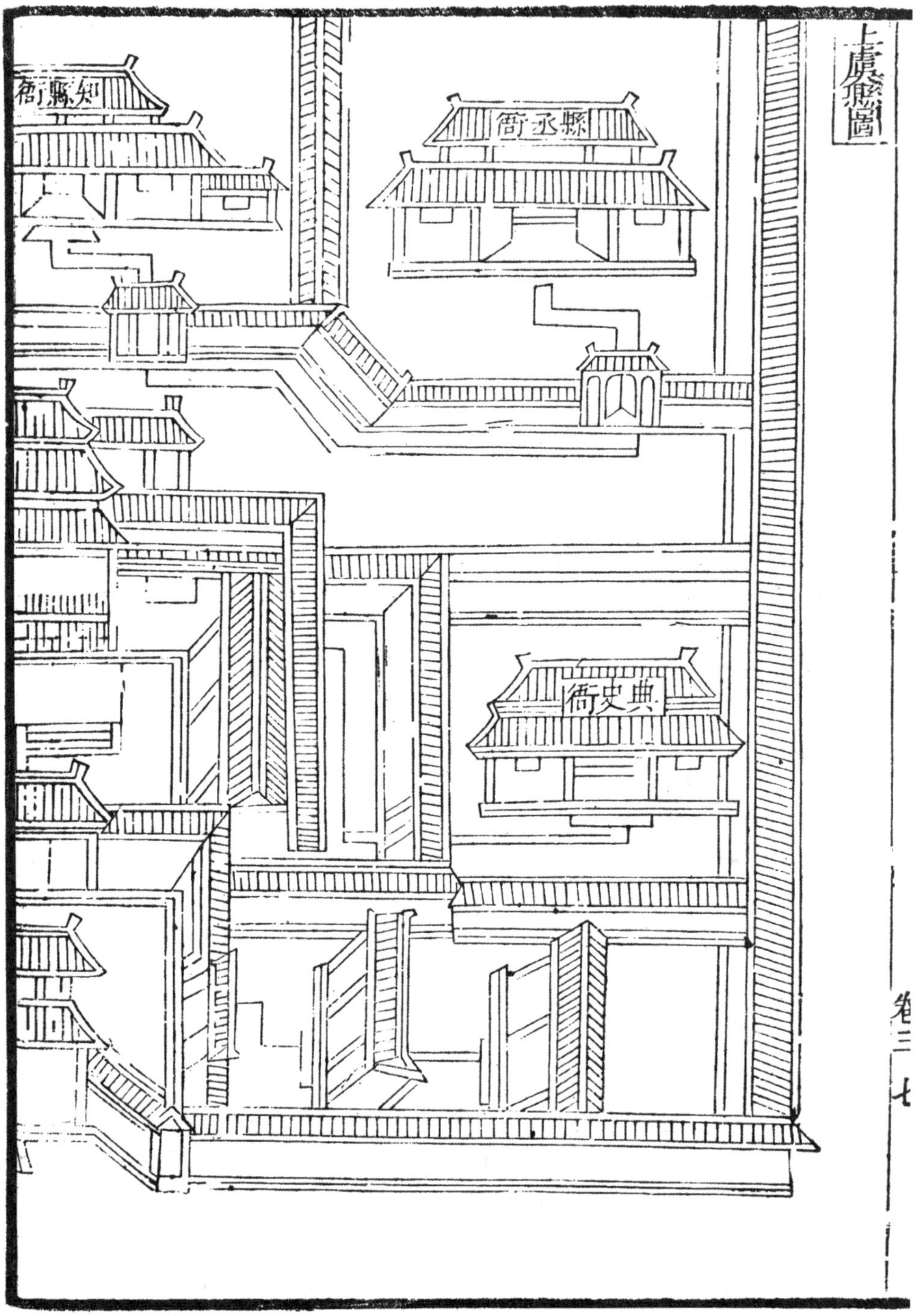
上虞縣圖
知縣衙
縣丞衙
典史衙
卷三 七

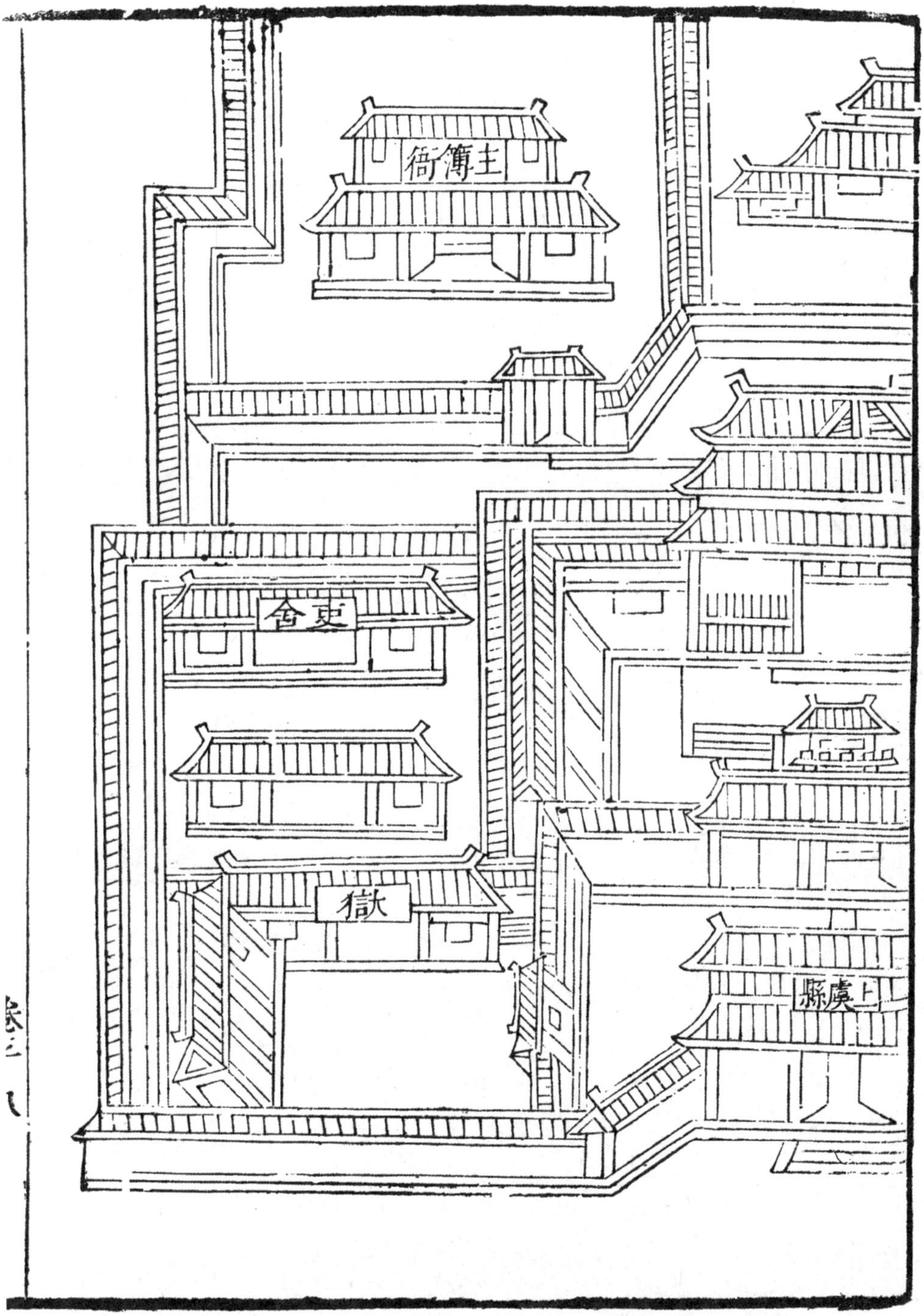
主簿衙
吏舍
獄
上虞縣

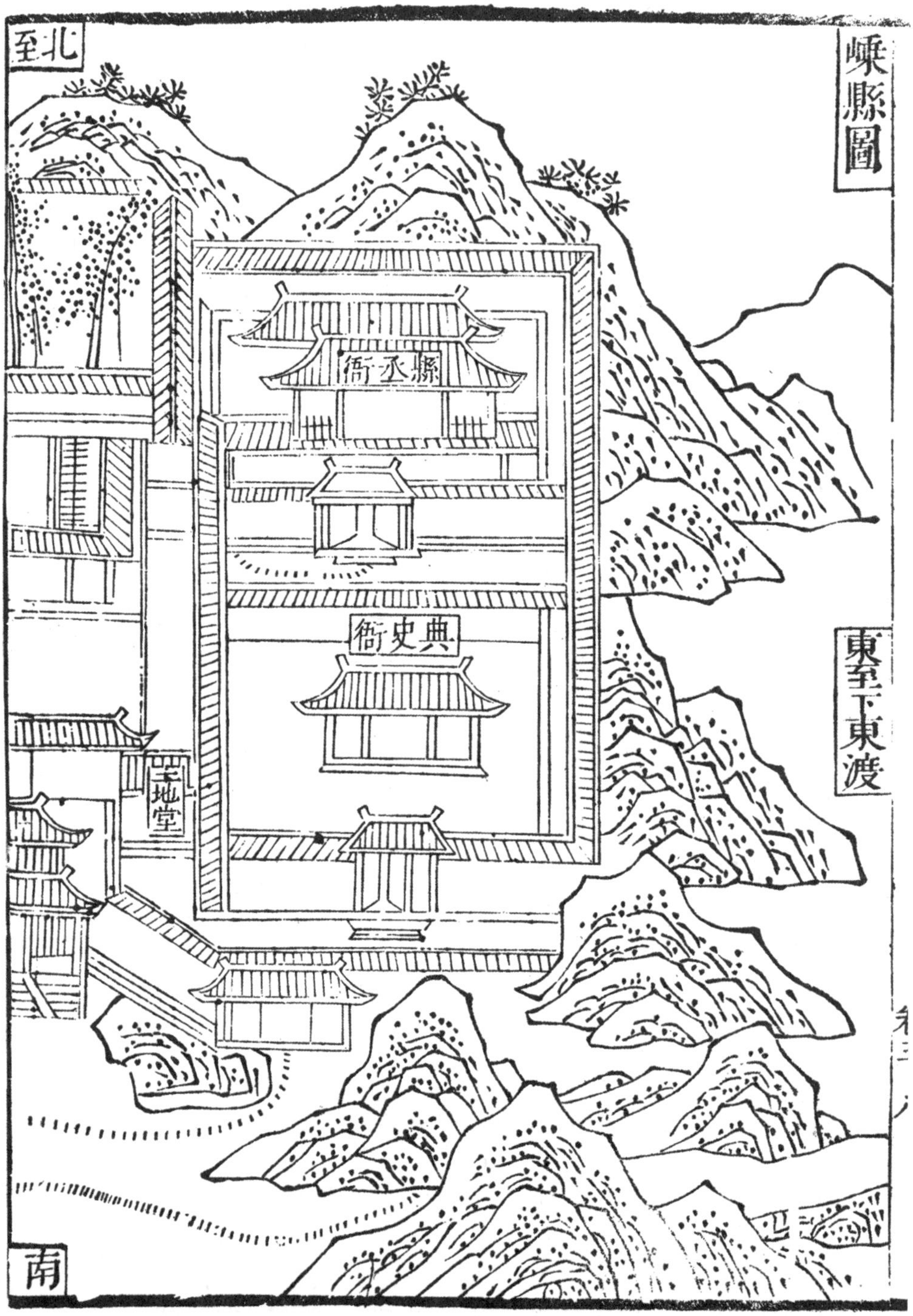
嵊縣圖
北至
縣丞衙
典史衙
土地堂
東至下東渡
南

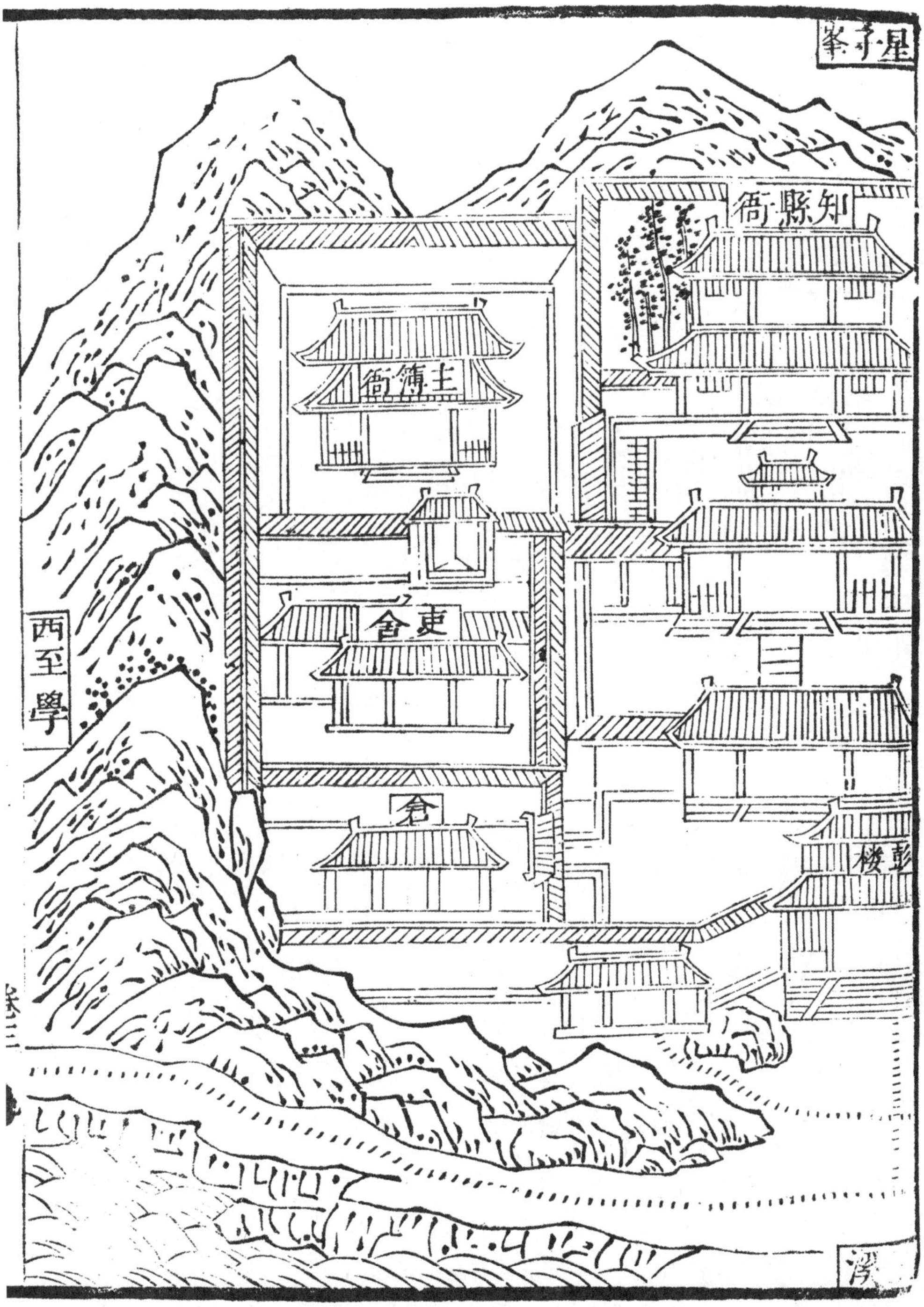
星子峯
知縣衙
主簿衙
吏舍
倉
彰樓
西至學
浮

新昌縣圖

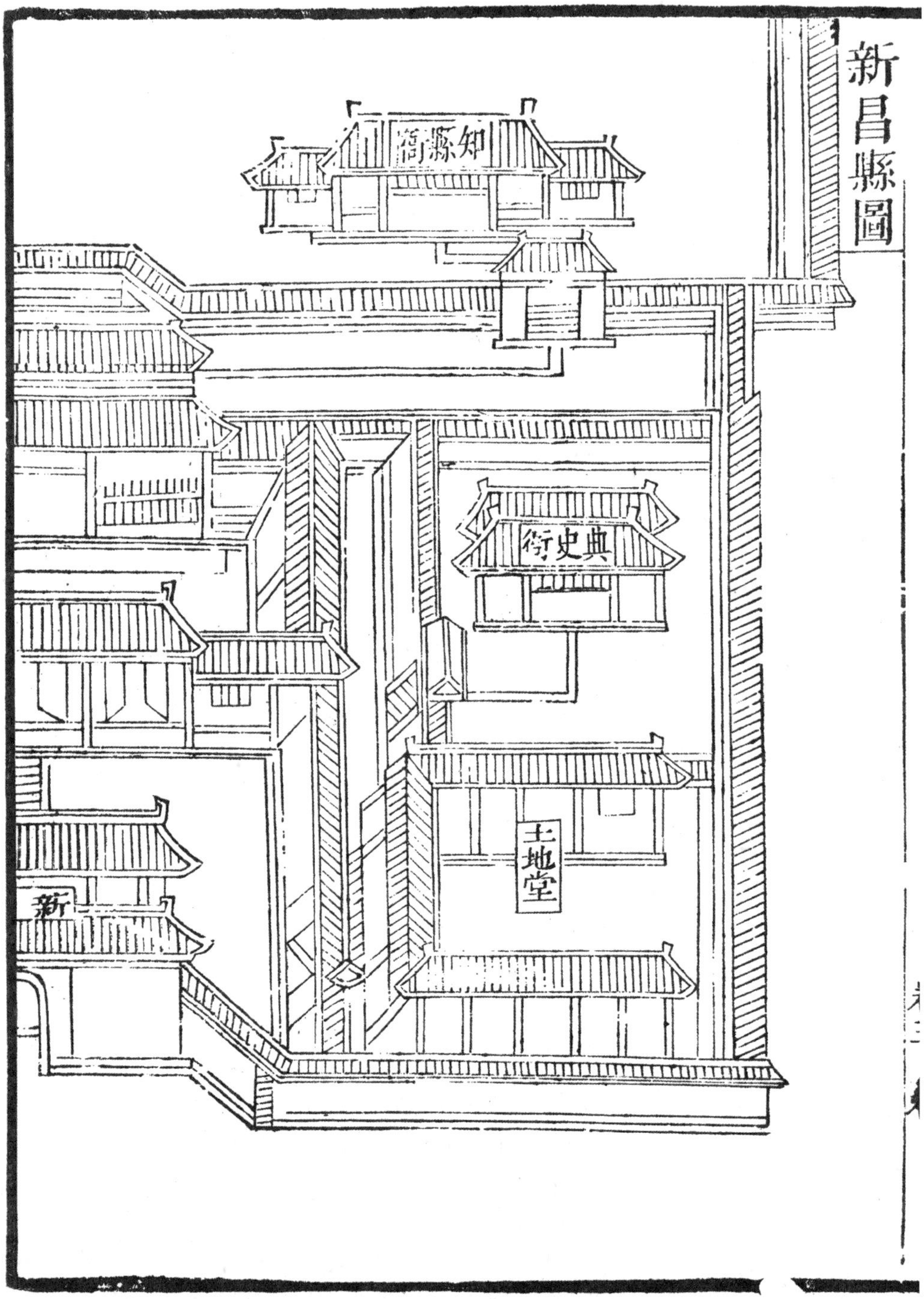

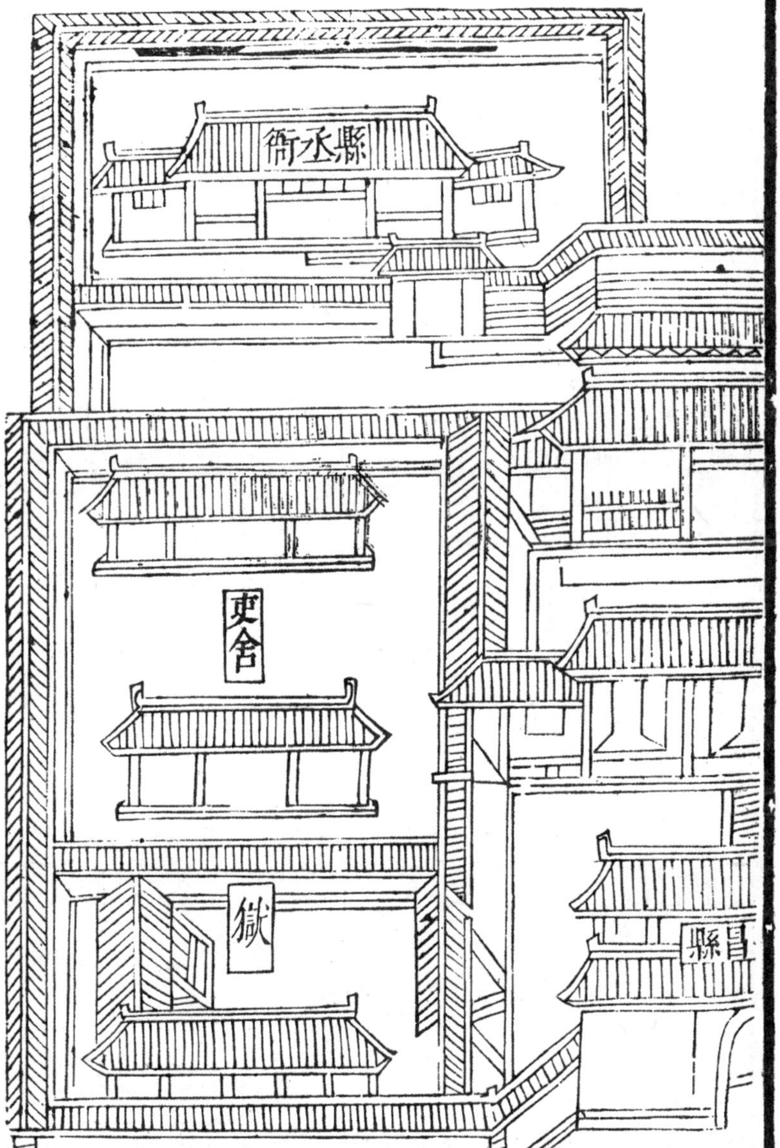
縣丞衙
吏舍
獄
昌縣

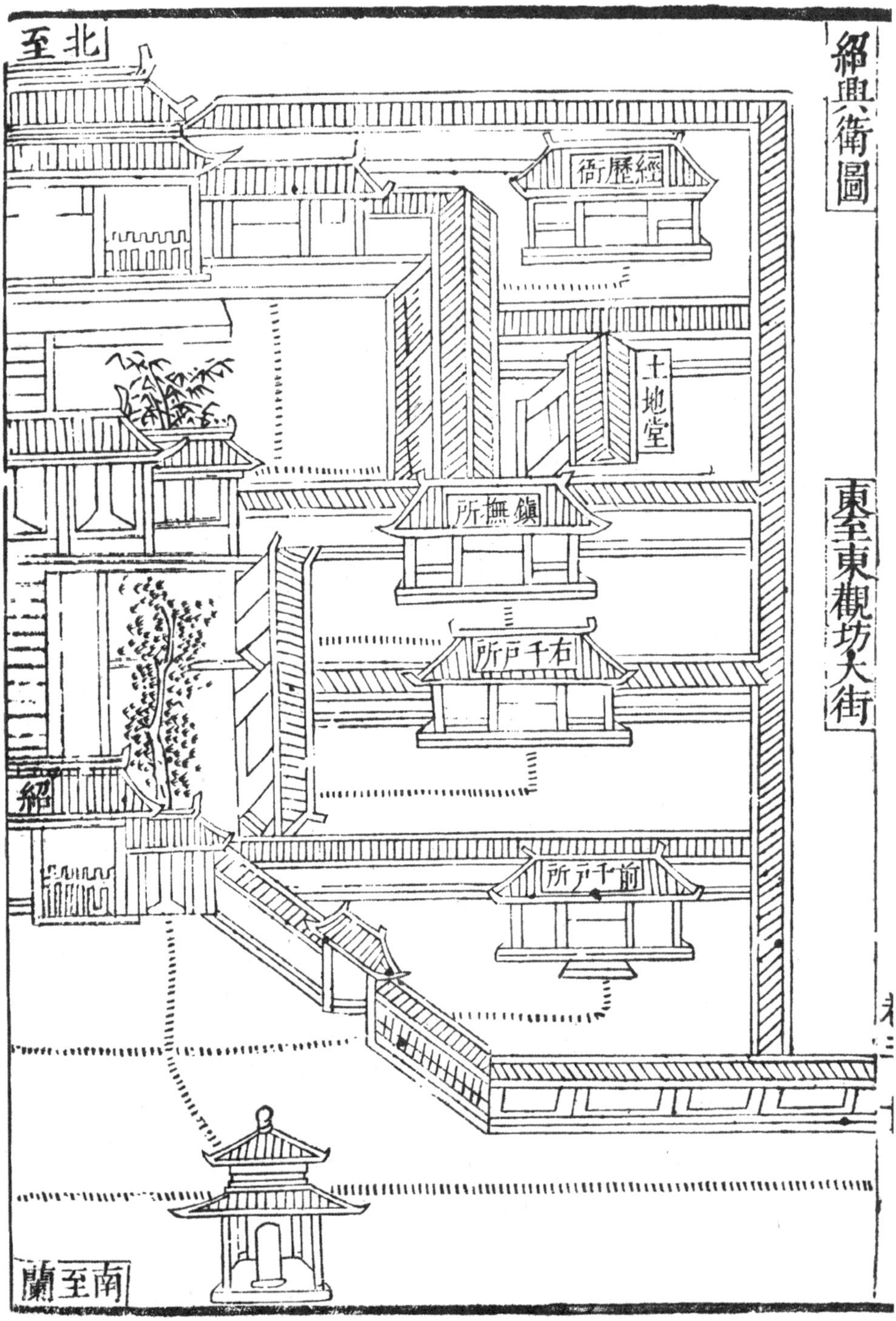
紹興衛圖
北至
經歷衙
土地堂
鎮撫所
右千戶所
前千戶所
東至東觀坊大街
紹
南至蘭

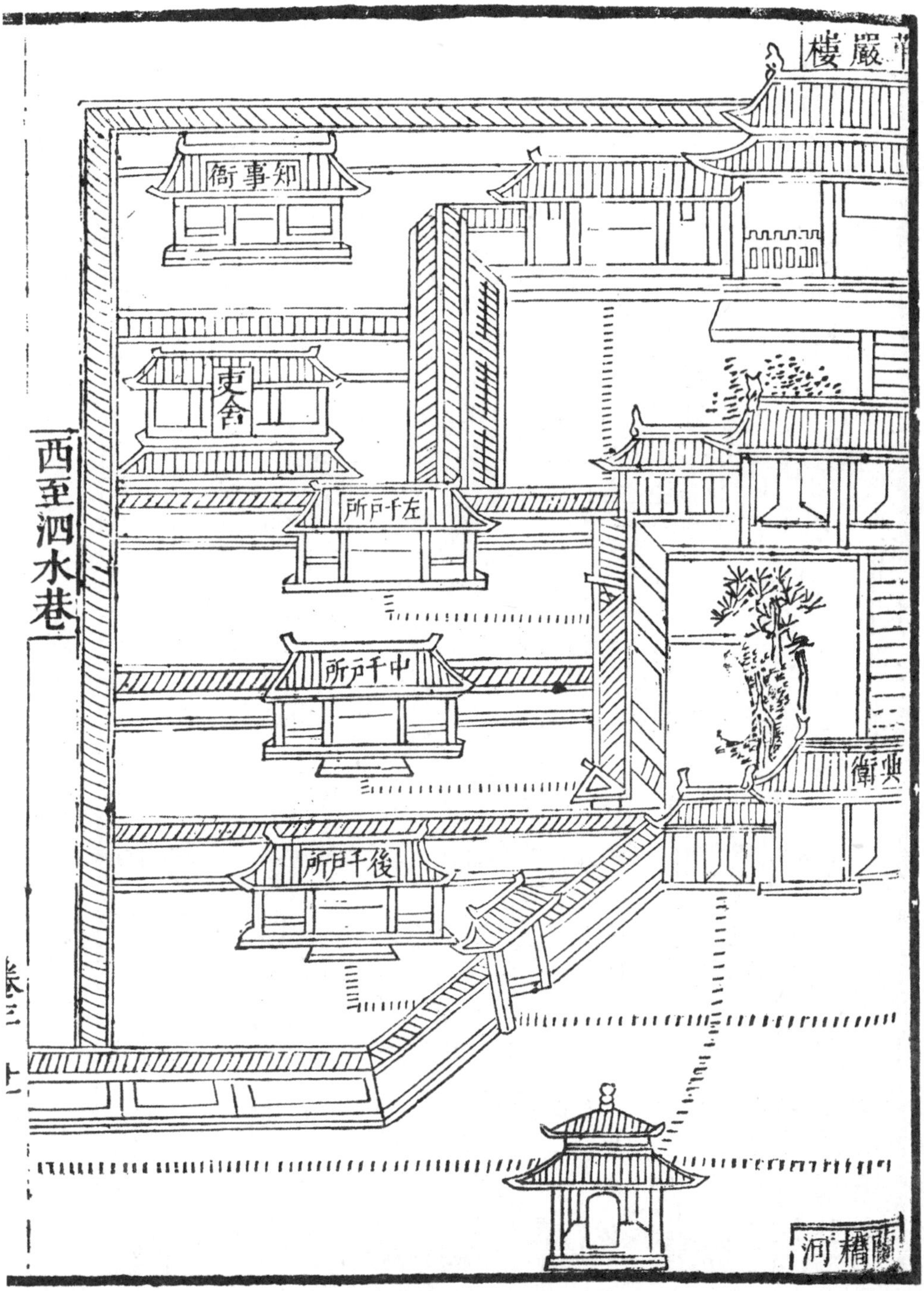
知事衙
吏舍
左千戶所
中千戶所
後千戶所
西至泗水巷
典衛

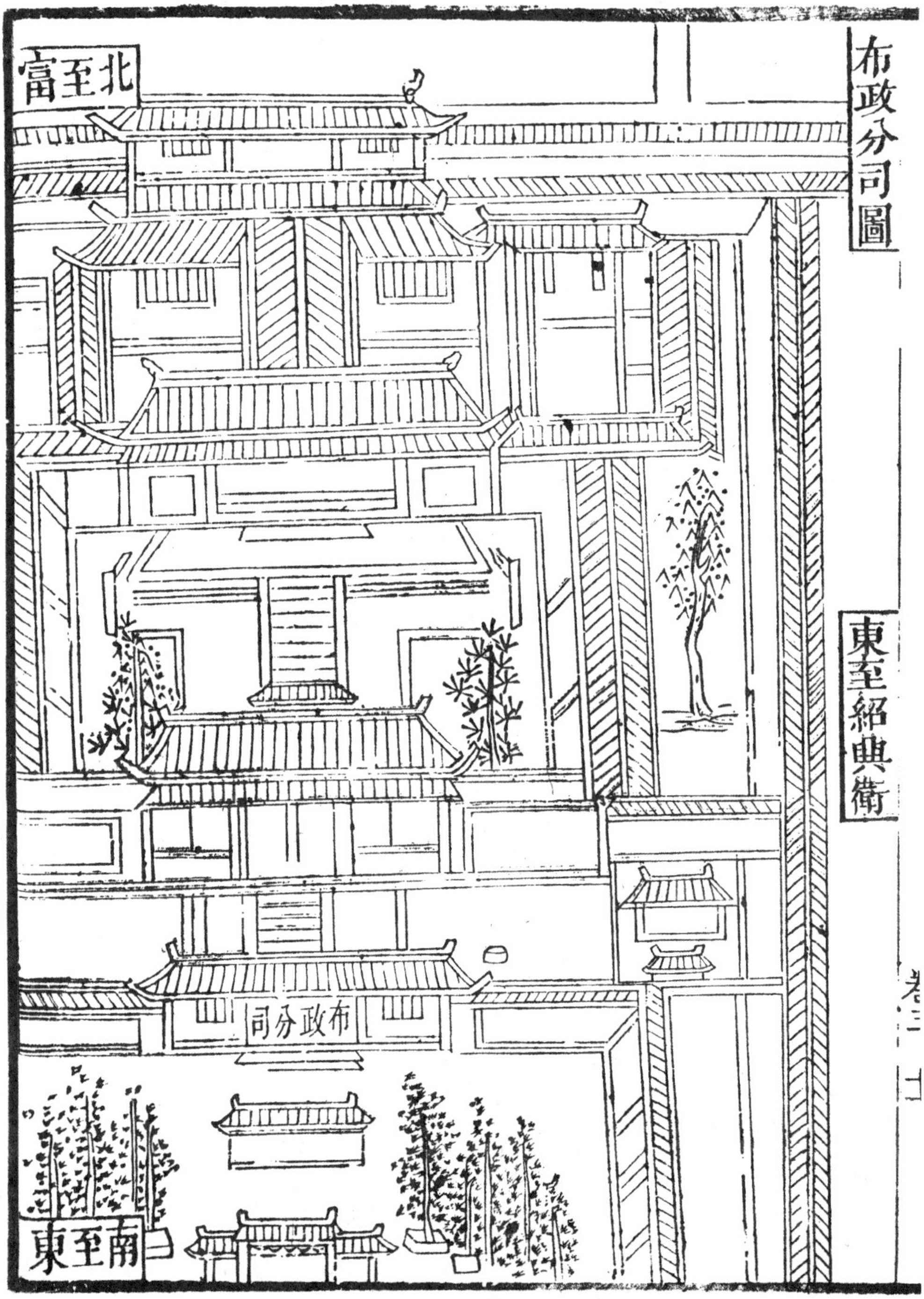
布政分司圖
北至富
東至紹興衛
布政分司
南至東

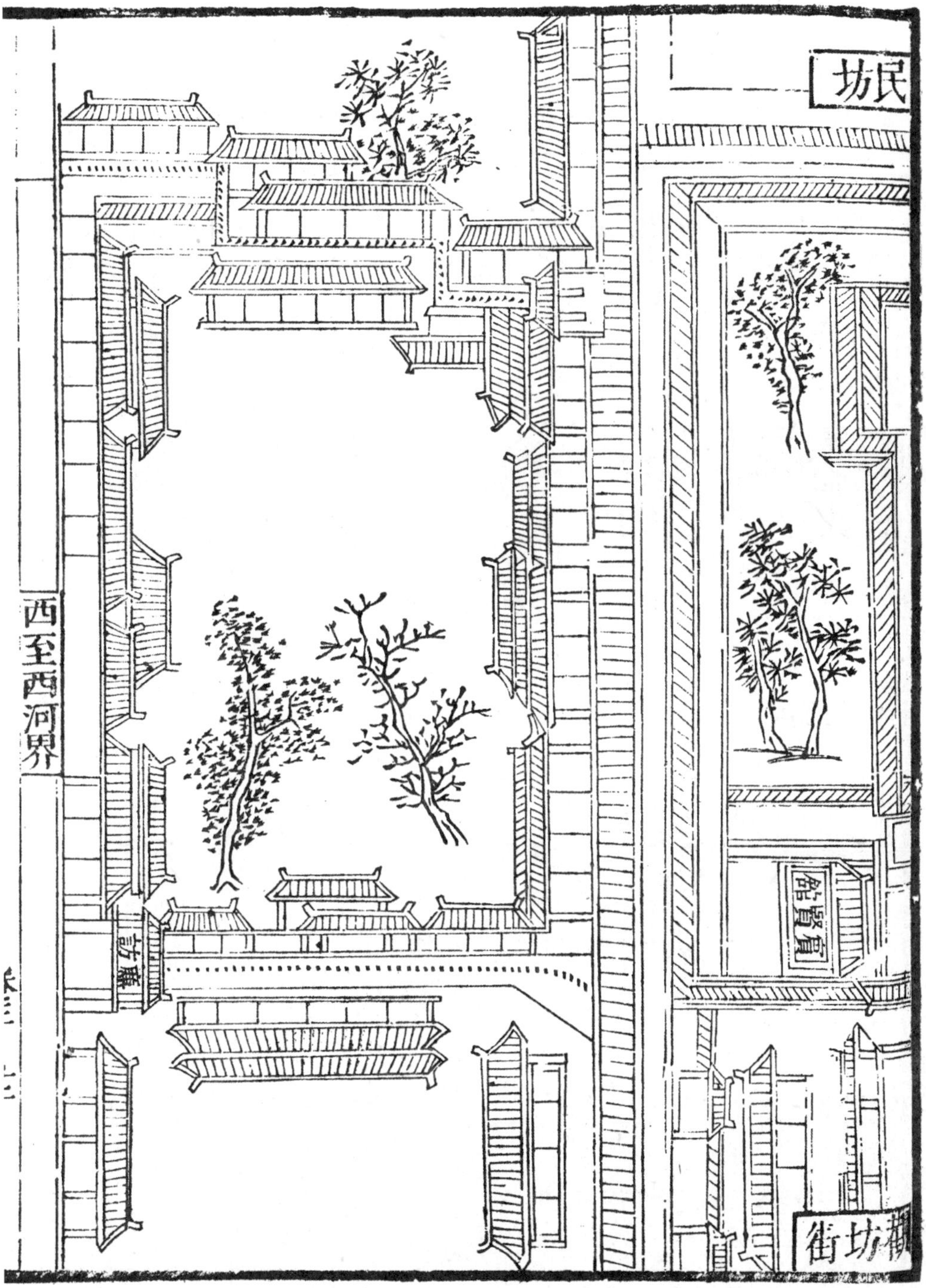
民坊
西至西河界
賓賢館
廉訪
棚坊街

按察分司圖

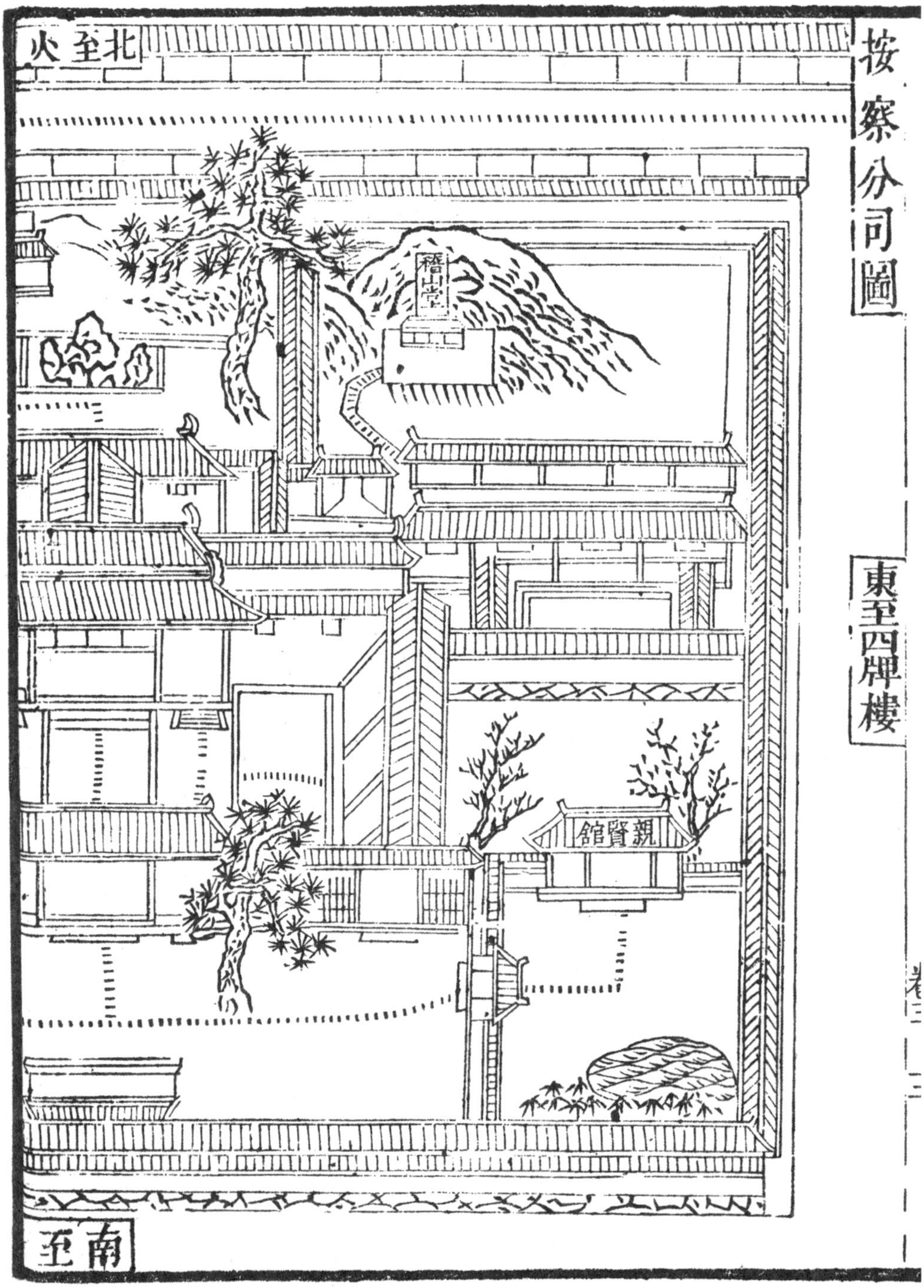

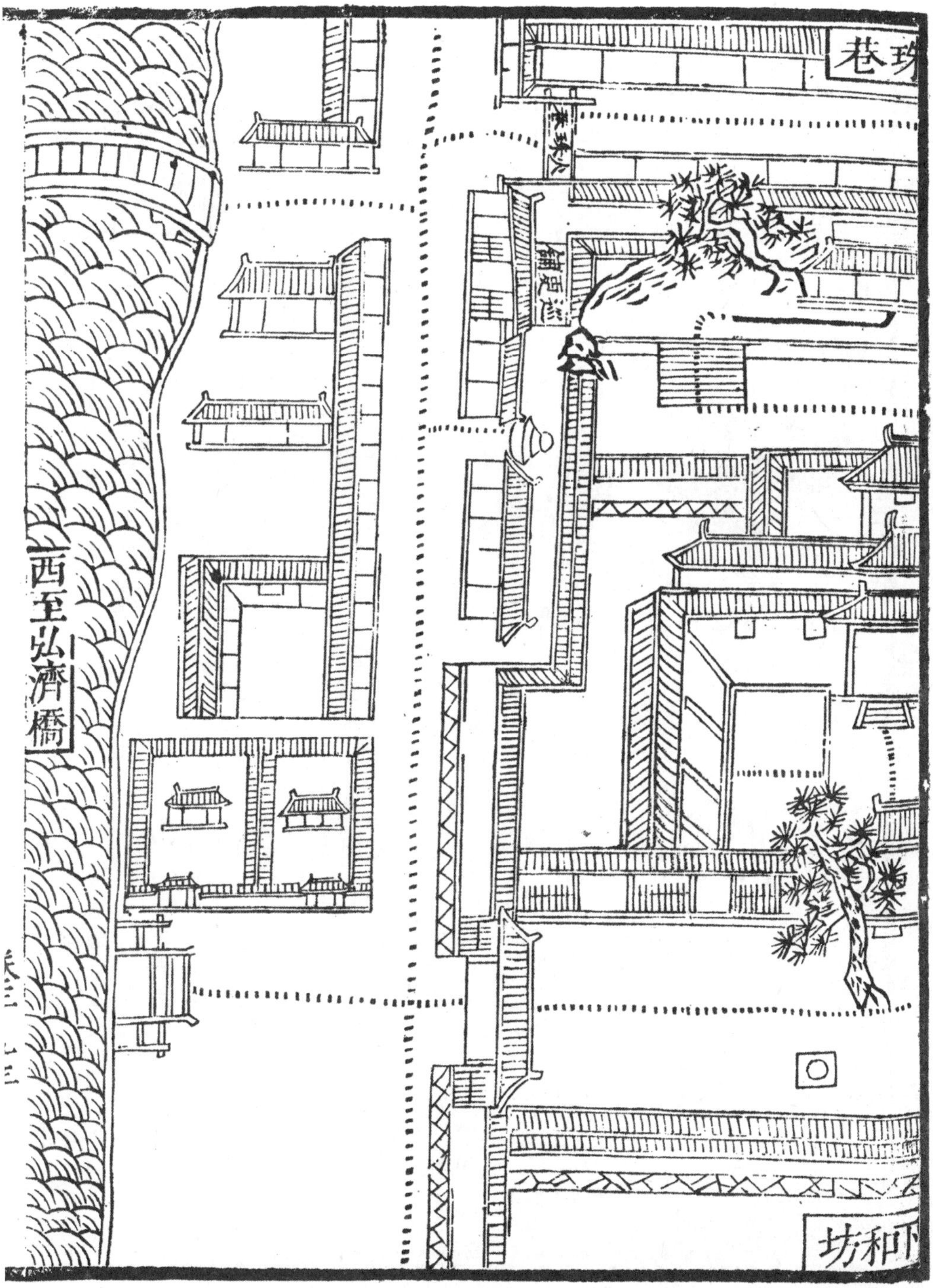
玖巷
西至弘濟橋
和坊

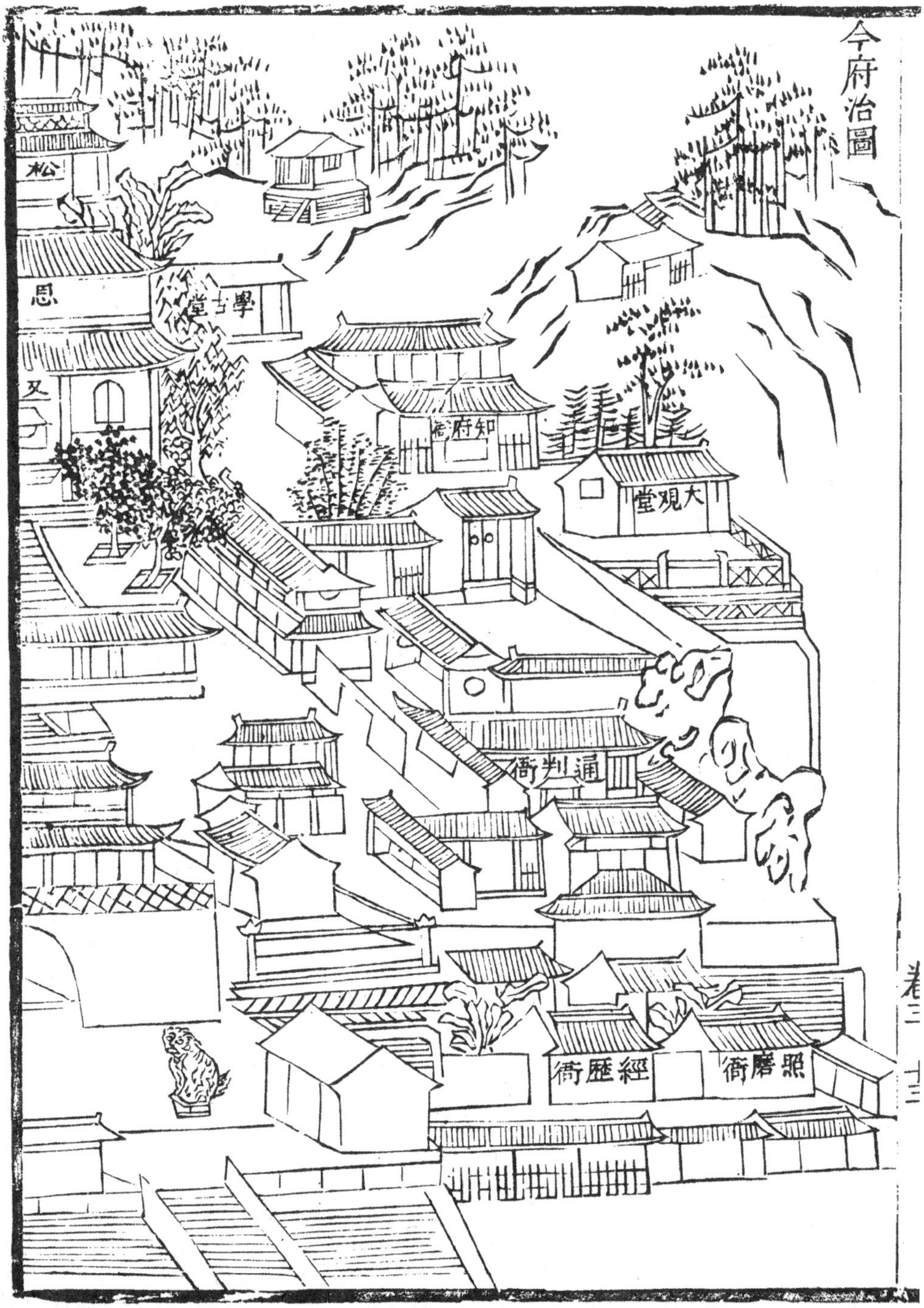
今府治圖
學古堂
知府衙
大观堂
通判衙
經歷衙
照磨衙

風閣
補堂
新堂
同知衙
紹興府

紹興府志卷之三

署廨志

府　縣　行署　衛　所　雜署　廢署

府唐時爲州宅後枕臥龍面亘秦望元稹云居山之陽凡臺榭之勝皆因高爲之以極登覽常以詩誇於白居易在當時勝槩可想見也乾寧中董昌叛卽廳堂爲宮殿昭宗命錢鏐討平之以鏐爲節度鏐惡昌之僞跡撤而新之故元李諸公吟賞處皆不存然是時堂舍亭臺固自環瑋宋初諸公亦富有歌詠至建

炎以後又復頹毀則張趙登臨處亦俱湮沒嘉定十五年守汪綱鳩工大新之嘉泰志及續志紀述稍備今節錄之存舊跡焉（唐元稹詩）州城廻遶拂雲堆鏡水稽山滿眼來四面常時對屏障一家終日在樓臺星河似向簷前落鼓角驚從地底回我是玉皇香案吏謫居猶得小蓬萊（又和樂天韻重誇詩）仙都難畫亦難書暫合登臨不合居遶郭烟嵐新雨後滿山樓閣上燈初人聲時動千門闢湖色宵涵萬象虛爲問西川羅剎岸濤頭衝突近何如（白居易答詩）賀上人回得報書大誇州宅似仙居厭看馮翊風沙久喜見蘭亭烟景初日出旌旗生氣色月明樓閣在空虛知君暗數江南郡除却餘杭盡不如蓋樂天時守杭州也（宋張伯玉詩）萬疊湖山烟水遺朱門畫戟間松筠登臨不踏紅塵路燕寢長居紫府春晝靜欲驂風外駕夜寒疑是月中身我慙白首方懷紱猶得蓬萊作主人

宋府署據卧龍山之東麓是爲鎮東軍節度𨙻子城之東以爲東門榜曰鎮東軍吴郎中說書王叅政綯立東嚮大河即簞醪河也橋曰府橋橋之北曰惠風亭直惠風亭北曰東亭古以爲餞客之地唐宋之問夜飲東亭詩春水鳴大壑皓月吐層岑岑壑景色佳慰我遠遊心塘芳自足幽氣鶯棲多衆音高興南山曲長謡懷素琴史魏公浩改築更名蓬萊館然邦人猶謂之府東亭由軍門而西百二十三步折而北曰譙門榜曰賜大都督紹興府亦吴郎中說書建炎二年翟公巽始製漏器篆銘其上直譙門曰儀門或云其下即謝蘷吾墓蘷吾知時將亂戒子孫懸棺瘞焉直儀門曰設廳紹興

元年九月高宗駐蹕以州治爲行宮會嘗郊祀之歲行明堂大禮卽以設廳爲明堂

設廳之後曰蓬萊閣錢王鏐所建蓋舊記云蓬萊山正偶會稽又元稹詩亦云小蓬萊也

宋章楶作蓬萊閣詩序云不知誰氏創始按閣乃吳越錢鏐所建楶偶不知爾淳熙元年其八世孫端禮重脩乃特揭于梁間云定亂安國功臣鎮東鎮海兩軍節度使檢校太師侍中兼中書令食邑一萬戶實封六百戶越王鏐建自元祐戊辰章楶修之又八十七年錢端禮再修又四十八年汪綱復修綱自記歲月于柱云蓬萊閣登臨之勝甲于天下自昔以來不知其凡幾壞幾修矣邇年其壞尤甚而脩之于嘉定十五年歲次壬午十一月己巳朔十五日己未者郡守新安汪綱仲舉也〔錢公輔詩〕蓬萊謫居香案吏此語昔自微之始後人慷慨慕前脩高閣雄名從此起〔趙抃詩〕蓬閣下臨千嶂屯戟扉前對五雲開誇詩舊屬微之宅叶氣今同老氏臺月滿夜疑仙子降風恬

春喜故人來近緣冗劇懷清暇夢裏東遊到幾回〔張伯玉詩〕書報蓬萊高閣成越山增翠越波明雲空海上天地靜人在月中金翠橫游女弄芳珠作珮仙人度曲玉爲笙會須長揖浮丘伯醉聽銀河秋浪聲〔又蓬萊閣醉歸詩〕蓬萊閣上醉歸時猶索芳樽步步隨啼鳥似來留翠珮傍人爲笑整花枝腰間半掛黃金印頭上斜欹白接籬拍手向他賓從道使君未老勿扶持〔沈紳詩〕三山對峙海中天〔秦觀詩四首〕林聲撼動秋風共躡丹梯上卧龍路隔西陵兩三水門臨南鎮一千峯湖吞碧落詩爭發塔湧清溟畫幾重非是登高能賦客可憐猿鳥自相容〔又〕冠裳蓋坐灑清風軒外時聞韻韝龍人面回春生紅玉液銀盤烟覆紫馳峯天涵秋色山山共樹攬鄉思葉葉重便欲買船江北去爲懷明德更從容〔又〕雄簷傑檻跨崢嶸席上風雲指顧生千里勝形歸俎豆七州和氣入簫笙人遊晚岸朱樓遠鳥度晴空碧嶂橫今夜請看東越分藩星應帶少微明〔又〕城連湖岸水爲關且暮樵風自往還龜負寶林新佛地龍蟠使宅老仙山平生仕宦

今何得終日登臨獨未開歲滿徘徊難遽別就中瀟灑異人間（王十朋賦）越中自古號佳山水而蓬萊閣實爲之冠昔元微之作州宅詩世稱絕唱近代張公伯玉三章膾炙人口好事者從而和之獨未聞有賦之者十朋筮仕之初辱爲蓬萊客適者中秋之夕與同僚會飲于茲閣覽湖山之勝玩月于樽俎間即席賦詩諸公皆和既而念之閣不可以常登一詩不足以盡意遂從而賦焉王子游會稽客蓬幕登卧龍之山躡巨鰲之閣秀閱千巖流觀萬壑縱遠目於東州暢幽懷于廖廓于時天高氣肅秋色平分簪盍良朋把酒論文俯仰湖山懷古傷今登高賦詩以寫我心周覽城闉鱗鱗萬戶龍吐戒珠龜伏東武三峯鼎峙列嶂昇布草木蘢蔥煙霏霧吐棟宇崢嶸舟車旁午壯百雉之巍垣鎮六州而開府東望稽山思禹之功喬松鬱乎故陵丹青儼乎祠宮藏丹書於魁穴流遺畫于無窮南目秦望哀秦之過方鏡石以頌德驕顏色以相賀嗟仙藥之不來俄腥風之已播西望夕陽送目蘭臺懷王謝之風流感斯文而涕零徙觀夫茂

林脩竹銷煙靄而冥冥北望滄海渺其無涯方吳門之畫龍視越國其如蛇轟雷鼓于一震虛吳國而成窪訪麗譙之故址第見乎古木之號鴉前塘鑑湖潴目雲水嘉馬侯之偉績慕賀監之高軌祠荒兮遺跡半湮宅冷兮黃冠無幾徒有漁舟賈楫風樵航葦往來乎鷗鷺之鄉欸乃乎烟波之裏仰瞻高閣翬飛崔嵬俯瞷州宅緬懷高才面無時之屏障家終日之樓臺長湖山之價于几席之上惜斯人之安在哉言未畢客有指斯閣而謂予曰子亦知夫閣之所以得名者乎蓋始於元和才子也以玉皇案吏之尊擁旄麾於千里也蓬萊隔弱水三萬里以筆力坐移於是也齊名有白從事有輩會中有萬頃之湖真一代之奇偉也詩章一出遂能發秦望之精神增鑑湖之風采蘭亭絕唱亘古今而莫擬也子亦讀夫才子之傳否乎姑問訊其從何而來集乎彼而至乎此也才子之才固足以起吾子數百年之聳慕才子之所以獲侍玉皇者亦吾子之所喜攻而深恥也夫何惜之有予於是引客之手揚袂而起言契予心諾諾唯唯有是

哉有是哉斯人也而至於斯也尚忍言之哉俄而鼓
角作于人間明月出于林端妙三弄之梅花爛十分
之銀盤釂一觴而徑醉有不盡之餘歡頃之陰雲忽
興黯綴青天漸山川之蒙籠若有姉乎嬋娟倚危欄
而感慨覺興盡而思旋矣於是相與啜茗於清白之
堂漱齒於清白之泉閱唐宋之題名終夕爲之慨然
嗚呼噫嘻死者可作吾誰與歸其無出乎范文正公
之賢（又詩二首）中秋玩月小蓬萊風送嬋娟入座來
樽俎論文清有味湖山照眼淨無埃雲生鄉底蛟龍
臥影落人間鼓角哀把酒問天兼問月何時此夜更
啣杯（又）祖龍車轍遍塵寰只道蓬萊在海間空上望
秦山上望不知此處是神山（明高啓詩）旅思曠然釋
罣身蒼林杪羣山爲誰來歷歷散清曉奇姿脫霧雨
奮身争欲矯氣通海煙長色帶州郭小曲疑藏嘯猶
橫恐截歸鳥流暉互蕩漱下有湖壑繞住處未徧經
一覽心頗了秦皇遺跡泯晋士風流杳願探金匱篇
振袂翔
塵表　設廳之東爲便廳便廳之後曰使宅　建炎四年車駕

再幸越州以州宅充行宮紹興元年移蹕臨安賜行宮爲府治使宅之前曰清思堂（張伯玉詩白雲無事不肯出幽鳥有時還自來趙抃詩闕今堂在便廳重屋之後略無所見以前人題咏考之恐非今處）便廳之東曰青隱軒政和間守王仲嶷建直青隱軒之北曰清涼閣紹熙元年洪內翰邁改題爲招山閣閣之下曰棣蕚堂即邁建乾道中洪丞相适亦常守茲土詩中有云一門棣蕚也閣之東爲複道以陟山麓曰采菊少北有亭曰晚對亦邁建覆之以芳取杜甫詩翠屛宜晚對之句便廳之東少下爲府僉廳唐大曆中帥皇甫溫建（唐崔元翰判曹食堂壁記越號中府連帥監六

郡督諸軍設官之制食劇曹皆二人紀綱之職亦分爲兩食堂之制陋而不稱太子少師皇甫公來臨是邦始更而廣之後二歲御史大夫崔公又爲之備食器增食物云　儀門之外兩廊爲吏舍儀門之西南鄉爲安撫僉廳唐天復中建（唐吳蛻鎮東軍監軍使院記）元帥彭城王平難帝命兼鎮之上將軍汝南周公監護之乃命軍吏揆日經始累月工畢重門列楹顯敞豐傅東廂西序窈窕深邃越城之中稱爲一絕　又列署四爲設廚爲省馬院爲甲仗庫爲公使錢庫公使錢庫之西北爲公使酒庫廳之兩廊爲複屋曰走馬閣東廊爲使院之便門西廊曰架閣庫西廊之西曰軍資庫北曰清白堂康定中范文正公仲淹建（范公記）獲廢井泉清而色白因命其

堂庶幾居斯堂而無忝其名後廢不存嘉定十五年汪守綱命訪其所曰都廳即其處也乃別創都廳重加整葺而復范之舊扁清白堂之西曰賢牧堂清白堂側舊有清白亭以記考之當是亭故址舊祠范文正公乾道四年史忠定始以趙清獻公並祀八年方侍郎滋又增朱忠靖公勝非趙忠簡公鼎張文靖公守翟忠惠公汝文嘉定十四年守吳格又以忠定公合祠凡七人袁燮作記賢牧堂之西北曰極覽亭淳熙七年李參政彥頴建極覽亭西南曰白涼館白涼館西南曰城隍廟由蓬萊閣而北少西經井儀堂故址宋錢伯逼記堂在蓬萊閣之上望海亭之下西樓其左西園其右成于嘉祐六年主人刁公景純也登卧龍山絕頂曰望海亭

不知何人建元稹李紳嘗賦詩則唐時已有之矣（元稹詩）嵌空古墓失文種嶒兀恠石疑防風　昔范蠡作飛翼樓以壓彊吳此亭即其址也祥符中州將高紳植五桂於亭前易名五桂歲久亭廢桂亦不存嘉祐中刁約增拓舊址再建復名望海（自作記）　嘉定中汪綱復建爲樓（唐元稹詩）年老無流輩行希足薜蘿熟時憐水近高處見山多衣袖長堪舞喉嚨轉解歌不辭狂復醉人世有風波（張繼詩）江城昨夜雪如花郢客登樓望霽華夏禹壇前仍聚玉西施浦上更飛沙簾籠向晚寒風度睥睨初晴落景斜數處微明銷不盡湖山青映越人家　沈立越州圖序蓬萊閣望海亭東齋西園皆燕樂之最者由蓬萊閣而西曰崇善王

廟卧龍山神祠也梁貞明三年錢鏐建直使宅之北曰望仙亭紹熙七年趙侍郎不流建南依巖石北望梅山及海際諸山仙者謂梅福也東北曰觀風臺紹興中曹泳建王十朋詩薄俗澆風有萬端欲將眼力見應難但令心境無塵垢端坐斯堂便可觀由觀風而北少東曰觀德亭王尚書希呂建用以習射始曰堵如王給事信書令額改焉或云即越王臺故址由觀德亭而西歷桃蹊梅塢出使宅之北南走城隍廟下爲西園便門

東齋舊經云漢王朗爲會稽郡守子肅隨在郡於東

齋注易沈立越州圖序亦有東齋

瀟桂樓唐李紳詩序云架樓州城西南臨眺於外盡見湖山別開外扉通杜鵑樓不啓重扃清夜開宴[詩]爲憐湖水通宵望不學樊陽郡月樓

杜鵑樓樓前植杜鵑花

望雲樓舊經云即勾踐遊臺也

披雲樓[宋]齊唐詩元和文物盛羣賢曾借蓬萊住列仙畫入簾籠山外寺檻搖臺樹鏡中天

海榴亭[唐]李紳詩海榴花早開繁蕊光照晴霞破碧煙

新樓[唐]白居易和微之新樓北園偶集從公孫度周巡官韓秀才盧秀才范處士小飲鄭侍御判官

〔周劉二從事皆先歸詩〕聞君新樓宴下對北園花主人既賢豪賓客皆才華初筵日未高中飲景已斜天地爲幕席富貴如泥沙嵇劉陶阮徒不足置齒牙臥甕鄙畢卓落帽嗤孟嘉芳艸供枕藉亂鶯助喧譁醉鄉得道路狂海無津涯一歲春又盡百年期不賒同醉君勿辭獨醒古所嗟銷愁若沃雪破悶如割瓜稱觴起爲壽此樂無以加歌聲凝貫珠舞袖飄亂麻相公謂四座今日非自誇有童善吹笙有婢彈琵琶十指纖若笋雙鬟黳如鴉履舄起交雜盃盤散紛挐歸去勿擁遏倒載逃難遮明日宴東武後日遊若耶豈獨相公樂謳歌千萬家

凉堂范文正清白堂記云蓬萊閣之西有凉堂

逍遥堂〔宋張伯玉詩〕旌旄千騎長風月一堂深

五雲亭在卧龍東峯宋章岷建〔岷自爲詩〕卧龍東嶺冠雲霞亭面溪流對

君耶

延桂閣在清忠堂之側前有巖桂甚古宋守趙彥倓建王禰之摘杜甫詩賞月延秋桂之句樓之下爲寢處燕坐之所便房夾室悉備蓋館士所寓之地也

雲近在招山閣之右宅堂之廊廡也趙彥倓建取杜甫詩雲近蓬萊常五色之句

燕春在清思堂後汪綱建摘張伯玉詩燕寢長居紫府春之句

雲根在州宅後汪綱建摘張伯玉詩州宅近雲根之

句

四面屏障在州宅後汪綱建摘元稹詩四面無時對屏障之句

步鰲亦在州宅後汪綱建摘沈紳詩雲隨步武鰲頭穩之句

拂雲在子城下汪綱建摘元稹詩州城縈繞拂雲堆之句

無塵在拂雲左汪綱建摘張伯玉詩踈竹間花陰了無塵上侵之句

鎮越堂在蓬萊閣之下汪綱建〔汪綱自記于柱〕由蓬萊閣而下凡三級始達廳事承平時皆有堂宇廢圯已久後來者乃由中鑿蹬道以便往來而饗軍延見吏民之所遂爲通行之路非獨失帥府之觀瞻其於陰陽家之說尤爲妨忌郡寖不如昔民亦多艱未必不由于此嘉定辛巳予自憲移帥即有意稍復舊觀顧力未贍弗暇明年秋公帑稍有銖積於是補苴罅漏芟除艸萊築一堂於上以鎮越名之蓋東南之鎮其山曰會稽而鎮東又越之軍額也名實俱核地高而爽堂奧而明秦望諸山皆欣然領會有効奇獻秀之勢又創行廊四十間於兩翼聯屬蓬萊併與閣一新之山川朝拱氣象環合而斯堂之勝遂獨擅於越中矣工既畢功姑記歲月於此是歲九月辛未新安汪綱書

月臺在鎮越堂之前汪綱建舊嘗有望月臺壞已久其址亦不知在何所唯王十朋詩傳焉綱蓋寓舊名

於此（王十朋詩明珠遥吐卧龍頭漸覺清光萬里浮人望使君如望月更須如鏡莫如鈎）

雲壑在卧龍之東汪綱建前有喬松甚古（汪綱自記於杜嘉定壬午五月郡守新安汪綱作雲壑于卧龍之東峯蓋百花亭之舊址也黄太史詩云老松閲世卧雲壑囘首滄江無萬牛而此堂之下蒼髯老龍雲霧深藏雪壓霜侵不改其操是宜其高卧閲世縱有萬牛焉能動哉）

清曠軒在雲壑之側汪綱建（自記于杜章楶蓬萊閣詩序謂四時之景不同而所同者自然之清曠也此語當矣西園舊有亭名清曠亭廢不存復寓此名于斯軒噫何獨此名爲寓而斯軒亦直寄焉耳）

秋風亭在觀風之側其廢已久汪綱即舊址再建（自記）

於杜秋風亭辛稼軒曾賦詞膾炙人口今廢矣子郎舊基面東爲亭復創數椽于後以爲賓客往來館寓之地當必有高人勝士如宋玉張翰者來遊其間游目騁懷幸爲我留宾毋遽起悲吟思歸之興云辛棄疾漢宮春辭亭上秋風去年嫋嫋曾到吾廬山河舉目雖異風景非殊功成者去覺團扇便與人疎吹不斷斜陽依舊茫茫禹跡都無千古茂陵猶在甚風流章句解擬相如只今木落江冷渺渺愁予故人書報莫因循忘却蓴鱸誰念我新涼燈火一編太史公書

多稼亭在望海亭下王補之嘗脩焉因改今名後汪綱又脩之

越王臺祥符圖經云在種山東北今臺乃在臥龍山之西非舊也嘉定十五年汪綱因小茅亭基址名近

民者爲之目極千里爲一郡登覽之勝會者年簒三大守刻于石別爲亭覆之在臺之左又一在蕭山唐李白詩越王勾踐破吳歸義士還家盡錦衣宮女如花滿春殿只今惟有鷓鴣飛竇鞏詩傷心欲問前朝事惟見江流去不回日暮東風春艸綠鷓鴣飛上越王臺宋文天祥詩登臨我向亂離來落落千年一越臺春事暗隨流水去潮聲空逐暮天迴烟横古道人行少月墮荒村鬼哭哀莫作楚因愁絶看舊家歌舞此銜杯

府西園之新蓋自蔣吏部堂初景祐三年冬堂實始來數月政成郡以無事乃斥淫祀毀金山神祠即其祠作正俗亭既又爲曲水閣鑿渠引湖水入曲折縈

紆激爲湍流而閣踞其上「有流觴亭蔣堂詩」一派西園曲水聲水邊終日會冠纓幾多詩筆無停綴不是當年有罰觥秦觀詩偷引湖光一派飛詠觴還却似當時吳歌送酒隨流急越艷浮花轉曲遲山廟早因前守徹冰盤原是故工遺年年禊飲今非昔不到蘭亭到此池茂林亭並取永和蘭亭故事後六年而向集賢傳式來是時有綠波亭向傳式詩一沼開芳檻雙橋亘彩霓不知何年作始見於傳式詩傳式又於城上起望湖樓向傳式詩城上輿崇構林端露半梯注云園枕郡城予因建樓其上以望湖山也時又有清曠亭齊唐者舊云在城邊自是以後扁榜位置更易不常莫得盡考而西園如故也又飛蓋堂不詳其始舊榜乃宣和書學博士徐兢書

堂後有池曰王公池池自錢氏時已有後稍堙皇祐中太守王逵因濬城壕復闢之遂以王公名泓渟澄涵皎若鑒鏡自是爲奇觀矣〔齊唐記〕方錢氏仗鉞爲後庭棹謳鳧鷁之樂邦人不與其觀聖朝受圖且百年前治越者始新西園及公始命邦人無小大得恣樂其中故王公池非新也由王公名之也池北有亭曰漾月堂之前四亭對峙史魏公浩所建曰冬瑞春榮秋芳夏蔭直堂之南爲橋橋外有亭曰水竹循橋而西有數徑詰曲相通於叢竹亂石間得立石如里堠者二及其上所紀亭宇亦皆浩所建茂林鄉蘭亭里東流杯嶼西右軍祠南脩竹

塢北敷榮門佳山鄉鵞池里東清眞軒西崇峻菴南騁懷亭北曲水曲水之東欄楯相接若閣道者曰惠風閣由惠風歷清眞西南登城亭曰列翠列翠以北曰華星亦城上其他亭多無扁不具載蓋西園燕休則飛蓋最勝觴詠曲水最勝登覽之勝則列翠矣嘉定九年守吳格嘗葺之未幾亭宇多壞十六年汪綱復增葺之又創憇棠一亭頗華麗元以後堙圮不存今惟池尚在宋王十朋詩黎明出城郭偶作西園遊春淺花未都池寒綠初抽湖山欲縱月煙靄浮不收初來興非淺心賞殊未酬頼有二三君子清談洗牢愁更期春色濃攜酒泛仙舟

通判北廳在府署之東便坐之前多植木犀宋嘉泰中施宿因名之曰桂堂有小圃頗幽雅一池清潔可愛嘉定中袁甲儒臨池作亭名曰滌秀池旁環植以梅於梅林中作亭摘曾鞏憶越中梅詩冷香幽艷向誰開之句名曰冷香又一亭亦袁作名曰逍遥遊曾鞏倅越劉攽贈詩云君作逍遥遊義取諸此袁又作一室曰卧龍齋以其簷俯卧龍之麓也齋旁地形稍高爽宜於觀眺湖山之勝盡在目前沈繹又作亭命之曰會稽圖畫有井極清冽泉脉脉來自卧龍惜開

井之倅姓名不傳（宋齊唐越州通判廳新鑿方井詩）臥龍山腳寒巖底沮洳泥塗不記年號引一朝逢佳匠坐令咫尺變璇淵待時藏用懷靈德濟物施功假世賢留作越人歌詠事召棠陰下酌貪泉

通判南廳有壽樂堂太子中舍張次山建（蘇軾詩）張侯眼力覷天與能遣荊棘化堂宇（沈立詩）會稽四面是湖山亭在湖山絕勝間又有世綵堂通判史文卿建其父定之時爲江東倉使也有水竹橋亭之勝

通判東廳乃員外置舊寓武憲廳紹興中王十朋來作民事堂（王十朋賦）堂名民事志天語也十朋備員越幕歲將朞顧惟不才瞢然無補日以敗

空曠職爲憂所幸黄堂主人甚賢同僚皆士君子朝夕講論無非民事之要者因爲之賦以志其一二云

緊越幕有下僚兮名所寓曰民事之堂誦天語之丁寧兮欽聖恩而不敢忘唆民脂以飽妻子兮猶雀鼠之偷太倉苟不民事之自思兮又將奚逭乎天殃噫會稽之太府兮罹薦歲之凶荒颶風作於孟秋兮雨浸淫而異常天吳怒而江濤沸溢兮漂廬舍而壞隄防粢盛害而歲大侵兮民餓踣而流亡射黑魚而米斛千兮擷蓼花以爲糧痛瀕海之蟲蟲兮瘞汪魚之腹腸吁嘗告其故於前使君兮請敷奏於巖廊顧幕中平日之辨兮人廼靳其爲狂會伯尊之傳召兮達民瘼於九重吁殆有類於聾者兮亦何恨夫言之不庸洪惟當宁之至仁兮視赤子其如傷蠲常賦而救天菑兮出内帑之所藏哀東州之無告兮惠吾民以龔黄左公孝而右孟博兮相與協贊其惟良先撫宁而後催科兮正今日之所當寛公私之債負兮以俟乎歲之豐穰省訟諜之煩苛兮抑蠹政之豪彊節無用之浮費兮俾斯民之小康茲政事之所急兮敢不

忠告乎黄堂至若鑑湖利及九千頃兮日侵削而就荒歲和買無慮十萬緡兮曾無一錢之償榷酤之利半奪於有力兮財賦侵以荒凉兼并之弊熾於大族兮編氓餓於糟糠茲又越中之巨害兮姑畧言其大綱若夫民事之在天下兮固不足以知其詳有一言以盡之兮日生之而不傷擇守令兮去姦贓愼勿擾兮如牧羊茲甽畝之惓惓兮願入告于天王　嘉定十七年顔耆仲又葺路鈐廳居之

舊簽廳敝甚外限僅以竹籬嘉定十七年守汪綱修之創倅幕位次重建兩廊大門

五官廨一　云五官省寰宇記云在州東二里舊經云五官省今淸白堂南址也十道志云兩廂梁是句踐

廳事用者梁宋間以材爲後堂梁俗傳千載之木能
止心痛服之多愈
元時府爲路遷路廨於宋提刑司即今之按察分司
是也而故廨改爲江南行御史臺
明時府署仍唐宋之舊址弘治十一年知府游興新
之嘉靖元年二月火東廊黄册庫儀仗庫俱燬十月
又火西廊燬二年十月知府南大吉修之堂舊額曰
公正堂於是改題爲親民堂是爲府堂郡人王守仁有記萬
曆間漸至朽腐二十一年會積雪前楹且圮知府劉

庚修之甫二年燬於火復鳩工建焉郡人黃猷吉有記府堂之後爲鎮越堂宋汪綱舊址天順間知府彭誼重建萬曆十三年知府蕭良榦重修推官陳汝璧有記北曰黃册庫又北上數十步近山之脊曰儀仗庫府堂之東廹掖下曰泰積庫庫東爲經歷廳廳東舊爲知府宅有臺門有前廳有中廳有後寢寢之前後重樓周焉由前廳東出爲書室又北出而東折而南上十數級復折而東爲龍首書院前曰大觀堂後曰吏隱軒周墻繚焉明知府南大吉因舊基建由書院後陟山巔爲

觀風亭遍植松栢蔚然于樹前轉而東出至山之東麓爲東園繞山北可以登絶巔歷望海亭之故址後改爲督糧通判宅而書院不屬焉少南爲水利通判宅有門二重有廳有寢有房有園旁有亭其大門故從旁入復轉而南始入二門萬曆十三年通判徐雩改新焉南數十步爲經歷宅又東爲知事宅府堂之西爲照磨廳後有清白堂遺址其下泉在焉上有希范亭歲久亭圮泉亦湮萬曆十一年知府蕭良幹爲新之巳求其泉濬焉扁其門曰公餘小隱齋曰吾兼

齋亭曰清白亭又西則廹高崖崖上舊爲同知通判宅後改爲知府宅先是天順間知府白玉由通判超擢遂仍舊廨後久曠弗居南大吉作志時猶稱爲添設通判衙嘉靖七年知府洪珠乃修葺居之前爲瞻禹門又進爲拱稷門清省堂有寢有翼室有書舍有燮舍有梓陰軒雙鶴軒後同知宅徙於西則拓其署爲書院在寢後南下爲推官宅有門二重有後堂萬曆十二年推官陳汝璧題曰宛委齋有寢後有雙桂亭又稍南復折而西爲照磨宅爲檢校宅檢校裁革

宅亦廢又西爲同知宅有外門有廳有寢嘉靖中通
判吳成器由會稽典史超擢特創茲宅吳旣去遂改
爲同知宅云又南崖下爲吏舍重樓百餘間府堂之
前東西兩廊皆重樓中甬路上舊有戒石亭甚卑隘
且敗南大吉亦改建而軒豁其規制易戒石爲南數
步爲儀門又南數十步爲前門儀門外東爲督糧廳
有門有廳有退居有後門又南爲土地堂西舊爲清
軍廳明時改爲賓賢館又稍南折而西爲理刑廳有
門有廳嘉靖中推官張士佩題曰欽恤堂前門有臺

上爲譙樓甚宏壯其外東旌善亭西申明亭由府前折而東北爲榜房榜房之東南爲清軍總捕廳即所謂蓬萊館也視諸廳稍寛敞萬曆間分巡使者至無署每暫居焉折而西北爲水利廳通判吳成器建其制如督糧廳

明南大吉龍首書院記紹興府治據卧龍山之東麓由府東廊之南出而東走南向者爲守宅由宅大門入經廳事出東北隅之側戶過東北廂之廊由北旁門出而梯東麓之半得平土乃一區焉前後有屋各一所前而南向者三間五架中祠土神左右爲司夜者居詢之乃前守退食遊藝之所後而西向者三間棟宇雖頹磚硝石礎嶄然存焉詢之亦前人藏置典籍之所由麓之東南折而之北斜陟其巔而周覽其下竹篠交加松蘿掩映禽鳥居之烟霧與焉則固一佳境也然幽草荒榛蕪穢

而不可遊頹垣廢址落莫而不可居矣爰命工僕薙治而量度之東北凡一十四丈有七尺東西凡六丈有一尺於是因前屋之舊而增新之名日大觀堂移後屋之基依北麓而搬制之名日吏隱軒由軒內東北隅折而之西至麓之盡遵岸而南齊堂右前檐而止繚以磚垣垣崇八尺又由東北隅折折而之南齊堂左前檐而止依東麓為磚砌如垣之制亦崇八尺歸然東西相麗焉堂有棟由棟南二架之下每間寔以交扉六其三架之下歇而為廊直廊之東西各為圭竇由竇而轉于兩序之外各為翼室而以磚垣塞其後由棟北二架之下歇其左右二間中為屏屏六扇合兩楹而塞之隸刻樂府一首日遠期篇凡千言由兩楹之外折而之後各為戶戶二扉東西相直其三架之下中為交扉二依兩楹而開之又為半雲扉二寔諸中之下而歇其上左右各為交窻六以磚築其下為半墉而以窻寔其上堂中之地砌以方磚兩檐之下合以長石文梁斲桷黝柱堊墻凡三間七架闊四丈有四尺深三丈有三尺軒有穩由穩北二架之下

中爲交窻六以磚築其下爲半墉而以窻寔其上左右各以磚墉而實築之其穩南二架之下中實以交扉六左右各爲交窻六以磚築其下爲半壁而以窻寔其上由南北二架之下直兩楹之前後各斷以板扉八開闔其前之中二扉爲左右戸由戸而入爲東西房房以置圖籍焉其南三架之下歇而爲廊直廊之東西亦各爲圭竇由東竇出而之北爲側室由西竇出而之北爲後門西房之地閣以木板中軒之地砌以方磚兩檐之下合以長石蒼楣藍宇紫綴丹疏凡三間六架闊四丈四尺深二丈四尺有五寸由後門之外左登北山之巔可以遠眺右遵石堦而下與宅東園旁門屬焉由後門之內爲圭竇而入至軒窻之後依北垣爲臺崇三尺種薔薇其軒前中廊之下爲石階二級階之下爲石路闊一丈有二尺長四丈有四尺抵前堂之中與後堦屬焉路之上爲箬棚三間直軒堂南北之檐以蔽風雨其兩旁爲院院種紫斑二竹及芭蕉各二本由堂前中廊之下亦爲石堦二級堦之下中墀砌以長石至地之中分爲東西爲

兩路中墀之左右爲磚墀墀各種桂一株兩路之南直東西磚甃之中爲臺崇二尺有五寸種牡丹四本芍藥八本臺之左右置大缸各一貯水種荷缸之左右種栢各一株臺之北中種海棠一盆左右種盤梅蘿松刺栢各二盆又左右置盆各六種萱菊蘭芷諸花草由堂兩序之外綠樹之岸兩遵而繞南合而止中亦繚以磚垣崇四尺有五寸東西各闕其中爲路之口南之中出外三尺砌爲石屏崇五尺闊八尺屏之面鐫記書院其兩旁斜入而翼者爲磚垣與東西磚垣屬焉由堂中階左右兩檐之下鑿石爲渠繞垣之內至石屏兩旁之外出以泄水其中墀東石路而下折而爲石階者七級循堦而外爲斜垣崇六尺堦之下西向者爲屋三間五架左間斷而爲司夜者居右間穴其後墉爲門雙扉出門而遵山之東麓可以遊覽又中墀西石路而下折而爲石堦者二十有七級循堦而外亦爲斜垣上崇六尺下九尺其下爲門二扉北向而簷額其上題曰龍首書院出門而西下右爲賓廚前由石徑而之左乃與側廂房門通焉于

是登堂而望越之山川城郭盡歸一覽之下故曰大觀息軒而下深山茂木之中宛然隱者故曰吏隱然茲地也是臥龍山之首故于門則大題曰龍首書院云者蓋亦竊取仕優則學之義以自勵焉爾矣

皇清府署因明之舊而內宅不知何時復移於廳事之東廳事爲郡治大堂仍名親民康熙八年知府張三異修之二十八年知府李鐸重修更爲豐樂堂後漸傾頹知府勞可式盡撤之竟爲蓬蒿瓦礫之場而聽訟於內宅五十二年知府俞卿重建規制弘敞比昔有加名之曰又新堂堂左爲泰積庫接堂爲軒軒之下爲月臺月臺下爲甬道東西兩重廡爲吏廊外

爲儀門旁可式修之舊五楹縮爲三楹又外數十步
爲大門向極雄壯兩旁壘石爲臺架重樓其上後樓
圮乃葺茅茨數片蔽之以居司更者三十五年知府
楊芳聲重購遂還舊觀但樓下支以木柱木易朽腐
且風氣亦散漫未聚俞卿乃盡以磚圍之若城門然
門以外爲照屏照屏甚小又內偪於門而外偪於磴
道乃築爲石臺十餘丈而移照屏於臺之盡處又移
戒石亢立於臺上分石磴爲東西二道臺既巍峩而
大門之勢愈顯照屏之下爲大街街南復搆文昌樓

三楹與照屏相擁護此自堂以南之大署也由又新堂之後爲思補堂九楹其西則淸白泉泉爲土所塡俞卿命工濬之思補之東爲學古堂思補之後磴道折而上爲松風閣舊鎭越堂基也由儀門內東行爲知府內宅有宅門有二門有堂兩廡翼之堂後爲寢兩樓翼之由堂之東廡繞出爲陶月軒宴見賓客之地也陶月軒之後爲書室三重由磴道折而上爲翼龍亭祀唐呂純陽新葺龍亭後轉而東爲五賢祠又東爲關帝殿由關帝殿而下爲舊大觀堂其餘則燹

房薪膽而已此堂後與內宅之大畧也又新堂思補堂學古堂照屏文昌閣皆俞卿所創宅門二門內宅堂與兩廡寢室廂樓陶月軒書室盡蠹壞將覆壓皆俞卿所修至大門之易磚甬道之增高月臺之周以石欄宅門外之開拓皆俞卿所更改計前後耗費可三千金八邑助者止大堂五百金耳餘俱一身拮据成之不絲髮派民間而匠傭俱給工食皆踴躍無一怨者惟松風閣爲闔郡士民所建

知府俞卿建大堂碑記 壬辰十二月

余以兵曹奉命守越受篆後吏胥告余大堂久圮聽政惟有內宅余顧而嘻曰世所謂傳舍茲竟無舍

可傳耶府治大堂非刺史之堂所以頒　朝廷政令
以臨蒞八邑生民者也余性安澹泊筮仕十餘年居
食不改儒素獨所至城垣學宮壇壝廨宇囹圄脩葺
越署無堂建之洵亟哉然而經營締造之勞金錢刀
布之費今事務蝟張羨藏如洗心與力交絀之時議
者皆爲余瑟縮余以爲天下事當爲者宜速爲之毋
畏難毋動衆於是擇吉興工因其舊基而新之無後
前制無陋後觀自堂而外儀門兩廡仍舊增脩大門
架木揹撑患風雨飄搖易以洞門堅固壯麗屏墻甬
路巍然坦然再搆文昌閣以衛風氣堂後逼於山建
九楹護之爲川堂東偏別搆二堂以前廳事爲三堂
次第修整大堂之額曰又新川堂額曰思補二堂額
曰學古內宅朽腐畧加補葺然卑棲尚有待於高朗
也是役也經始於癸巳五月告竣於甲午六月木植
磚瓦灰釘等物預價採買梓人圬人小夫等工皆食
於官而按日給直統計用銀一千八百有奇八邑少
助之餘悉出己資無絲毫科擾堂成越紳士編氓扶
老携幼踴躍來瞻余亦顧而樂之轉思前此建造豈

翳無人何至久蕪若斯是以焦思勉力願新斯堂尤望後之繼居此者顧堂思名闕則補之壞則成之庶無墮今日重建之心力越郡億萬生靈永有利賴焉豈特余一人私幸哉〔又新堂匾跋〕大學釋新民引湯之盤銘三日又日新言蒞民者當凡事振作無可間斷也紹興郡堂其舊無存矣余以康熙五十一年壬辰十二月奉　命來守是邦越明年癸巳購材於二月興工於六月告成於十月題其額曰又新堂蓋有三義焉自新一也民二也將以斯堂之新傳之永久三也是役也不費民財不勞民力余所拮据八邑助之艱難節用而成之者

締造顛末另記於石

同知宅仍明舊在府大堂西偏前時知府推官照磨宅俱毀敗其清軍總捕廳向為同知聽訟之所在寶珠橋亦廢惟一門存焉先是同知通判二宅列東西

由府儀門進東行至通判宅西行至同知宅知府坐堂蒞政兩廳出入俱以扇掩目而過體不雅稱而堪輿者又謂儀門如人脅下穿其左右則氣洩康熙五十二年知府俞卿乃於儀門外開東西兩門相向爲兩宅往來之路其儀門下舊徑以墻塞之

通判宅即明代水利通判宅也稍北爲管糧通判宅今仍改爲知府署而水利通判宅在其南由儀門外東進其南爲土地堂其北爲關帝廟中爲路路盡即爲宅門門東向又進爲二門乃南向由宅門外南行

數十步復折而東爲經歷宅又東爲照磨宅明知事宅也知事裁而照磨由西偏來居之經照二司出入俱會于通判宅門首以關帝廟前路爲孔道焉吳成器所建水利廳乃通判聽政之所近太清道院今亦廢

鎮越亭在臥龍山巔卽望海亭故址明嘉靖十五年知府湯紹恩建後毀　本朝康熙十四年知府何源濬重搆二十八年二月

皇上閱視黃河欲　躬祀禹廟渡江幸紹興十四日

睞爽謁陵畢入郡城　御舟由都泗門至大江橋舍舟從陸盡撤鹵簿許萬民縱觀幸府儀門登越望亭駐蹕久之賜名臥龍山曰興龍知府李鐸更亭曰鎮越立碑記之而人仍稱爲望海亭焉萬曆舊志云亭側有諭飛勅碑文字剝落不可識而碑陰刻無名氏滿江紅詞今此碑久夷滅即李鐸碑亦徙用他所矣亭在山脊饒風雨易敗知府俞卿兩度修之

滿江紅詞

拂式殘碑諭飛勅依稀堪讀慨當時倚飛何重後來何酷果是功成身合死可憐事往言難贖最無辜堪恨更堪憐風波獄豈不惜中原蹙豈不念蒙塵辱想北狩南轅此身何屬千載休談南渡錯康王自怕中原復

歎區區奸檜亦何能逢君欲（明董玘越望亭題詠集序）越望亭存古也亭初名飛翼樓句踐時范蠡所建後人葺之名望海亭正德間有餘石柱者四前守曳什之迹遂泯篤齋湯侯自德安以能治劇來涖茲土踰年乃及斯亭不浹旬而亭屹然以完更名越望以龍山爲一郡之望又前與秦望山相值也葢昔之稱勝槩者必于深山窮谷如所謂羅浮天台衡嶽廬阜乃皆在乎僻陋之鄉人迹所罕能至惟金陵錢塘二都會皆號爲盛麗然其占形勝治亭榭者亦必于郊野之外而好事者後得以爲巳功未有直治城挾闤闠不踰庭闠而湖山林壑之美烟雲潮汐之變人物居邑之繁一寓目而盡得之徧行天下無與此亭比顧傾圮堙没于榛莽間且千餘年前後爲守者莫知其幾莫或詢及至侯而一旦復之遂冠絕于他邦傳曰賢者之興而愚者之廢非此類也夫（謝丕詩）小亭着向臥龍尖東越爭傳勝事添八面奇靈環海嶽四時作息見閭閻星河烱烱仙蹤隔遝路蕭蕭吏隱兼欲撥蓊苔尋舊跡重教杜石聳遐瞻（季本詩）遠連滄

海近連山萬里蓬萊指顧間曾其務蕘穿曲徑忽聞歌吹出重闗勝遊惟有仙軿到清宴常乘吏事閒城外平疇看不盡酒酣還與一凭欄（知府蕭良榦題八景）曰雲門一望曰鏡湖千頃曰珠山烟火曰蜃口樓臺曰種墓遺跡曰岳碑遺石曰古井清流曰孤亭新搆（李鐸碑記）環紹皆山而領袖羣山者委宛也越城內多名山而屏障府署者卧龍也龍山之巔有亭舊名越望以覽全越之勝湖山烟火囊括星羅歲巳巳恭遇

聖駕南巡至越登斯亭以觀形勝因更卧龍爲輿龍葢取易飛龍在天聖作物覩之象也越明年庚午秋七月二十四日風雨連朝龍山之陽山陰縣署後有聲若雷火光烱爍蛟龍隱現騰空而起公廨民房暨龍山艸木俱無恙此所謂龍輿者乎因更越望爲鎮越亭恭題萬壽無疆四字懸之於亭爲式廓其規模丹雘其榱棟念是亭藉龍山而聳峙則亭以山重龍山藉斯亭以駐蹕則山以亭重龍山與亭之獲邀

聖眷非弟觀也爲民也則山與亭又皆藉民以重也是

爲記

鎮越堂在舊清白堂後康熙二十六年知府胡以渙守紹其祖父越人也更名繡來堂後知府李鐸至修之復名鎮越不數年即頽廢鎮越堂之東爲百忍堂亦李鐸所建今亦廢

霖雨亭一名新亭明嘉靖四十一年同知王近詠建太僕張天復記之後更爲紫翠亭今廢

黃册庫儀仗庫吾兼齋清白亭俱明代建今已久廢

郡志自萬曆十四年後至康熙十年續之殊率陋即

廨署志中孫月峯所述前明府署凡四版乃截五行餘爲明制竟以後幅歸之　本朝加今府署仍明之舊一語又每段增入知府張三異修之其餘皆舊文也與今郡治多牴牾明知府內宅在西今移於東東西易位且茫然不省此可謂實錄耶今據其可知者釐正之庶俟後人按籍而索云

鎮東閣在府治左卽舊子城鎮東門宋元以來名鎮東閣明嘉靖元年燬於火四年知府南大吉重搆高七丈制甚偉麗康熙二十五年復災二十九年知府

李鐸建之後又敗壞五十三年知府俞卿重修輪奐一新閣上大鐘明洪武八年鑄相傳能仁寺鐘也重可千鈞聲聞數十里舊架於樓上而層吾樓下穴其版以容之俞卿建巨木於樓高懸其鈕幾與棟相齊鐘體既高其聲益遠颺焉〔章大來鎮東閣記〕原鎮東閣之名原於五代時錢鏐鎮東之軍門又始於舊子城之鎮東門蓋府署據臥龍山之東麓是爲鎮東軍節度郎子城之東以爲東門榜日鎮東軍書之者吳郎中說立之者王參政綸也至子城鎮東之門則始於隋開皇時楊素先是宋明帝時蔡興宗爲鎮東將軍又先是晉穆帝時王彪之爲會稽內史鎮東將軍蓋鎮東之名由來久矣攷郡自夏至今爲會稽爲越爲會稽郡爲荆國吳國爲會稽國爲越州爲吳總管府爲浙東道爲浙東總管

府爲節度觀察使署爲義勝軍威勝軍爲鎮東軍爲吳越國後爲紹興府元爲路明復爲府其中凡幾經分合改復而閎閣之乖名歷千餘年不可謂非魯殿靈光也

縣

山陰縣署舊在府南寶林山麓元泰定二年始遷今署去府一里卽宋上下省馬院故址內有光化亭據山岡稍面東南四望諸山秀絕

會稽縣署舊在府東一里唐垂拱二年建今在府東三里明洪武初知縣戴鵬舉重建後屢圮屢修至康熙四十年後頹廢無存五十六年知縣姚協于創大堂五間名問心堂承以捲軒又建儀門三間規制奕

然稱壯觀矣

蕭山縣署北北幹山南菊花河西南距蕭山二里許宋天聖中令李宋卿建元末燬于兵尹性重建有樓閣尋廢明成化十三年知縣吳淑重建

諸暨縣署在城東北宋時建燬于元季明洪武初知縣田賦重建嘉靖中知縣彭瑩朱廷立夏念東修

餘姚縣署北負秘圖山宋時有翰墨堂東坡書有秘圖閣後改翠賣亭又有高風閣弔隱亭嚴公堂僉以嚴徵君名譙樓南爲承宣亭遭兵燬元至元間復建高

峯閣愛蓮堂作舜江樓作雩詠亭由東北過瑞蓮池
有半間亭明正德中令劉守達建葢視事者半游息
者半云後改曰考祥以並蔕蓮爲祥也
上虞縣署創于唐長慶宋建炎中爲金所火紹興初
令劉不搓重建南有圃中有瑞豐堂讀書林北有蓮
花池東南有千巖勝槩亭德祐二年燬于兵元至元
間令詹熙再建明宣德中知縣吳倖新之
嵊縣署在剡山之陽因高爲址歷坡而升宋以前不
可考剡錄云公廳相直舊有迎薰堂堂旣廢扁亦不

存東有東圃有四山閣嘉定八年令史安之撤舊而
更之廣四山閣堂復寧薰之名北爲面山堂累石成
山玲瓏盤錯因山之址注水爲池雜藝卉竹相與映
發亭榭參差殆十餘所元至正中燬于兵明洪武三
年主簿張安道因舊址再建
新昌縣署在南明山後宋太平興國中知縣張公良
創立宣和三年燬于方臘紹興十三年知縣林安宅
重建元至元二十六年燬于楊震龍二十八年縣尹
完顏復建至正末燬于方國珍明洪武元年知縣周

文祥又鼎新之舊有畫簾閣凝香閣今無存
行署察院府城內在府東北二里隸山陰本射圃基
明嘉靖十九年御史王紳建餘姚在縣東北百步許
按察司後舊布政分司也嘉靖中改爲之今邑人猶
稱爲後司新昌在縣東三十步今各縣俱廢
府城內察院署今新司是也明代稱布政分司爲南
司按察分司爲北司察院係嘉靖間所創故稱新司
康熙二年提督移駐紹興遂爲提督署更葺之後建
威遠樓七間制甚壯偉八年仍移寧波學院歲科二

試爲考場威遠樓歲久損壞五十七年八月知府俞卿修之新司傍有地一區至今稱小教場蓋射圃遺意云

布政分司府城內在府東南一里隷山陰本紹興衛軍器局明正統六年知府羅以禮創建蕭山在縣西三十步舊三皇廟明正統八年改建諸暨在縣西中湖橋西餘姚在縣東三十步舊府舘明嘉靖十九年通判葉金改建買民地拓之上虞在啓文門外嵊在縣東南一百十五步舊三皇堂址明成化中知縣許

岳英建新昌在縣西二十步今各縣俱廢府城內爲

紹協副將署

按察分司府城內在府東不一里隸山陰即宋浙東提刑司也後枕火珠山山上有稽山堂即稽山閣故址宋時又有凊閟亭續志稱其疊石爲巖洞而冠亭其上茂林叢竹交映左右頗爲幽雅明末廢康熙九年造營房百餘楹安揷海外降卒蕭山在縣東二十步明洪武二年建諸暨在東門內餘姚亦在東門內上虞在縣東北嵊在縣南一百十步明成化中知縣

劉淸建新昌在縣西三百步城隍廟西今俱廢
府舘蕭山在縣南五百步諸暨在縣西南上虞在縣
東一百步嵊在縣南一百三十五步舊布政分司明
成化中知縣許岳英改建今俱廢
浙東道行署在蕭山縣後運河北舊爲預備倉西隙
地明嘉靖十一年知縣張遐建廳三間後增川堂兩
廂儀門等爲上官駐節公所今廢
兩浙都轉運鹽分司在府東不一里按察司前隸山
陰即宋錄事司故址元大德二年建今廢

工部分司在蕭山縣東南十五里單家堰明嘉靖十一年主事薛僑買民地建

明市舶公館隸山陰在縣西三十步後廢以地建張文恭元忭祠

迎春亭舊在鎮東軍門左明弘治中移置會稽東雙橋巳移五雲門外預備倉每歲於此迎春後災萬曆間知縣羅相重建不久又圮　本朝康熙二十九年知府李鐸復興之號陽春臺今亦廢倉前臨運河舊爲五雲舖羅相既建倉內正廳復於此建大門五楹

上官往來東道者弭節其地李鋘於故址創爲三楹後頹敗康熙五十七年八月知府俞卿修之名五雲官亭

接官亭在迎春亭東一里明嘉靖中知縣張鑑創邑士秦位金堂捐地爲之大門三楹正廳三楹今冠蓋往來駐節於五雲官亭而此地祠關壯繆侯

分香亭在稽山門外凡遇頒降　御香皆迎至此亭二炷分往南鎮二炷分往宋攢宫今亭圮基存

諸暨觀稼亭在縣城東五里舊名接宫亭後廢明嘉

靖中知縣朱廷立復之名觀稼後又圮知縣劉光復
以其址建貞烈祠
楓橋公署在縣城東五十里有喜雨堂即楓橋鋪也
今廢

上虞龍光驛節亭在西門外五十步今廢
通明會館在縣東門外三里今廢
娥江公署在曹娥驛西明萬曆間朱維藩修葺之今
廢

嵊縣謁館在布按二司之間後廢爲兵部尚書喻安

性祠

代驛館在南門外駐節亭舊址俱萬曆四年知縣譚

禮建改名敬亭十二年爲龎蕭二公祠今亦廢

迎恩亭在北門外二里

勸農亭二一在南門外五里鋪一在北門外楊公橋

側

勞勞館在三界

新昌接台公館在天姥寺旁今廢

迎春亭在東門外

迎送亭在栢溪明萬曆初知縣田琯建

衞紹興衞在府城内由府譙樓直南而下過蓮花橋轉而之東過酒務橋又東百餘步有門二重有廳五間有廊有庫左爲前右二千戶所鎮撫所土地堂經歷廨右爲後中左三千戶所知事廨吏舍明萬曆十二年知府蕭良榦重修增後堂三間明修撰張元忭有記今廢

臨山衞在衞城内有正廳有軒有左右耳房有吏廊前爲儀門爲外門近改爲叅將行署前增旗臺二座後增山廳

觀海衛在衛城內規制大約同臨山衛

所

三江千戸所隸紹興衛今廢

三山千戸所今廢

瀝海千戸所隸臨山衛今廢

龍山千戸所隸觀海衛俱在所城內重門有正廳有後堂有廊有百戸廳鎮撫廳今廢

海道公館二衛四所俱在臨山衛城東北後所地今廢

司獄司在府東南高墻三重周焉各縣止有獄俱在

二門外

府稅課司在府東南迫簞醪河今廢

府織染局在江橋北今廢

弓張局在紫金坊今廢

蕭山漁浦稅課局在巡簡司東北

紹興衛軍器局在府城東南二里卽福果寺基初在衛後明洪武二十三年指揮趙忠移於此各衛所舊亦俱在軍器局今皆廢

府如坻倉在通濟橋北少西今廢

山陰三江倉在三江所城内今廢
餘姚常豐一倉在臨山衛今廢
常豐二倉在瀝海所今廢
常豐三倉在三江所今廢
常豐四倉在觀海衛今廢
常豐五倉在龍山所今廢
預備倉屬府者在東大街轉而北百餘步會稽在都
泗門内蕭山在浙東道東諸暨在城隍廟側餘姚在
縣東南二十步上虞在畫錦門外嵊在城隍廟側名

城隍倉新昌在縣西

便民倉山陰在謝公橋東妙明寺故址也會稽與預備倉合蕭山在運河北餘姚在江南新城西上虞亦與預備倉合嵊在繼錦門外

義倉一名社倉宋淳熙八年朱文公熹提舉浙東常平適當歲歉乃奏以常平米建社倉付富室歛散每石取息二斗凶歲則蠲其息又以士大夫或舉人有行義者與縣官同出納俟息米及十倍卽以本米還官倉專以息米歛散每石止收耗米三升士民願以

所藏米充入者亦聽之如官米法戶部看詳以爲可
行而一時議者以爲毋否取息二斗乃青苗法紛然
攻詆然朝廷卒行之併下諸路諸路旣不能皆如詔
而府外之六縣亦止報府言一面措置竟不以已立
社倉爲言惟會稽山陰二縣行之甚爲小民之利方
朱公爲此時府帥王尚書希呂實左右之慶元二年
提舉李少監大性復以常平米一千五百石增置社
倉在會稽則若馬山若妙智若資壽若廣教若淨社
者凡五處在山陰則有梅山之本覺柯橋之靈秘南

池之典教迎恩稽山之廟菴凡五處又以常平錢糴慈福宮米一千五百石每倉以三百石爲率又於會稽姥廟取當來本米二百七十石有奇立琶山倉共爲倉十有二所

明時義倉先年在在而有其後俱廢惟新昌則萬曆五年知縣田琯創建一間附於預備倉

府蓬萊驛在迎恩門外唐曰西亭宋曰仁風傾廢已久康熙二十九年知府李鐸重建

會稽東關驛在曹娥江西岸舊名東城

蕭山西興驛在西興鎮運河南岸唐之莊亭也宋曰造驛

餘姚姚江驛在東門外大江北岸

上虞曹娥驛在梁湖壩旁明時驛丞久裁革以梁湖壩官代之一應夫船等項俱存其半知縣朱維藩曰法制莫備于古人紛更莫甚于近日此一驛也去東關驛祇隔一江似可議減然自蓬萊以至東關西路止矣又自曹娥以達姚江東路始焉酌往來之所必由爲驛路之所起止故設一驛剏東關夫馬例不越江則曹娥一驛勢所難廢今驛減矣而費移之縣縣去驛三十里往往支應不敷奔走悞事以縣代驛其費奚殊近日惡紛更者之爲非而又嫌議復者之非是姑存其議以俟

鋪大約十里一鋪山陰縣西北爲青田鋪高橋鋪梅

市鋪柯橋鋪白塔鋪錢清鋪西南爲鑑湖鋪金家店鋪赤土鋪洪口鋪東北爲昌安鋪鹿山鋪三江鋪

會稽東爲五雲鋪織女鋪皋部鋪茅洋鋪陶家堰鋪瓜山鋪黃家堰鋪東關鋪曹娥鋪東南白米堰鋪小江鋪東北桑盆鋪周家堰鋪

蕭山縣儀門之東曰總鋪又東爲十里鋪新林鋪白鶴鋪抵山陰界西爲鳳堰鋪沙岓鋪迫西興關

諸暨縣譙樓西曰縣前鋪東爲十里鋪張駝嶺鋪新店嶴鋪櫟橋鋪楓橋鋪千溪鋪古博嶺鋪南爲桐樹

嶺舖鯉湖橋舖寒熱畈舖季家橋舖湖頭舖羅嶺舖
餘姚縣東四十步曰縣前總舖又東爲常山舖桐下
湖舖入慈谿縣界西爲任渡舖舊在治西七里名七
里舖又西曹墅橋舖三十里牌舖入上虞界是爲南
官道急遞舖西北爲方橋舖化龍舖道塘舖泗門舖
臨山衞前舖入上虞界治東北爲倉山舖擔山舖蔡
山舖洋浦舖入慈谿界是爲北海道急遞舖
上虞縣譙樓東曰縣前舖又東爲通明舖查湖舖華
渡舖蔡墓舖新橋舖嵩陡舖西南崑崙舖池湖舖蔡

山鋪十五板橋鋪明劉基詩磴滑泥深去馬遲雪殘青嶂不多時荒烟蔓艸中郎宅素石清溪烈婦祠日落風生臨水樹野寒雲溼渡江旗宣光事業存書史北望凄凉有所思北烏盆鋪夏蓋鋪達浦鋪

嵊縣前二十步曰總鋪南五里鋪天姥鋪抵新昌界北八里鋪禹溪鋪仙岩鋪槠林鋪上館鋪

新昌縣西與公館連墻爲市西鋪西爲三溪鋪東爲柘溪鋪小石佛鋪赤土鋪班竹鋪會墅鋪冷水鋪關嶺鋪

餘姚大江口壩有設官而無廨並壩乃有津廳云

上虞梁湖壩亦無廨官舊假民居治事今寓曹娥驛

錢清場鹽課司在府城西北六十里吳元年建即興善寺基初隸蕭山

三江場鹽課司在府城東北三十里明初因宋元之舊以上俱山陰境

曹娥場鹽課司在東關驛南會稽境

西興場鹽課司在西興鎮運河北岸蕭山境

石堰場鹽課司在石堰餘姚境去縣二十里古名買納場宋分石堰東西場元併東場入鳴鶴而西爲石

堰場即此也

鹽倉錢清三江各一倉石堰舊五倉後存其一曰北倉

紹興鹽倉批驗所舊在府西北六十里明正統間遷錢清鎮弘治又遷白鷺塘俱山陰境

府陰陽學在紫金坊山會附蕭山在縣東諸暨在縣前西街餘姚在布政分司前門之左上虞在縣南一百步嵊新昌久廢

府醫學又稱惠民藥局亦在紫金坊山會附蕭山在

縣西南諸暨亦在西街餘姚在布政分司前門之右
上虞在縣西後改爲社學嵊在縣前街東新昌廢
府僧綱司舊在大能仁寺今在大善寺山會附縣稱
僧會司蕭山在祇園寺諸暨在智度寺餘姚在建初
寺上虞在等慈寺嵊在圓照寺新昌在寳相寺無廨
舍以各寺僧領之
府道紀司在長春觀山會附縣稱道會司蕭山在城
隍廟諸暨在乾明觀餘姚在廣福觀今久廢上虞在
明德觀嵊在桃源觀新昌在古山觀各隨道會所在

寓焉
養濟院宋謂之居養院嘉泰志云居養院以惠養鰥寡孤獨安濟坊以濟疾病立法皆甚備居養院最侈至有爲屋三十間者初遇寒惟給紙衣及薪久之冬爲火室給炭夏爲涼棚什器飾以金漆茵被悉用氈帛婦人小兒置女使及乳母有司先給居養安濟等用度而兵食顧在其後安濟坊徧遣諸醫療視月給俸上醫憚行乃共雇一里醫之無賴者冒名以往多給庫錢治藥吏肆爲奸官稍檢校則監司走馬使者

輒以沮敗德政刺劾效於安濟者相踵則又釣奇言端坐而化自言莫報上恩於是有封處士者婦人封邑號者已而四方爭上其事朝廷悟其欺一切不報居養院人有與編民及卒伍訟雖理曲皆得直去人甚苦之宣和初詔曰居養安濟之法本以施惠困窮有司奉行失當資給過厚常平所入殆不能支窮民飽食煖衣猶有餘峙而軍旅之士廩食不繼或致逋逃四方甚非爲政之道可裁立中制由是居養安濟之法寖廢不舉自明時迄今按府城内養濟院在鯉

魚橋西宋貢院址也分東西二院西屬山陰東屬會稽各房百十間後各有園地分畦種蔬蕭山在縣西社稷巷諸暨在城北一里餘姚在龍泉山西上虞在南門外嵊在便民倉東新昌在城西一里

廢署千戶所一餘姚千戶所其址即察院行署

稅課局十山陰漓渚稅課局在柯橋會稽偁塘稅課局蒿陡稅課局桑盆稅課局各在本地名所蕭山稅課局在縣西一里諸暨稅課局不知何地餘姚稅課局在齊政門外上虞稅課局在縣南又五夫稅課局在五夫嵊三界稅課局在三界新昌在縣西

河泊所九山陰昌安河泊所在昌安門外會稽五雲河泊所在五雲門外桑盆河泊所在桑盆

蕭山河泊所二一在縣西一在縣南餘姚河泊所二一在縣南一無署上虞百官河泊所在百官通明河泊所在通明門內

倉一 府大有倉在謝公橋東

巡司五 諸暨楓橋巡檢司在楓橋餘姚李家閘巡檢司在通德鄉新昌彩烟巡檢司豐樂巡檢司善政巡檢司俱名在本鄉

驛四 山陰錢清驛在錢清嵊訪戴驛在縣左三界驛在三界新昌馬院驛在縣西

紹興府志卷之三終

紹興府志卷之四

山川志一

山上

晉書會稽有佳山水

會稽郡記會稽境特多名山水峰嶸隆峻吐納雲霧松栝楓栢擢榦竦條潭壑鏡徹清流瀉注

世說王子敬云從山陰道上行山川自相暎發使人應接不暇若秋冬之際尤難爲懷顧長樂從會稽還人問山川之美顧云千巖競秀萬壑爭流草木蒙籠

其上若雲興霞蔚

宋秦觀倡和集序會稽爲鎮豈惟山川形勢之勝其勝遊珍觀相望乎楓柟竹箭之上桄帶乎荇藻芙蕖之濱亦非他州可及

輿地志白水翠巖互相應發縈帶郊郭若鏡若圖

（山）府城八山六隸山陰二隸會稽今會稽縣新志府城九山增黄琢也

臥龍山舊名種山越大夫種所葬處又曰重山孔曄會稽記云種訛成重也蜿蜒奇秀自隋訖唐郎山爲州宅其後亭閣崢嶸踵起相望與其山川勝概號稱

僊居山西北幽徑薇蕨傍皆叢篁灌木其地闃寂人整相傳大夫種墓曩因潮水穴山後失其尸也嘉泰志云吳越備史遜王倧於臥龍山西寢後置園亭栽植花竹旦暮登臨倧能爲歌詩亭榭間紀錄皆滿臥龍山名始見於此寶慶續志云按元稹州宅詩序州之子城因種山之勢盤遶回抱若臥龍形故取以爲名是山名臥龍蓋始于元稹又錢鏐重修城隍廟記有公署據臥龍高阜之語則昔人稱之屢矣非始見於錢倧也刁約望海亭記云府據臥龍山爲形勝處

山之南亙東西鑑湖也山之北連屬江與海也周回數里盤屈於江湖上狀臥龍也龍之腹府宅也龍之口府東門也龍之尾西園也龍之脊望海亭也嘆約之言山之形勢大畧可睹矣產佳茗芽纖短色紫味芬稱瑞龍茶山有清白泉瀹茶爲宜今府署據其東麓山陰縣署在南麓宋景祐中蔣吏部堂閱山序云府山一名臥龍爲一境形勝予視事之明日見其竹樹零悴僅有半在周覽日爲昔人剪伐使然自謂非予守土此山殆將童矣于是申約束止樵採作閱山詩東南亙羣山形氣或斷續茲山窮嶄絕孤峙越之腹呼吏對泉石申禁護林麓熙寧十年程給事公闢植松千餘章于山上秦觀撰樂安公唱和序云昔樂安蔣公以山富草木樵蘇所採

令于公府止之程公能述樂安公之志往枝惡蔓斬薙以時秀甲珍芽得無輒取春秋佳日開池籞具舟楫與民共遊樂隆興二年吳給事某臥龍山草木記云臥龍山之陽州宅據其下是宜林木叢茂乃大不然驅鈴下卒輦糞壤除椔翳種竹萬竿桃李千本方將藝茶于秋栽松于冬植花卉于春以盡復舊觀而予還朝矣飭吏枚數竹之數今所植外凡得七百餘根併列于碑陰嘉泰志云前太守申約束禁樵採務在封殖以爲軍府芘映然百年喬木成章者可數圍林竹樹雖數榮櫂秀大抵多比歲所植也宋蘇軾詩臥龍盤屈半東州（元施鈞詩）山匣平湖玉鏡臺四圍晴景翠屏開雲移滄海龍猶臥月滿中天鳳不來種墓陰陰空蔓草晋碑寂寂自莓苔東風不滅千年恨燕子南飛雁北回（明高廪詩）垂湖載帝昇天行鼎湖水溢離遯形勾作奇山鎮東越州城鞏固川原平攫霧拏雲勢猶在碧潋瑤鱗愈光彩近看掉尾入南湖遠見昂頭窺北海元精蘊蓄瑞氣多楩楠松栢森駢羅飛騰不逐張華劍變化寧爲陶氏梭我特尋幽因

寄寓夢中邂與眞龍遘覺來想像不敢登只恐凌雲又飛去

火珠山在臥龍山東隅與臥龍首相對小而圓絕類龍頷之珠宋爲浙東提刑廨上有稽山閣西有識舟亭今俱廢

蛾眉山在火珠山下百餘步石隱起土中狀如蛾眉有蛾眉菴

龜山在臥龍南三里遠望似龜形一名飛來山又名怪山又名寶林山越絕書龜山句踐所起遊臺也東南司馬門因以灼龜又仰望天氣觀天怪也臺高四

十六丈周五百三十步吳越春秋范蠡築城既成瑯琊東武海中山一夕自來百姓怪之號曰怪山寰宇記龜山下有東武里東武山移來入因徙此水經注山飛來徙此壓殺數百家亦曰越王無彊爲楚所伐去瑯琊還浙東東武人隨居山下越起靈臺于山上又作三層樓以望雲物川土明秀亦爲勝地寶林事實越城山能與秦望爲主客者臥龍寶林蕺山也其城南左右數十里疾駛屹立皆屬於秦望又幸其左右之山因鑑湖入謁於郡城臥龍爲郡治蕺山少東

不能正受秦望之謁越之形勢臥龍下未有如寶林者山巔有巨人迹錫杖痕靈鰻井山麓有寶林寺上有應天塔俗今呼爲塔山〔唐徐浩詩〕茲山昔飛來遠自琅琊臺孤岫龜形在深泉鰻井開〔李紳詩〕一峯凝黛當明鏡千仞喬松倚翠屏〔元稹詩〕一峯嶼伏東武小兩峯鬬立秦望雄〔方干詩〕邃巖喬木夏生寒牀下雲溪枕上看臺殿漸多山更重卽今飛去卻應難〔宋張伯玉詩〕一峯來海上高塔起天心〔元余貞詩〕茲山昔飛來贔屭信有力初疑洛書出無乃星隕石茲昧竟誰論鳥飛墮空碧

陽堂山在臥龍南三里許府城跨其脊其南麓出城外踆於河隍一名鮑郎山山北舊有鮑郎祠

蕺山在臥龍東北三里許山少木多產蕺越王句踐

嘗採食之。晉王羲之宅在焉。又曰王家山。今西有右軍祠，後爲戒珠寺，亦名戒珠山。（宋王十朋詩）陟彼越山，言采其蕨。我思古人，中心悒悒。維國有恥，晨勿遑粒。瞻于座隅，羇勳以集。陟彼越山，言采其茗。我思古人，中心怲怲。維國有恥，夕勿遑暝。焦心以思，沼吳之境。厥草匪甘，厥蔬匪香。維其味之，豈曰嗜之。心焉孔焦，瞻焉亟嘗。唯其苦之，是以取之。我陟高山，瞻彼東越。訪王之祀，曠古有缺。宜廟于山，世亭不絕。何以薦之，蕨茗是擷。采蕨四章，章八句。（又）十九年間膽厭嘗，盤羞野味當含香。春風又長新芽甲，好擷青青薦越王。（明張以文詩）懸膽親嘗味若飴，廿年辛苦破吳師。歸來醉擁如花妓，何暇重言采蕨時。以上隸山陰

白馬山，在蕺山東南一里許。土漸毀削，山石依然。

彭山，在白馬山東。舊經云彭祖隱居之地。傍有助海

侯廟。以上隸會稽

山陰亭山。在府城南十里。孔曄會稽記晉司空何無忌臨郡起亭山椒極望巖阜基址猶存。因號亭山。或云山形獨立如亭。明興時越國公胡大海攻城嘗駐兵焉。西有埜翁皝巖。〔明王琥詩〕如盖亭亭矗鏡心。涇蒸濃發變晴陰勢陵萬仞雲霞表。地鎖千峯紫翠深。無忌舊亭基已沒。野翁高躅客重尋。郡城樓閣瞻來近。風角霜鐘送曙音。

侯山。在府城南九里。水經注山孤立長湖中。晉車騎將軍孔愉少時遁世棲迹此山。後封侯。又名九里山

琵琶山。在府城南五里。或作吕山。今俗但謂之杷山。

陳音山在府城西南四里許水經注越之善射者曰陳音越王問以射道又善其說乃使簡士習射北郊之外按吳越春秋音死葬於國西山上今陳音山乃在國南五里湖北有射堂及諸郎舍連衍相屬孔曄會稽記今開塚壁悉畫作騎射之象

何山。在府城西南四里。嘉泰志云有塔久廢近復營之頗增湖山之麗。今下有何山菴而無塔。

賴山。在府城西南六里。相傳云以近城句踐時樵採賴之。俗今呼爲外山。

絹山在府城西南六里石紋如疊絹

戴於山。在府城西南十里。望若兩山其實一也。居民有戴於二姓。

磴山在府城西南十里山形如磴有石泉在竹樹陰中甘寒可瀹茗

彈丸山在府城西南十五里狀如彈丸下有方隝渡

麻林山在府城西南十五里越絕書句踐伐吳種麻於山以爲弓弦使齊人守之越謂齊人曰多故又曰麻林多山以山下田封功臣

徐山在府城西南十五里鏡湖中財如岡阜多桑竹

䍃山在府城西南十五里兩山相對正如兩酒榼

海山在府城西南十五里多桑竹

龍尾山在府城西南二十里與臥龍首尾相望

六峯山在府城西南三十里有溪出山麓產楊梅

峽山在府城西南二十里兩山夾水

外山在府城西南二十五里其形廻旋產竹木

項里山在府城西南二十里其趾溪水環之產楊梅

與六峯塢山下地名項里華鎮考古云項梁與籍居

此未知然否大抵會稽事自吳訛者甚多。今莫能辨。
然羽本紀秦皇帝渡浙江梁與籍俱觀則或嘗至越。
亦未可知。

法華山。在府城西南三十五里。舊經云晉義熙中僧
曇翼誦法華經感普賢應現因置寺號天衣寺。山有
十峯宋咸平中裴使君莊各命以名一法華。二衣鉢。
三積翠。四朝陽。五雲門。六倚秦。七天女。八嘯猿。九起
雲十月嶺。其下雙澗東北流唐李邕天衣寺碑云其
峯五連其溪雙帶是也。又有雙烏之異。萬齊融碑云

雙鳥所以示兆今尚翔鳴。舊經云山有雙鳥雛長則送出之（唐李紳詩）十峯排碧落。雙澗合清流。（宋曾幾詩）布襪青鞋躡欲無。看山看水未成疏。十峯雙澗尤奇處。萬壑千巖總不如。

花徑山在府城西南二十五里多桃李及柳望之如錦繡包絡山谷。

直步山與花徑山相近多薛梅亦產楊梅下有溪入鏡湖

客山在府城西南二十七里其上平曠可容。

木客山在府城西南二十七里越絕書木客大冢者

句踐父允常塚也初徙瑯琊使樓船二千八百人伐松栢以爲桴故曰木客一曰句踐伐善材文刻獻於吳吳越春秋吳王好宮室越王使木工三千餘人入山伐木一年師無所幸作士思歸有怨心而歌木客之吟一夜天生神木一雙大二十圍長五十尋陽爲文梓陰爲楩柟巧工雕治磨礱錯畫文章使大夫種獻之

蘭渚山在府城西南二十七里饒竹木有草焉長葉白花花有國馨其名曰蘭句踐所樹蘭渚之水出焉

北流爲蘭亭溪晋王羲之四十二人修禊處

玉架山在府城西南三十三里三峯如筆格秀麗可畫

青蓮山在府城西南四十里（宋楊埙詩）櫈開瑟瑟青羅帳尋得磷磷白石梯

銅井山在府城西南七十里有潭曰龍井其色正黄若銅歲旱禱之得雨

西竺山在府城西南一百十里東麓有慈恩寺

大巖山在府城西南一百十五里山形若冕旒又名冕旒山宋時宫闕在錢塘者與山相對

清化山在府城西南一百二十里多松栢有石如屋名石屋有湫名龍湫麻溪水環于山麓宋許安世詩淺淺溪流涵白石微微山路入青雲

浮丘山在府城西南一百二十里浮丘公遺迹其巔有冊井

麻姑山在府城西南一百十里相傳麻姑仙煉丹所

白峯山在府城西南一百二十五里山峯有白石巑岏

聖女山在府城西十九里

三山在府城西九里鑑湖中地理家以爲與臥龍岡勢相連宋陸氏居之

離渚山在府城西南三十里有謝尚書塢

柯山在府城西南三十五里山皆石其下有水曰柯水上有勝覽亭今廢東有石佛高十丈餘（明）張倬詩維舟鑑湖曲鑑水照層巘蒲稗相因依鷗鳧戲平遠白雲天際來松壑怒濤捲一解塵垢嬰捫陟志足躡昔賢有遺事亭子久蕪薜叢桂烟未消疎篁露猶泫尚餘粉節書俯仰若在眼富貴齊嵩岳愚哲信有辨萋迷謫仙庄側愴羊公峴撫景情鬱舒寄言聊自遣尚想化鶴來垂流弄清淺

蜀山在府城西三十五里柯山東俗名獨山

蓬山在府城西三十五里柯山東
龍山在府城西五十里近錢清
東眺山在府城西八十三里
西眺山在東眺山之西二峯至高登眺者可極遠
鳳凰山在府城西六十五里至小而具山形嘗有鳳
集焉邑有二鳳凰山一在城南七里許
了髻山在府城西六十三里山巔二小峯如髻
牛頭山在府城西六十五里小江縈其西唐天寶間
改名臨江山山產石可作假山其小碎者取爲盆山

尤宜草木皆葱蒨耐久與崑山所出相埒東坡先生所謂盆山不見日草木自蒼然是也縣志云石疎理入水則浮名浮石近者王新建改山名浮峰以此或云以其臨江瞰海山勢若浮云峯南有石如臺曰石臺江之西爲蕭山縣界〔明〕王守仁詩翠壁看無厭山池坐益清深林落輕葉不道是秋聲〔又〕恠石有干窟老松多半枝清風洒巖洞是我再來時

羊石山在府城西北三十六里有石如羊

馬鞍山在府城西北四十里狀如馬鞍唐天寶間改名人安山

上方山。在府城西北四十里。有上方寺。

下方山。在府城西北四十里。與上方山相聯。有下方寺。

金帛山。在府城西北四十三里。世傳禹至塗山諸侯執玉帛朝會於此。其嶺有九龍池。

寶林山。在府城西北四十里。南有金井。潦不益。旱不枯。亦名金井山。

塗山。在府城西北四十五里。舊經云禹會萬國之所山麓。有斬將臺。有石船長丈云禹所乘。宋元嘉中於船側掘得鐵履一雙。梁初又掘得青玉印。蘇鶚演義云塗山有四。一會稽。二渝洲。三濠洲。四當塗。

唐柳宗元塗山銘

維夏后氏建大功定大位立大政勤勞萬邦和寧四極威懷九有儀刑後王當乎洪流方割災被下土自壺口而導百川大功建焉虞帝耄期順承天曆自南河而受四海大位定焉萬國既同宣省風教自塗山而會諸侯大政立焉功莫崇乎禦大災乃錫元圭以承帝命位莫崇乎執大象乃輯五瑞以建皇極政莫先乎齊大紀乃朝玉帛以混經制是所以承唐虞之後垂子孫之丕業立商周之前樹帝王之洪範者也嗚呼天地之道尚德而右功帝王之政崇德而賞功故堯舜至德而位不及嗣湯武大功而延祚于世有夏德配於二聖而唐虞尚功焉功冠于三代而商周讓德焉宜乎立極垂統貽于後裔當位作聖著爲世準則塗山者功之所由定德之所由濟政之所由立有天下者宜取于此追惟大號既發華蓋既狩方

岳列位奔走來同山川守臣莫敢遑寧羽旄四合衣裳咸會虞恭就列俯僂聽命然後示之以禮樂和氣周洽申之以德刑天威振耀制立謨訓宜在長久厥後啓征有扈而夏德始衰羿距大康而帝業不守皇祖之訓不由也人亡政墜卒就陵替向使繼代守文之君又能紹其功德修其政統卑宮室惡衣服拜昌言平均賦入制定朝會則諸侯常至而天命不去矣茲山之會安得獨光于後歟是以周穆遐追遺法復會于是山聲垂天下亦紹前軌用此道也故余爲之銘庶後代朝諸侯制天下者仰則于此其辭曰惟禹禮道功厚德茂會朝侯衛統一憲度省方宣教化制殊類咸會壇位承奉儀矩禮具樂備德容既孚乃舉明刑以弼聖謨刑戮防風遺骨專車克威克明疇敢以渝宜昭黎獻底定寰區傳祚後亂丕承帝圖塗山巖巖界彼東國惟禹之德配天無極卽山刊石貽後作則

西余山在府城西北四十二里一作西扆謂禹嘗于此負扆朝諸侯也

碧山在府城西北四十八里石色碧潤四時不易一
名黨山北有洞極深奧
烏風山在府城西北五十里濱于海有洞出烏風一
名龜山當潮生時遠望之宛然如龜出沒水中今名
白洋山南麓爲巡檢司
雷山在龜山北二十里海潮大時山在潮中潮至其
聲如雷
浮山在府城東北三十五里浮海口與三江所城相
對

蒙搥山在府城東北四十里與浮山相對上有烽堠二

石姥山在府城西北五十里

蜀阜山在府城西北四十五里舊經云山自蜀來帶兒婦二十餘人善織美錦自言家在西蜀今忽至此一云句踐伐吳置寡婦其上以激軍士名獨婦山吳越春秋又作濁女山云諸寡婦女滛泆犯過者皆輸此山上越王將伐吳其士有憂思令遊山上以喜其意

巫山在府城北十五里越絕書云越䰟神之官死葬其上一名梅山或云漢梅福隱居之所上有適南亭下有子眞泉天香堀茶塢竹徑（明陸相詩）一峯寒影墜江天花落層崖泣杜鵑却笑子眞原未隱尚留名姓在山川

下馬山在府城北二十五里舊經云秦始皇東巡息駕於此有石如蟾亦名蟾山俗名蝦蟆山山多露石兩崖夾水石骨横水底曰石檻又有馬嘷山越絕書吳伐越逢大風車敗失騎士墮死匹馬啼嘷

璜山在府城北三十里勢小而環抱若璜小江經其

北
大峯山在府城北三十五里多梔白花黃村黃實多
硌石有洞焉石投之泠然有風曰風洞
禹山在府城北三十里舊傳大禹駐蹕於此
玉山在府城北二十八里兩崖門峙下有八閘泄山
會蕭三縣之水渾渾沌沌懸流數丈漂沫十餘里舊
經云唐貞元元年浙東觀察使皇甫政鑿
六山在府城東北二十里高廣尋丈壘列澤中越絕
書句踐鑄銅不爍埋之東坂其上生馬箠句踐遣

者取於南社徙種六山餙治爲馬箠獻之吳唐天寶六年改爲句踐山今上有六山舖

石城山在府城東北三十里山下有石城里按吳越傳史乾寧三年錢鏐討董昌攻石城去越三十里即此

會稽會稽山在府城東南十二里周禮揚州之鎮山曰會稽山海經會稽之山四方其上多金玉其下多砆石勺水出焉南流注于湨史記禹會江南計功而崩因葬焉命曰會稽會稽者會計也吳越春秋禹登

茅山大會計更名茅山曰會稽山輿地志一名衡山其山有石狀如覆鬴亦謂之覆鬴山十道志一名苗山一名塗山吳夫差入越越王以甲楯五千保會稽山水經注會稽之山古防山也亦名鎭山又曰棟山越絕云棟猶鎭也隋開皇十四年詔會稽等山並就山立祠唐開元十四年封四鎭山爲公會稽曰永興公有南鎭永興公祠自經史地志所著曰苗山曰茅山曰衡山曰釜山曰防山曰覆鬴曰棟山曰南山實一山也東北接觀嶺其上有磐石屹立曰降仙臺一

曰苗龍仙人臺臺下有香爐峯永興公祠之側有茗隖淘沙徑思古亭遺址山南別峯曰石傘峯下有范蠡養魚池唐齊抗書堂山西北五里卽禹井禹廟又西百餘步有大禹寺菲飲泉舊經云會稽山周回三百五十里蓋總言東南諸山之隸會稽郡者如晉王彪之刻石山贊云會稽刻石山宋何胤傳云居會稽秦望山然則刻石秦望皆可以會稽山名之泊宅編會稽東南巨鎮對案梅里尖其周回六十里此又兼言寶山也然則會稽山云者諸山之通稱爾（晉郭璞贊）禹徂會稽爰朝羣臣不虔是討乃戮長人玉櫝表夏元石勒秦（唐孫逖詩）稽山碧湖上勢入東溟盡烟景晝清明九峯爭隱嶙望中厭朱紱谷內探元牝野老聽鳴騶山童擁行軫仙花寒未落古蔓柔堪引竹澗入霜多松崖向天近雲從海人去日就江村隕能賦丘嘗聞和歌參不敏

冥搜信冲漠多士期標準願奉濯纓心長謠反招隱

李白送友人尋越中山水聞道稽山去偏宜謝客才千巖泉灑落萬壑樹縈迴東海橫秦望西陵遶越臺湖清雙鏡曉濤白雪山來八月枚乘筆三吳張翰杯此中多逸興早晚向天台

錢起仲春晚尋覆釜山蝴蝶弄和風飛花不知晚王孫尋芳艸步步忘路遠況我愛青山涉處皆遊踐縈迴必中路陰晦陽復顯古岸生新泉霞峯映雪巘交枝花色異奇石雲根淺碧洞志忘歸紫芝行可搴方嗌稽叔夜林卧方沉湎

又登覆釜山遇道人眞氣重嶂裏知君嘉遁幽山階壓丹穴藥井通泆流道人帶經出洞中攜我遊欲驂白蜺去且爲紫芝之留忽憶武陵事別家疑數秋

李紳詩削平水土窮滄海畚插東南盡會稽山擁翠屏朝玉帛穴通金闕駕雲霓秘文鏤石藏元壁寶撿封雲化紫泥清廟萬年長血食始知明德與天齊

宋高宗詩六龍轉淮海萬騎臨吳津王者本無外駕言蘇遠民瞻彼艸木秀感此瘡痍新登臨望稽山懷哉夏禹勤神功既盛大後世蒙其仁顧同越句踐焦思先吾身

艱難勝遵養聖賢有屈伸蒿風動君子屬意種蠡臣

明王守仁登香爐峯詩二首會從爐頂躡天風下數

天南百二峯勝事總爲多病阻幽懷還與故人同旌

旗影動星辰北鼓角聲廻滄海東世故茫茫渾未定

且乘溪月放歸蓬（又）道人不奈登山僻日暮猶思絕

棧雲巖底獨行穿虎穴峯頭孤笑亂猿羣清溪月出

時尋寺歸棹城隅夜欵門可笑

中郎無好興獨留松院坐黄昏

宛委山在府城東南十五里山上有石簣壁立干雲

升者累梯而上十道志石簣山一名宛委一名玉笥

有懸崖之險亦名天柱山昔禹治水歌功未成乃齋

於此得金簡玉字因知山河體勢遁甲開山圖禹治

水至會稽宿衡嶺宛委之神奏玉匱書十二卷禹開

宛委山得赤珪如日碧珪如月各長一尺二寸吳越
春秋禹功未及成愁然沉思乃案黃帝中經曆蓋聖
人所記曰在于九山東南天柱號曰宛委赤帝在闕
其巖之巔承以文玉覆以磐石其書金簡青玉爲字
編以白銀皆瑑其文禹乃東巡登衡嶽血白馬以祭
不幸所求禹乃登山仰天而嘯因夢見赤繡衣男子
自稱　　蒼水使者聞帝使文命於斯故來候之非
厥歲月將告以期無爲戲吟故倚歌覆釜之山東顧
謂禹曰欲得我山神書者齋於黃帝巖嶽之下三月

庚子登山發石金簡之書存矣禹退又齋三月庚子

登宛委山發金簡之書案金簡玉字得通水之理也

水經注又有石山石形似上有玉簡金字之書又云

玉笥竹林雲門天柱精舍並疎山創基架林裁宇溪

澗延流盡泉石之好山下舊有棲神館唐改爲懷仙

館今爲龍瑞宫有洞口陽明洞天山巔有飛來石其

下葛仙翁井山南則葉天師龍見壇（元韓性詩）秦山幾千仞翠入蓬

萊城城中望山色明暗分陰晴老夫散策山前路爲

愛看雲不歸去仰看驚怔鷺飛來回頭忽見雲生處

崦中孤起如炊烟乘風騰上蒼崖巔崖巔宿雲喜迎

接橫空一幅兜羅綿天風吹散銀千縷淡處是烟濃

是雨雲師拘怒不肯囘露出峯頭尺來許一雨三日溪水肥老夫欲歸不成歸雲師知我悰不樂故出小謡相娛嬉老夫作詩一笑領舉袖收雲散空迴倚松絶叫山下人仰看雲峯起山頂

秦望山在府城南四十里宛委山南高出羣山表秦始皇登之以望東海其東南隸會稽西北隸山陰十道志秦始皇登秦望山使李斯刻石其碑尚存水經注秦望山在州正南爲衆峯之傑陟境便見自平地以趣山頂七里縣磴孤危峭路險絶記云攀蘿捫葛然後能升山上無高木當由地迥多風所致山南有嶕峴峴裏有大城越王無餘之舊都也故勾踐語范

蟲曰先君無餘國在南山之陽社稷宗廟在湖之南山有三巨石屹立如笋龍池冬夏不竭俗號聖水旁有崇福侯廟今廢山在城之南與府治屹對故謂之南山姚令威叢語予嘗上會稽東山自秦望山之巔並黃茅無樹木山側有三石笋有水一泓蓋即譙峴也咸平中陸參譔法華山碑夏后氏巡狩越山方名會稽后世分而爲秦望釐而爲雲門法華其實一山自始皇登此山以望南陽又陟天柱之高峯以望秦中始有秦望望秦之名而秦望最著（秦頌德碑文）皇帝休烈平一宇

內德惠攸長州有七年親巡天下周覽遠方遂登會稽宣省習俗黔首齊莊羣臣頌功本原事迹追道高明泰聖臨國始定刑名顯陳舊章初本法式審別職任以立恒常六王專倍貪戾傲猛率衆自强暴虐恣行負力而驕數動甲兵陰通閒使以事合從行爲辟方內飾詐謀外來侵邊遂起禍殃義威誅之殄熄暴悖亂賊滅亡聖德廣密六合之中被澤無疆皇帝并宇兼聽萬事遠近畢清運理羣物考驗事實各載其名貴賤並通善否陳前靡有隱情飾省宣義有子而嫁倍死不貞防隔內外禁止淫泆男女潔誠夫爲寄豭殺之無罪男秉義程妻爲逃嫁子不得母咸化廉清大治濯俗天下承風蒙被休經皆遵度軌和安敦勉莫不順令黔首修潔人樂同則嘉保太平後敬奉法常治無極輿舟不傾從臣誦烈請刻此石光垂休銘

〔唐蕭翼詩〕絕頂高山路不分烟嵐長鎖緑苔紛獼猴推落懸崖石打破下方遮日雲

孟浩然久滯越中贈謝南池會稽賀少府陳平無産業尼父卷東西負郭昔云翳問津今已迷未能忘魏闕空此滯秦稽兩

見夏雲起再聞春鳥啼懷仙梅福市訪舊若耶溪聖主賢爲寶卿何隱遯棲（薛據詩）南登秦望山目極大海空朝陽半晹谷晃朗天際紅溪谷爭噴薄江湖第交通而多漁商客不悟歲月窮振緡近早潮弭棹候遠風予本萍泛者乘流任西東茫茫天際帆棲泊何時同將尋會稽跡從此訪任公（宋陸游醉書石壁）秋雨初霽開長空夜天無雲吐白虹擘波浴海出日月披山捲地驅雷風崑崙黃流瀉浩浩太華巨掌摩穹穹平生所懷政如此拜賜虛皇稱放翁放翁七十飲千鍾耳目未廢頭未童向來楚漢何足道眞覺萬古無英雄行窮禹跡亦安在聊借曠快洗我胸濤瀾屢犯鼓鰐怒淵谷或與精靈逢黃金鑄盡決河塞俘獻頡利長安宮不如翠華掃青嶂一寸毫健驚天公（王十朋詩）瞻彼秦望崇于會稽曷云其崇登焉而柴孰登是山西方之人兮瞻彼秦望輕于會稽曷從而輕名之以嬴孰名是山東方之人兮我登稽山思禹之蹟吾儕不魚繄帝之力我瞻秦望哀秦之過虐彼黔首其誰之禍禹駕而遊夏民以休有翼其行稷禼是

謀政轍而狩羸隨以作孰稔其惡斯高左右孤竹兄
弟殍于首陽山與其人嘉名孔彰谿辱以愚泉汚以
盜物之不幸名惡而暴浙濤如銀鑑流如紳濯彼崔
嵬勿汚以秦〔明王守仁用壁間韻詩〕秦望獨出萬山
雄縈紆鳥道盤蒼空飛泉百道瀉碧玉翠壁千仞削
古銅久雨忽晴真可喜山靈于我豈無以初疑步入
畫圖中豈知身在青霄裏蓬島茫茫幾萬重此地猶
傳望祖龍仙舟一去竟不返斷碑千古原無蹤北望
稽山懷禹蹟却歎秦皇爲慚色落日淒風結晚愁歸
雲半掩春湖碧便欲峯頭拂石眠吊古傷今更惘然
未暇長卿哀二世且續蘇君觀海篇長嘯歸來景漸
促山鳥山花吟不足夜深風雨過溪來小榻寒燈卧
僧屋〔董玘記〕秦望山在越中最爲傑特予省覲歸當
五六歲得縱遊諸溪山猶未及所謂秦望者恒以爲
歎今年冬仲王邑侯道修過予山中談及之乃使人
斫榛莽除茅茷蹊徑微露報曰可以登矣甲辰之夕
以舟來迓至望仙橋宿馬鄉彥司馬邦柱汪子宿少
尹趙惟衡皆會次日早至雲門寺憇遂命輿而登循

麓數百步有泉鏘然折而北至小阜嶷在霄漢間屬樵者曰此未及半又數十步石益峻徑益縈曲輿人皆病乃攝衣攀援以上或後或先或喘或顛至山之絕頂而止遥望東海淼瀰一白雲起天末隱若島嶼俯瞰郡城迤邐一帶八山纍纍僅如卷石南接宛委諸峯列若屏障左右拱峙勢如飛舞禹陵在焉西臨鑑湖烟水浮暎帆影出没若有若無蓋一郡數百里之土壤與夫千巖萬壑之爭競者皆在履舄之下一覽而盡久之落日漸低暝色四合崖谷黯黮林木振動乃尋舊路而下是夕復宿于寺〔劉昺詩〕名嶽結幽想遐攀藉羣仲緣蘿經峭壁披篠躡廻磴溪流淨朝碧林禽雜春弄遠眺眷前蹤慷慨悲世夢夙夢屬奇勝放歌及良辰雖無達士覿聊與靜者倫景會興自俱物鮮情彌親願言保終始百代常若新新篁巳委籜夭桃未辭榦羣姿浣夙沆流芳湔春甸廻波泛素液行庖進豐饌同遊豈異人繾綣平生善善化遠彌新戾迹久亦昭秦皇昔馭世顧盼自稱豪並海斬脩鱗登山著長謠如何千載後汩没生蓬蒿蓬蒿故所

欣覬綏焉所求遺世登中行競進誠足羞宛變二三子前軌安所由何如頓塵網脱屣事遨遊張元忭記吾越巖壑之勝甲天下鼓櫂而出遊遠近數十里內其爲奇峯邃谷恠石好泉者皆是而羣山所宗唯秦望爲最高環秦望之麓浮屠之宫若明覺普濟廣福天衣令皆湮于榛莽而自義熈迄今千餘載故址依然唯雲門爲最盛萬曆甲戌予以省覲歸讀書雲門將遂登秦望而霖雨瀰月稍遲勝遊春既暮始霽且和乃偕陳文學惠上人挈壺榼以往由石橋折而北數百步爲白乳泉又三里許抵秦望之足有峯聳起如削當山之半從者指曰此錢刑部修真之所陳子與上人步甚矯先余至余亦扶掖而行輿步相半稍後至有石壁立當峯之前上爲龕趾鳴泉淙淙遠出其右松檜蓊鬱可悦余乃歎曰昔者入山子棄妻子焚衣冠巢棲于此者凡八年虎豹之與羣猿狖之與俱即所學畔孔氏乃其處志而苦行超然溘埃之表可不謂奇男子哉陳子曰然請鐫其石曰錢公巖自此磴益危徑益窄後先相尾攀蘿蔦而上屢仆屢起

屢酌屢憩乃陟其巔巔廣可數丈平衍無木相與藉茅趺坐俯而四矚萬山羅列其下東望則宛委香爐之間夏后氏之所藏也西望則鵝鼻茅峴逶迤相接志稱秦皇之刻石無餘之故都在焉北望則海波如練郡城如帶萬井如鱗臥龍飛來諸山纍纍如塊概焉想句踐之雄風慕鴟夷之遐舉南望則雲門諸峯起伏萬狀若耶一水淡淡如綫任公子之所垂釣王謝何陶諸賢所從處而遨也觀覽既周引觴浮白歌咏交作須臾有白雲從海上起漸升漸漫歙吸彌四野不辨上下疑神龍驟至蛟螭羣從俄而風起谷應猿虎競嘯從者皆怖頃之雲乍開已又合如是者數四忽復爽朗遂循舊徑而下日方午農者就饁矣是遊也攬山川之勝窮雲物之奇既夜而昧猶恍恍然如在層霄之上烟霧之中也詰旦爲記勒之石留雲門方丈中

刻石山在府城西南五十里一名鵞鼻自諸暨入會

稽此山爲最高以秦始皇刻石其上得名姚令威叢語史記秦始皇本紀云上會稽祭大禹望於南海而立石刻頌秦德越絕書云始皇以三十七年來遊會稽以正月甲戌到越留舍都亭取錢唐浙江岑石石長丈四尺南北面廣一尺東西面廣一尺六寸刻文於大越東山上其道九曲去越二十里水經云秦始皇登會稽山刻石紀功尚在山側孫暢之述征紀云丞相李斯所篆也梁書竟陵王子良爲會稽太守范雲爲主簿雲以山上有始皇刻石三句一韻多作兩

句讀之並不得韻又字皆大篆人多不詳雲夜取史記讀之明日登山讀之如流張守節云會稽山刻李斯書其字四寸畫如小指圓鐫今文字整頓是小篆字予嘗上會稽東山秦望山之側有三石笋別無他石石笋並無字復自小徑別至一山俗名鵞鼻山又云越王棲于會稽宫娥避于此名娥避山山頂有石如屋大中間插一碑于其中文皆爲風雨所剝隱約就碑可見缺畫如禹廟沒字碑之類不知此石果岑石歟非始皇之力不能插于石中此山險絕罕有至

者得一採藥者則至之耳非僞碑也或云大篆或云小篆皆不可考山上有洞曰風洞遇陰雨聞鼓樂聲

據令威所述如此。則石屋桶碑是其親見。莫濟乃云石屋固在碑蓋無有。何也。十道志謂秦望有刻碣蓋山隴相連即指此山爲秦望云。〔晉王彪之詩〕隆山嵯峩崇巒岩嶤傍覩滄洲仰拂元霄文命遠會風淳道遼秦皇遐邈邁茲英豪宅靈基阿銘跡峻嶠青陽曜景時和氣淳脩嶺增鮮長松挺新飛鴻振羽騰龍躍鱗〔宋陸游詩〕街頭旋買雙芒屩作意登山殊不惡蒼崖無罅竹迸逸崩石欲墮松根絡憑高開豁快送日歷險崎嶇危着腳川雲忽起雨鼓舞瀑水高吹萬珠落大巖空硿誰所刻絕壁峭立端疑削坡平或可容百人峽束僅容飛一鵠虵蹊岌岌頭自眩鬼谷憭憭神先愕秦皇馬跡散莓苔如鐫非鐫鑿非鑿殘碑不禁野火燎造物之報焚書虐人民城郭俱已非烟海浮天獨如昨望秦山在府城東南三十二里與秦望山相接稍北始皇登之以望秦中者也一名天柱峯一名卓筆峯（唐戴叔倫詩拔翠五雲中擎天不計功誰能淩絕頂看取日升東）

雲門山在府城南三十里秦望南晉義熙二年中書令王獻之居此有五色雲見詔建雲門寺後析爲六曰廣孝顯聖雍熙普濟明覺今廣孝寺獨存寺僧云山本小阜高可丈許嘉靖十年僧法慶建樓其上名曰看竹今竹間土阜其故址也其旁有好泉亭松花壇麗句亭今皆不存（梁釋洪偃詩杖策步前嶺褰裳出外扉輕羅轉蒙密幽徑復紆

風。松高枝影細。山靜鳥聲稀。石苔時滑屐。蟲網乍粘
衣。洞有紫芝肄。巖上白雲飛。杉梓排烟出。鵝鸛逐雲
歸。窮谷無往還。攀桂獨依依。（唐杜甫詩）若耶溪。雲門
寺。青鞋布韈從此始。（崔顥詩）輕舟去何疾。已到雲林
境。起坐魚鳥間。動搖山水影。巖中響自答。溪裏言爲
靜。事事令人憂。停橈向餘景。（常建）白湖寺後溪宿雲
門詩。落日山水清。亂溪鳴淙淙。舊蒲雨抽節。新花水
對惚。溪中日沒時。歸鳥多爲雙。杉松引直路。出谷臨
前湖。洲渚晚色靜。又觀花與蒲。入溪復登嶺。草淺寒
流速。圓月明高峯。春山因獨宿。松陰澄初夜。曙色分
遠目。日出城南隅。青青媚川陸。亂花覆東郊。碧氣銷
長林。四郊一清影。千里歸寸心。前瞻王程促。却戀雲
門深。畢覽有餘興。到家彈玉琴。（張謂詩）共許尋雞足。
誰能惜馬蹄。長空靜雲雨。斜日半虹霓。簷下千峯轉。
窗前萬木低。看花尋徑遠。聽鳥入林迷。地與喧囂隔。
人將物我齊。不知樵客意。何事武陵溪。（秦系詩）千峯
遊罷占招提。路入雲門峻似梯。秀氣漸分秦望嶺。寒
聲猶入若耶溪。天開霽色澄千里。稻熟秋香亘萬畦。

多少靈蹤待窮覽。却愁回馭日平西。（宋范仲淹詩）一路入嵐堆。還經禹鑿開。林無惡獸住。巖有好泉來。雲陣藏雷去。山根到海廻。莫辭登絕頂。南望即天台。（趙忭詩）十里崢嶸到忽平。兀然如覺夢初醒。石通幽室心生白。逕擁寒雲步入青。一水下窺疑絕綫。兩山相列似開屏。重城歸去仍堪喜。歲稔人家戶不扃。（林景熙詩）最愛林中過客稀。坐分片石澹忘歸。僧閒時與雲來往。鶴老不知誰是非。蕭灑山光秋入畫。清寒花氣曉侵衣。一溪截斷紅塵影。西有任公舊釣磯。（明劉基詩）平旦出雲門。亭午至靈峯。山盤澗縈紆。谷深巖錯重。竹露滴皎皎。林霞散溶溶。度石苔蘚滑。披蘿烟霧濃。頗喜禾黍成。可以慰老農。野艸各有色。照水似衒容。徐行恐觸熱。聊憩崖下松。時聞幽鳥鳴。亦足開心胸。慨懷陶隱居。冊竈今無踪。干將與莫邪。俱已化爲龍。空餘遠山色。菡萏青芙蓉。（高啓詩）旅思曠然釋。置身蒼林杪。羣山爲誰來。歷歷散青曉。奇姿脫露雨。奮首爭欲矯。氣通海烟長。色帶州郭小。曲疑藏啼猿。橫恐截歸鳥。流暉互盪激。下有湖縈繞。佳處未遍經。

知字韻重一云作叜

一覽心頗了。秦皇遺跡泯。晉士風流杳。願探金匱篇。振衣謝塵表。

何山在府城東南四十七里。與雲門山相接。南宋何胤所居。王十朋詩謂秦刻石在其上。宋梁安老送古碑與王十朋詩

公生博物好奇古。勸我搜求秦望碑。我來稽陰已三年。夢寐絕頂雲俱馳。是非近代問父老。鼻祖已來猶不知。或云其山多虎狼。淵湫罅井蟠蛟螭。魍魎木客忌人到。陰霾賊霧迷羊岐。樵夫懸磴懼失勢。一落千丈誰能知。吾意如此鍾乳穴。民昔畏擾相譸欺。曩時山東之罘石。磅礴入海無津涯。固知秦人遊戲餘。非民之利寧一時。暇日登臨雲門寺。僧曰若耶溪上奇。山曰何山勢最峻。丹鶴夜宿天孫枝。南望天台西錢塘。下視峯巒如羣兒。李斯篆書真刻本。昔人避亂此見之。纍糧遂借墨土往。攀崖貫木如鹿麋。梟酒酹觴山之神。千古呵護煩神司。鎖鑠僅存三尺許。龜趺就鑿山石爲。劍苔剔蘚蹟于剝。向節背所摧霜皮。老龍

脫甲蛇解蜕。鋪紙試墨漫披離。收藏入神恍若失。遐想往昔還嗟咨。我聞太古功德盛。鋪寫不盡乾坤儀。詩書紙上自不朽。金石還有磨滅期。秦皇不慕仁義業。直欲堯舜猶瑕疵。焚書欲蓋前代美。寧聞伏生傳有頣。後人不廢丞相書。歌頌雖在多浮詞。惜哉此紙無一畫。欲記傳示人應嘔。他年好事繼追訪。姑願首尾觀吾詩。

（王十朋次梁韻詩并序）會稽秦頌德碑丞相李斯篆在秦望山世莫知所在教授莫君好奇嗜古搜訪尤力有言碑在何山者莫以語某何山見圖經在秦望東南疑其真與秦望也某欣然欲往職有所拘以告會稽尉梁君梁慨然而行登山果見之碑石僅存字磨滅已盡墨片紙而還作古風長韻具記始末因次其韻且記吾三人好事之癖以示後人也姬嬴遺跡存者稀世傳石鼓稽山碑石鼓揄揚得韓子文與二雅爭驅馳秦碑夸大頌功德埋沒草莽無人知或言山頂石猶在上有虎豹龍蛇螭神藏鬼護荊榛蔽懸崖磴絕登無岐廣文好奇探禹穴梯山好事尋僧支我賛其行要親覩勿受世俗流傳欺望秦秦

塋雨蝕絶何山壁立東南涯豐碑屹植最高處不知
磨滅從何時別苔掃墨了無有糢糊片紙亦足奇濃
雲霾霧暗將雨古木槎牙蟠老枝歸來走筆出險語
訶政叱斯同小兒詩成特特寫寄我辭嚴意偉法退
之我聞秦人滅六國酷若犬齧臨江麋先王法爲秦
所負負秦況有秦有司五經灰飛儒藏血堯舜周孔
何能爲上蔡獵師妙小篆下視俗體徒肥皮東封泰
山南入越大書深刻光陸離沙丘風腥人事變鬼饑
族赤誰嗟咨漢典萬事一掃去惟有篆刻餘刑儀磨
崖欲作不朽計其如歷數不及期嵩尤五兵討漆器
人物美惡寧相疵我雖過秦愛遺畫南山入望頻支
頤不須嶧陽訪棗刻不用遷史觀雄辭盧堂默坐對
此紙閉眼暗想君勿嗤要知秦碑没字本却類周頌
無辭詩莫濟復次前韻詩并叙秦會稽不刻唐人如
張守節司馬貞皆嘗援以證史記紹興初身氏姚令
威删定登山界古見碑不猶存後二十餘年分教是
邪以語僉判王龜齡勉邑尉梁君求之則不已缺字
不可見矣梁君以詩記其事龜齡既賡之以濟首發

其端書以示㴑按會稽秦頌德碑凡二百九十六字視秦世泰山之衆諸刻獨此碑字爲最多唐李嗣眞云斯小篆之精古今妙絕秦望諸山及黃帝玉璽猶千鈞强弩萬石洪鐘豈徒後學之宗匠是亦傳國之遺寳周越法書苑獨載封禪碑數十字而已至歐陽公趙德父集錄天下金石遺文殆盡亦不復有秦望山碑姚令威紀鵞鼻山頂石屋所拂一碑今石屋固在碑蓋無有梁次張所模片紙指爲秦碑乃在何山其去鵞鼻尤爲隔絕盡記本末以俟後之君子六王失國四海歸秦皇東刻南巡碑法因史籀有增減名與蒼鵠爭飛馳自言功德可歌頌黔首淵洞愚無知海神何故獨拒命風濤塞路蟠蛟螭羣臣謟佞仙藥遠炁生治亂分兩岐山靈不可守碑記片段應作龜床支陵谷雖存世代異耳目雙破誕者欺貝餘紙本落人世千古遺臭東南崖我聞秦望最高峻城域所見非昔時何山距縣四十里符合傳記壯且奇象峯及是子孫行木古幾換蛟龍枝指東作西未足怪父老流傳從小兒政如塗山玉帛會謏不可考歲久之

粱君吏隱年甚少髫髻寸角初解麋褁糧挈榼訪古跡氣味蕭散如分司忽聞片石在絕頂小篆無乃斯翁爲手披荆棘訶虎兕拄杖直叩山頭皮模糊豈復有字畫此物及見秦亂離當時威勢振天下不言慘毒民嗟咨秉典所至爲刀鋸方嶽何暇安禮儀關中屢東向二險曆數浪指億萬期君臣乃爾自賢聖鯁論不復相瑕疵陳迹安知百世後樵夫牧子笑脫頤典亡俄頃三歎息撫掌重閱太史辭假使玉筋餘筆畫文過其實世所嗤早知金玉不可恃相君應悔燔書詩

刺涔山在雲門山南一名明覺山山不甚高登其巔則見雲門陶晏諸山列其下陰壁兀立盛夏爽然如秋其名明覺者蓋明覺寺基也頂有池

若耶山在府城南四十四里下有采蓮田東叉有若

耶嶺下復有潭潭上有葛僊石舊經葛元學道于此元既僊去所隱白桐几化白鹿三足共行兩頭各更食晉謝敷宋何胤亦居此山胤時山發洪水樹石漂拔其室獨存（梁）釋洪偃詩蕭蕭物色晚肅肅天氣淸旅人聊策杖登高傷客情川原多舊跡墟里咸新銘宿烟浮始旦朝日照初晴遠行乏徒侶徐步寂逢迎信矣非吾托賞心何易并

赤堇山在府城東三十里會稽山南舊經歐冶子爲越王鑄劒之所一名鑄浦山越絕書赤堇之山破而出錫亦名錫浦國策破堇山而出錫薛燭曰赤堇之山巳合無雲張景陽七命耶溪之鋋赤山之精赤山

旁有井歐冶子取水淬劍曰歐冶子井有洞曰玉洞

白鶴山在府城南十五里會稽山東樵風逕下一名箭羽山山側有石屋砥平可容數十人孔靈符會稽記射的山西南水中有鶴山此鶴嘗爲僊人取箭曾刮壤尋索遂成此山漢鄭弘嘗得遺箭於此

射的山在府城南十五里與白鶴山相連水經注遠望山的狀若射侯故謂射的的西有石室名爲射堂年登否常占射的爲貴賤準的明則米賤的闇則米貴諺云射的白斛米百射的蒼斛米千其來遠矣石室

一名獅子巖射侯是東峯壁上有白點孔靈符會稽
記射的山半嶺有石室僊人射堂東高巖臨潭有石
的岫形甚圓明視之如鏡〔唐李白送遊越詩〕海水不滿眼觀濤難稱心郎知蓬萊石却是巨鰲簪送爾遊華頂令余發舄吟仙人居射的道士住山隂禹穴尋溪入雲門隔嶺深緑蘿秋月夜相憶在鳴琴〔宋徐天祐詩〕鶴去山空幾度秋仙人遺箭有誰收不須覆斗占豐歲看取峯前白射侯
石旗山與射的山相連形如張旗旁有石室宋建炎
中士夫避地于此
石帆山在府城東十五里水經注山東北有孤石高
二十丈廣八尺望之如帆南對精廬上蔭修竹下瞰

寒泉西連稽山皆一山也十道志山遥望如張帆臨水下有文石其狀如鷄曰石鷄（唐宋之間詩石帆來海上天鏡出湖中）

葛山在府城東十里射的北越絕書云句踐種葛於此山使越女治以爲布獻吳王（吳越春秋采葛婦作若之何詩葛不連蔓棻台台我君心苦命更之嘗膽不苦甘如飴我采葛以作絲女工織兮不敢遲弱于羅兮輕霏霏號絺素兮將獻之吳王悅兮忘罪除吳王歡兮飛尺書增封益地賜羽奇几杖茵蓐諸侯儀羣臣拜舞天顔舒我王何憂能不移又一本止嘗膽不苦二句甘如作味若）

鹿池山在府城東南八里會稽山東北鏡湖中嘗有白鹿水經注湖水自東亦注江通海水側有白鹿山

又曰湖北有三小山謂之鹿野山按吳越春秋越之麋苑也山有石室言越王所遊息處矣越絕書白鹿山在大山之南下有飲水池俗呼鹿墅山

香山在鹿池山東木犀甚繁華（無名氏詩）誰將萬斛旃檀子撒向千春古道旁萬壑曉風吹不斷至今猶自滿山香

洞浦山在府城東南二十四里香山東舊經即湖南龍尾山西南之趾今呼曰桐塢

龍尾山在洞浦山東南形如龍尾又名楊梅山

箬簣山在府城東十二里洞浦山西北舊經秦皇東

遊於此供芻草俗呼遊門山

少微山在府城東十里箬簣山北宋職方郎齊唐隱居處也山與會稽山相望最奇偉齊家園在焉〔宋〕王十朋〔詩〕出郭舟行十里間少微山近箬簣山山中處士已長往一點客星雲外閃〔明〕張元忭贈葉太守應春〔詩〕清朝端笏五雲間五馬歸來鬢未班問壽只稱荊楚澤開樽恰對少微山一庭簫鼓催花去萬壑烟霞伴鶴還欲學長生小方朔扁舟乘月扣元關〔江右〕胡直〔詩〕俄攬湖山勝隨盟松竹緣爭如君解綬了悟得眞詮〔關中〕鄒應龍〔詩〕清幽何處着凡塵風景爭看別樣春可是白雲深谷裏遥遥冠蓋往來頻

土城山在府城東六里少微山西北越王作土城以貯西施故亦名西施山今五雲門外有土城村西施

里吳越春秋王得西施鄭旦飾以羅穀教以行步習於土城教於都巷三年學服而獻吳王

寶山在府城東南二十五里一名上阜山東接紫雲山旁連錫山南抵下阜富盛山西北接龍尾箬簣諸山山崦有趙家𡋯一名趙樂𡋯西唐裏城南宋攢宫地也山巓號白鹿尖又新婦尖旁爲鷄籠山五峯嶺其對案曰梅李尖地理家謂之筆案

紫雲山在府城東南五十里舊經云昔有遊龍憩於此紫雲乘之

下阜山在府城東三十里

富盛山在府城東四十里

錫山在府城東五十里舊經云越王採錫於此嘉泰志云舊傳山出鉛銀或杯鑿取之忽山嘯摧壓數十丈今迹存焉其後里人無敢採者此山去寶山不遠意寶山之名或取此

鳳凰山在府城東南四十里寶山東山形肖鳳上有烏石將軍廟最靈

跳山在府城東南三十五里富盛山北俗傳錢王鏐

微時販鹽遇官兵跳避此山石壁書大吉字并指脚跡俱存。
橫山在府城東三十四里跳山北俗所稱者有小橫山大橫山舊經山有草莖赤葉青人欲覆之輙活
銀山在府城東五十里橫山東無草木產銀沙舊有禁毋得擅開而居人往往聚衆盜發之不唯傷氣傷不且懼召亂謂宜塞其路散其黨乃可耳
北山與銀山連其頂有穴可容二十餘人
鷄山在府城東南六十里康家湖北越絶書鷄山豕

山句踐以畜鷄豕將伐吳以食士也鷄山在錫山南去縣五十里縣蓋指山陰又諸曁有金鷄山

鶴鳴山在府城東南五十七里鷄山南山上時有鶴鳴

東化山一名將軍山

西化山一名筆峯二山相連接在秦望山南寰宇記天下有二十四化皆眞人脩煉之所旁又有龜鶴二山

龍惠山在府城東南七十里偁塘埠上有龍王祠禱

雨池

諸葛山。在府城東南六十里。葛洪嘗棲於此。亦曰葛巖。蓋會稽第一山也。山高數千仞周亘五十里。懸流百餘丈。下射石臼如雷。其麓有諸道人屋舍基。有丹井有仙人石其象如鏤。旁有鷹嘴巖高數十丈巖上羣鷹窠焉攫狐兎委諸中人往往拾其墮者。右有龍池可禱雨。

黄龍山在諸葛山之半有寺曰延安亦有葛仙丹井在寺殿之後

閣老山在諸葛山東左覗如屏右覗如筆九井在其下

靜林山在諸葛山西南上有龍潭祈雨輒應

銅牛山在府城東南五十八里靜林山西水經注山有銅穴三十餘丈穴中有大樹神廟山上有冶官山北湖下有練塘里吳越春秋句踐鍊冶銅錫之處孔曄會稽記銅牛山舊傳常有一黄牛出山巖食草樵伐人始見猶詞是人所養或有共驅蹙之無及輒失然後知爲神異舊經又云牛見靈汜橋人逐之奔入

此山不見掘地覗之有銅屑又姑中山越絕書越銅官之山也越人謂之銅孤瀆孤一曰姑長二百五十步

舜山在府城東南四十里銅牛山西一名筆架山俗傳大舜遊憩於此殆謏耳山高可十里餘上有水田可稻緇黃之流往往茨其上

太平山在府城東南七十八里舜山東南又一在餘姚

西湖山在府城東南二十二里西湖之旁

天荒山在府城東南八十里山不生草木其下爲駐
蹕嶺
石隴山在府城東南一百十里天荒山東_{會元董玘讀書處}
儲山在府城東南一百四十里風土記越王供儲在
此又云張瑤種田立廥倉於山俗稱粟山
𡺿山在府城東七十里下臨舜江與上虞接壤山高
銳如削其巔有洞廣八尺深十餘丈類神所斧清絕
可愛一名嵩尖舊經漢樊夫人學道於此昇仙有石
室石井丹竈存焉

豐山在府城東北六十二里⿰山豪山西北臨曹娥江繆王破劉漢宏將朱褒於曹娥進屯豐山褒等降此山是也

稱山在府城東北六十里豐山西北北環大海舊經越王稱炭鑄劒於此俗呼稱心山

鄭弘山在府城東南三十里以漢太尉弘名

稷山在府城東五十里稱山南舊名稷山越王種菜於此後漢謝彛吾爲稷鄉嗇夫亦此越絶書句踐齋戒壇也亦曰齋臺山十道志一名椶山

陰山舊經秦始皇移在會稽山北有陰山之稱

白塔山在稷山側有寺及興善將軍殿

犬亭山在府城東南三十里寶山北舊經越絶並云句踐畜犬獵南山白鹿欲以獻吳故曰犬山其亭爲犬亭歲久相延呼爲狗山又曰吼山俗謂宋攢陵所在諸山皆拱此山獨否故名之曰吼取呼而相向義也陸游祖宅左丞佃以前墓俱在此昆明趙元祚遊吼山詩吼山之勢眞壯哉巖嶠日月屛障開剷鑿不知幾千萬巧奪造化換胚胎左有曹山兀相向兩山蒼翠迎人來我先駕艇入水容月磯沙嶼勢滉漾石破當年天可驚儼然門戶淸波上池鑴放生深不測瘦蛟巨魚時躍

浪樓臺高峙青霄通。朱欄窗牕環西東。攀登一望復平遠。千山萬山何終窮。仰屋著書眞快事。臨風遙企石簣公。臨淵矢魚聊小出。逶迤復向旱宕去。大亭山下石嶙峋。亦是陶家讀書處。千章老木蒼龍精。蟠却半天酣風雨。更多奇石立千尺。兩處相迎復相距。劈來猶見巨靈掌。鑿處空煩五丁力。一觴一咏不能歸。留得長歌題石壁。潑來墨瀋正淋漓。忽見兩山明月色。

蕭山蕭然山在縣西一里又曰西山縣舊八景曰今西山月色人直謂之蕭山舊志晉許詢於此憑林築室有蕭然自適之趣或云句踐與夫差戰敗以餘兵棲此四顧蕭然按漢書地理志餘暨縣蕭山潘水所出東入海則名不始于許北之隴曰淨土山其麓有金錢井又

名酒泉其中之徑曰柴嶺南之徑曰碑牌嶺王綜墓碑在焉下有潘泉井〔唐劉滄詩〕一望江南思有餘遙分野逕入樵漁青山經雨菊■盡白鳥下灘蘆葉疎靜聽潮聲寒木杪遠看風邑暮帆舒秋期又踐潼關路不及年年向此居〔宋陸游詩二首〕素衣已免染京塵一笑江邊整幅巾入港綠潮深蘸岸披雲白塔遠招人功名姑付未來劫詩酒何孤見在身會向桐江謀小築浮江從此往來頻〔又〕閑居無策散閑愁聊作人間汗漫遊晚笛隨風來倦枕春潮帶雨送孤舟店家菰飯香初熟市擔蓴絲滑欲流自笑勞生成底事黃塵陌上雪蒙頭〔明劉基詩二首〕落日牛羊下綠坡微風短楫拂晴莎窮愁白髮空相得悲感青春最苦多水煖菰蒲沙鳥集月明洲渚傍人歌此時忽漫思身世奈爾桃花滿眼何〔又〕積雨今朝天氣佳山亭曉色上林花未須汗漫思身世且可逍遙翫物華偶值斷橋妨去路却隨修竹到鄰家籬邊野鳥驚人過撥刺飛鳴落遠沙〔王韡詩〕身世眞

如寄登臨得及時地高風氣急天逈日沉遲綠髩斑
紗帽黃花照酒巵不知陶靖節歸去欲何爲虞謙詩
曉過蕭山邑停驂石路寛天青山隱隱溪綠樹團團
縣令低頭謁田夫仰面看近城無獵騎倚水有漁竿
泛雪誰思戴栽花共憶潘斷雲迷谷口飛鳥下江干
霧氣橫遙海灘聲湧急湍花殘一夜雨人怯五更寒
官稅勤輸納民情在撫安
定期三月後相次拂歸鞍

鬭鷄山在縣西北三里兩山昂頭相對如鬭鷄之狀

菊山在縣西三里多甘菊

茗山在縣西三里

北幹山在縣北一里其巔曰玉頂峯舊經晉許詢家於此許詩蕭條北幹園縣八景曰北嶺烟光曰北幹松風皆此明富玹詩北山升絕頂眼界入林坰

飛鳥拔丹嶂輕烟鎖翠屏草生三島秀花發四時娙
萬竹深涵綠千峯遠送青鶩濤騰海國斜日駐湖亭
福地種元氣仙宮守巨靈行歌還採蕨卻老又尋苓
元夌原無志旌陽舊有銘鶡鵬思奮翮鷹隼欲藏形
嵐重衣沾霧天低袖拂星留題欣合格乞粒笑分馨
羣聚溪頭鹿重逢海上萍哭途嗔阮籍瞻隴憶顏丁
心許躋衡岳身疑度井陘未應依北斗直欲徙南溟
蘿雨疏猿背梅花墮鶴翎放懷看拄笏翹首望飄舲
桑梓聯周井芝蘭越謝庭步蟾初倚杖占候忽更蓂
自有三光耀何須數斗螢無因占廟祀有約訪巖扃
豪興歸春社餘酣漱曉汀最宜烹茗鼎無復索銀缾
絃誦人皆樂登臨我獨醒威靈尊嶽鎮形勝覽風霆
城郭金湯固山河砥礪寧鶯花春靄靄
燈火晚熒熒江漢朝宗意遙峯拱舜廷

去虎山在北幹山東三里許舊志宋景德中有猛虎
常傷人一夕負子渡江西去縣令杜守一以名其山

今山有虎子坳（明魏驥詩）望邑名山聳碧霄白頭重過興偏饒千村環堵高低屋一帶長江早晚潮元度跡存猶可弔子胥冤遠若爲招登臨莫起興亡歎且醉浮生一酒瓢

城山在縣西九里其山中卑四高宛如城堞吳伐越次查浦句踐保此拒吳名越王城又名越王臺前兩峯對峙如門曰馬門石上兩竅通泉圍不踰杯深不盈尺冬夏不竭曰佛眼泉山半有池曰洗馬泉中產嘉魚越拒吳時吳意越之乏水以鹽魚爲饋越取雙魚答之遂解圍去（宋華鎮詩）兵家制勝舊多門贈答雍容亦解紛緩報一雙文錦鯉坐歸十萬水犀軍（明朱純詩）越王臺畔偶躋攀喜得城中半日閑伯業已消嗟鳥喙仁風猶在憶龜山漁舟

遠汲滄落外僧磬微鳴紫翠間最愛菊花山上月清
光直送酒船還（釋懷讓詩）句踐已僊去浮雲覇圖空
危峯兀立數千仞鰲背獨擁蓮花宮蒼苔小徑盤松
入佳境迥與塵寰隔幾重山色鎖樓青一片湖光蕩
簾白我昔尋詩居上頭興動每與諸生遊雙鞋踏破
石磴蘚雨耳聽徹濤江秋別來東風噴啼鳥南浦新
愁長芳草今朝攜杖復登臨重與諸生散懷抱落紅
飛絮正悠揚談笑陡覺詞源長吟餘倚崖忽倦臥衣
袂都染芝雲香覺來却憶還山去孤鶴翩翩
不能住一聲金鐸振長空回首湘湖隔烟樹

石巖山在縣西南十二里巉屼巃嵸其狀如獅子故
又名獅子峯其巔有香泉方四尺深尺許（明劉基詩）落日下前
峯輕烟生遠林雲霞媚餘姿松栢澹清陰振策縱幽
步披榛陟層岑槿花籬上明莎鷄草間吟凉風自西
來蕭颯吹我襟榮草能幾時搖落方自今逝川
無停波急絃有哀音顧瞻望四方悵焉愁思深

荏山在縣東北十里孔靈符地志越王種荏於此

東蜀山西蜀山在縣南十二里西山對峙無所連屬

塔山在縣南二十五里縣學向之名文筆峯絕頂舊有塔其南坳如舟名石船塢

木尖山在塔山東南山高霧冐又曰霧樓峯

黃竹山在塔山西南竹色微黃狀如刀削云是范蠡遺鞭所生

峽山在塔山南二山相夾前曰前峽山後曰後峽山

壽山在峽山西

舋烏山在縣西南十五里東方朔神異記亞父斷蕭山南嶺將舋於烏江蓋江東以擲爲舋云

䙡金山在縣西南十八里日出如灑細金光彩灼爍

定山在縣西南三十二里湘湖中舊志所云屹立江中潮聲至此而止過復怒者乃别一定山今屬錢塘縣

冠山在縣西十七里山形如冠有泉甚甘

連山在縣西二十里長岡九里舊經秦始皇欲置石橋渡浙江今石柱數十列于江際旁有小山號石井山其井上廣下曲秉燭而入不盡數十級相傳謂妃

子墓

翠嶂山在縣西二十五里夏駕湖中湖去海止數里一名夏駕山舊經山多茄草織以爲席甚細密多接者爲精（按上虞縣夏蓋山亦名夏駕山亦在湖中亦去海數里今並存之）

乾薑山在縣西三十里山北有泉清潔殊異越王以之造薑曰乾薑泉

歷山在縣西三十里相傳謂舜耕處（餘姚縣亦有歷山今並存之）

石牛山在縣西南八十里其東之徑抵富陽縣界

三臺山在縣南七十里舊有臺三所

大山在縣西南九十里橫亘三都一名長山其南之最高者曰鏡臺山一名白石山又名筆架山許詢修煉之所巖曰元度巖洞曰仙人洞巖洞出雲草木皆香可以療疾又曰百藥山溪口有仙人石唐王勃過之刻詩於上水涸石露乃見其蹟王勃詩崔嵬怪石立溪濱曾隱徵君下釣綸東有祠堂西有寺清風巖下百花春

州口山在大山北九里相傳錢王鏐欲置州於此以釜驗之其石軟脆釜痕留焉

龍門山在州口山北十里兩山對峙上有龍湫

佳山在縣南九十里

金鷄影山又名峽山在縣南六十里濵于江上有鷄籠石

白鹿山在縣南六十里世傳有仙人騎白鹿於此忽已不見

苧蘿山在縣南二十五里下有西施宅上有紅粉石

又一在諸暨

螺山在縣東十五里其形似螺

洛思山在縣東北三十六里輿地志云昔有洛下人

隨太尉朱雋來會稽三年不得返乃登山北望而歎孔曄記云雋遭母喪卜葬此山請洛下圖墓師爲相地師去鄉既久目極千里北望洛京號呼而絕因葬山頂〔宋徐天祐詩〕路去蹉跎歲月深羈愁無奈故鄉心人生必竟俱懷土莊舄當時自越吟〔元薩天錫詩〕登高復懷古路途極羊腸目斷雲天濶何由見洛陽

鳳凰山在縣東三十里又名慈孤山石崖之間有望夫石

航塢山在縣東四十里舊經云句踐之航也三百石長負卒七十八渡之山巔有湫曰白龍井又一在諸

暨〔元薩天錫詩〕拂雲登絕頂石磴漬苔紋鳥道懸青壁龍池浸白雲樹深猿抱子花煖鹿成羣更愛禪房宿泉聲徹夜聞

吹樓山在縣東四十里又名岾市山東一峯北二峯諸岫參差相並有似前後部鼓吹

龕山在縣東五十里其形如龕相傳爲錢武肅屯兵之所明時官兵於此破倭寇焉一巨石有馬蹄跡名馬蹄石〔明周尙文詩〕吟踪偶滯留極目海邉州江潤天疑沒潮喧地欲浮年華同逝水身世若虛舟聽徹嘔啞笛殘陽滿戍樓〔葉金詩〕龕山何嶙峋千峯矗天表望海思森茫臨崖欲歃劍藤薜絡錦文虎豹臥秋草瑰奇殆萬狀觸目景俱好我來坐忘歸修竹鬧啼鳥絲管何足聽軒冕未須寶此池即蓬瀛那

復求仙島何日耕
莂衡溪猶以終老

諸暨長山一名陶朱山在縣西一里南北可長十有餘里高五千餘丈其頂平博有石室可坐百人有峯特秀曰文筆峯俗呼白楊尖北有戚家嶺亦曰七岡南有范蠡巖下有五湖鴟彝井舊有陶朱公廟相傳范蠡居其下〔唐駱賓王早發諸暨詩〕征夫懷遠路夙駕上危巒薄烟橫絕巘輕凍澁迴湍野霧連空晴山風入曙寒帝城臨灞涘禹穴枕江千橋性行應化遂心去不安獨掩窮途淚長歌行路難〔明張世昌詩〕陶朱山頭楓葉殷山人一去何時還闔廬墳荒白虎逝歐冶劍古青蛇蟠鴟囊有智帷籌決烏喙多憂淚成血封存大禹拓遺疆力掃夫差殄餘孽功成自古抽身難五湖烟浪秋漫漫風吹故宅胥井

黑漆燈夜
照藤盤寒

毓秀山亦名小陶朱山在城中當縣學後

紫山在城中西門內（明）錢德洪詩二首雲峯不可躋邐迤凌空碧梯磴臨丹崖巉巖履危石絕棧珠絲懸連岡鳥道窄俯蹈滄溟翻仰攀北斗側淩虛振羽翰飄飖豁襟臆我欲駕長虹披雲扣元極沅湘烟水迷蒼梧澗道隔化城不可居岐陽久寥寂茲意竟何如臨風倚奎璧（又）望望登高岑芙蓉插空翠躡足淩雲梯峯頭振雙袂秉虛御八極嗒然遺下塊有客不能從匍匐攀蘿桂初登跬足慳臨高萬象會訾彼始學人窮探及高邃勿憚道路艱行行志竟遂勉哉千里足爲爾正轡韉

姚舍山在城中西城下

石庭山在縣城南不一里形甚小石皆紫色堪輿家謂是縣

之印山

苧蘿山一名羅山在縣南五里臨浣江江中有浣紗石輿地志諸暨苧蘿山西施鄭旦所居其方石乃懸紗處十道志句踐索美女以獻吳王得之諸暨苧蘿山賣薪女曰西施山下有浣紗石山足下有王羲之墓舊有碑孫典公文王獻之書今不存舊志苧蘿山一在蕭山縣之苧蘿鄉濱錢清小江有西施小廟而無浣紗石一在諸暨縣南五里濱浦陽江之西俗呼爲張家山下有石而無浣紗之名縣東二百步有西施灘上有西施門而無施鄭之居至今傳疑竊意蕭山由諸暨析置而浦陽江經錢清入海是江近縣俗稱浣紗又稱浣沙又稱瓢溪皆以施而得名則濱江之石通稱浣

紗無足疑者苧蘿之屬蕭山蓋在析縣之時爲志者失考故疑而兩存之浣紗卽浣沙說文沙字無從系者〔唐〕李白浣紗石詩西施浣紗女出自苧蘿山秀色掩今古荷花羞玉顔浣紗弄碧水自與清波閒皓齒信難開沈吟碧雲間句踐徵絶豔揚蛾入吳關提攜館娃宮杳渺不可攀一破夫差國千秋竟不還〔王維西施篇〕豔色天下重西施寧久微朝仍越溪女暮作吳宮妃賤日豈殊衆貴來方悟稀要人傳香粉不自着羅衣君寵益嬌態君憐無是非當時浣紗伴莫得同車歸寄謝鄰家女效顰安可希〔魚玄機詩〕吳越相謀計策多浣紗神女去相和一雙笑靨才回首十萬精兵盡倒戈范蠡功成身隱遁伍員諫死國消磨只今諸暨長江畔空有青山號苧蘿〔雲溪友議〕唐王軒因遊苧蘿山過西施墓題詩石上云嶺上千峯秀江邊衆草春今逢浣溪石不見浣溪人忽一女素衣瓊珮至謂軒曰妾自吳宮離越國素衣千載無人識當時心比金石堅今日爲君堅不得軒知其異乃貽詩云佳人去千載溪山久寂寞野水浮白鷗巖花自開

落猿鶴舊清音風月閒臺閣無語立斜陽幽情入天
幕女曰詩則美矣未盡妾之所寄也答詩云高花巖
外曉相憐幽鳥雨中啼不歇紅雲飛過大江西從此
人間怨風月於是留軒月餘乃歸有郭素者聞其事
亦往留詩寂無所見無名子嘲之曰三春桃李苦無
言却被斜陽鳥雀喧借問東鄰效西子何如郭素學
王軒 明唐之淳詩 岩岩溪上山溪水清見石草木耀
人目花葉有五色中有浣紗人窈窕世鮮匹越人幸
見求將我至吳國館娃爲我居長洲爲我域片言于
秉輕一笑萬金直當時同浣者還顧鵬鶴隔越土日
以辟吳步日以蹐君王徙甬東玉貌亦淪寂夏訓戒
邑荒厲階詩所斥褒升宜白廢巳進比下黜忠胥會
有靈應爲茲山惜 戴冠詩 溪上西施祠溪中浣紗石
山靈欲亡吳生此妖冶色地非塗莘里人本褒妲巳
誓雪吾君耻甘心事讐國笑劍傾吳城女豔歷疆域
褰衣畏零露屬鏤賜遺直歌舞樂巳酬忠諫路遥隔
一朶宫花開三千木犀踏吳越兩丘土木落山寂寂
伯業盡爲沼何用遠封斥事大孫輒取善戰春秋黜

世變山依然
徒令後人惜
金鷄山在縣東五里許與苧蘿山相對嘉靖末教諭
林志圖遷儒學於其下不果越絕書鷄山豕山句踐
以畜鷄豕豕山在民山西去縣六十三里洹江以來
屬越疑豕山在諸暨界中今無考
漁櫓山在縣北二十五里縣之坐山
松山在縣西七里許山下有漢朱公買臣廟按買臣吳人漢會稽自治吳買臣雖有惠政不應諸暨有廟疑因會稽守誤
九眼山在縣西九里有石如眼者九

龍山在縣西十六里山巔有石柱長丈餘號青龍角

鷄冠山在縣西五十里形如鷄冠産奇石上有玉女塚

洞巖山在縣西五十里有玉京洞

五洩山在縣西五十里輿地志山峻而有五級故以爲名水經注浙江合浦陽江東逕諸暨縣與洩溪合溪廣數丈中道有兩高山夾溪造雲壁立凡有五洩洩懸三十餘丈廣十丈中二洩不可得至登山遠望乃得見之下洩懸百餘丈水勢高急聲震山外上泄

懸二百餘丈望若雲垂此是瀑布土人號爲洩也飛沫如雪溟濛數里淙激聲如雷霆震撼巖谷刁約曰俗謂之小鴈蕩溪源自富陽山峽來下有東西兩龍潭東龍潭即飛瀑處有響鐵嶺過嶺即富陽界由嶺而西特起一大峯轉而面南五洩寺在峯下西龍潭深入谷中五里許未到潭處一嶺即浦江界隨潭流北至寺前與東潭水合山勢即轉面北兩山夾潭流東行綿延十餘里奇跡異狀最爲秀絕舊志所載峯十六曰朝陽峯碧玉峯龍湫峯滴翠峯白雲峯童子

峯香爐峯卓筆峯天柱峯積翠峯鉢盂峯玉女峯遇龍峯特起峯堆藍峯巒孤峯巖二十五曰輔德巖停雲巖怡情巖垂雲巖棲眞巖韞玉巖俱胝巖廻波巖翔雲巖寶陁巖回壁巖出定巖擲錫巖刻鏤巖垂足巖壁立巖倚天巖邃隱巖雙峯巖金仙巖含沖巖肘盆巖摘星巖養素巖夾巖洞一曰夾巖洞谷三曰啼猿谷烟林谷清虛谷窟二曰蟠桃窟石室窟徑一曰通徵徑軒二曰列宿軒童秀軒石十曰石磯石鼓石河石屏石筍石門棲鶴石犀角石爛柯石連珠石弁

一曰龍井門一曰龍門臺三曰禮拜臺倚杖臺會仙
臺嶺二一曰平雲嶺清風嶺隈一曰鳳翔隈林一曰珠
林原二一曰九珙原藏春原溪二一曰明月溪鳴玉溪澗
一曰寒碧澗然尚有未悉宋寶元中僧咸潤來遊嘗
作五洩山十題一五洩二西源三夾巖四龍井五石
鼓六石門七石屏八俱胝巖九禱雨潭十摘星巖其
序云平川孤越惟峯巔巒轉入轉幽駭悅心目比之
鴈蕩諒無慚焉明宋學士濂嘗著五洩山水志其辭
曰五洩山在婺杭越三州境上北距富春南據句無

東接浦陽其山水最號奇峭齊謝元卿嘗以採藥深入其中而宋刁景純吳處厚亦頗游焉自西坑嶺入過遇龍橋北行二十步始入西潭潭前横一溪水甚寒履之如氷由溪而前徑小潭旁有嶕石突起類大甕斜覆乃捫石而登一失足輒墜又行二里所地稍平曠怪石四瞰峯巒環列獻狀其紋縈縈然類神工鬼斧所雕刻者山多猴遊人或恐之撒石亂下如雨又前行半里所泉自石竇中出瀏瀏作聲若琴若笙竽泉兩流滙爲小窪瑩澈泓澂毫髮不隱鯈魚數尾

洋洋往來如行琉璃瓶中見人至潛去崖左大樹離
立極恠偉倒影入水中如畫又前行五十步大石澗
道相傳有巖角肖鷹喙忽夜大雷雨喙崩下聲聞二
十里又行三十步榛篠成林翠光浮映衣袂成碧色
山矗崖飛奔造後先瞬目失所在至此則氣象陰幽
絕不類人世如升蓬嶠坐水晶宮生平烟火氣消盡
又自山腰緣葛而前竹籜覆地厚動足輒仆又過十
步許抵小潭小潭上曰西潭流水傾沫成白簾濶可
七八尺冉冉下注滑而無聲兩旁石崖峭立苔蝕蘚

暈時有水珠纏纏滴下歲旱鄉民禱龍於此遇禱水或溲取蜥蜴入瓶盂中持以歸多驗自遇龍橋至此約可六七里皆蛇盤磬折路行若窮又復軒敞其中勝致難得具記或言潭上有石河從石河至三臺塔人跡罕至莫詳也尋故路而出斜迤而東過香爐峯峯峭拔上有石類香爐故名香爐北有峯圓而童名鉢盂峯或云肖東甌鴈蕩又名鴈蕩峯由鴈蕩而南時有白雲覆其谷口者名白雲峯屹然人立者名玉女峯嶄嶄勢欲柱天者名天柱峯其他諸峯星聯肺

附登名圖籍者蓋七十有二焉復並崖東折度畧彴橋趨三學院院唐靈默禪師道場師嘗降龍于此遺跡尚存由院北深入又百餘步至東潭潭上飛瀑可二十丈瀑怒叅倒激崖竅中若運萬斛雪從天擲下臼光閃閃奪人目睛至潭底輒復逆上有聲如輥雷人笑語咫尺不能辨猶聞甕中聲居人云每天風一號四山林木震撼欲折黑雲下罩杳不知昏曉歲多投龍者其多驗如西潭復北折而西泝潭之源登響鐵嶺度紫閬山村人多含篁篳間有平阜數百畝可

耕溉旁沿石河又行一里所地名石鼓足頓之鼕鼕鳴越十步至第一潭潭如井睨之正黒投以小石鏘若佩環又越十餘步至第二潭圓如錡斧面廣而底倣大水驅亂石聚其內迸潰復洩去潭下石壁百餘尺險不可寘足從其石懸藤墜下至第三潭潭甚深以線縋之下不見底其形方狹而長天向陰常有雲氣從中起疑有蛟龍潛其下人恒以幽悄爲病第四潭咸不敢往或以絢圍腰繫巨樹俯崖而瞰潭左右皆楓木其形大槩如第二潭而廣袤倍之側有吾劉

龍子墓相傳龍子嘗釣於潭得驪珠吞之化龍飛去後人爲壘石作塚或云龍子之母葬焉世遠不可辨又其下至第五潭卽東潭因其水五級故名之爲五洩云噫造物之委形山水者其奇峭有是哉至正丁亥春記

〔齊謝元卿遇仙記〕元卿會稽人好呼吸延年之術嘗作東郭先生導引法服仙人五明散僅百歲而精力不衰後採藥至五洩溪偶得一路前有石門夾道皆生桃枝細竹飛泉鳴瀨響亮空山可三四里石壁曲轉蒼翠臨雲又數百步值一橫溪俯臨峻壁淙湍激瀉上有石梁纔可並足乃匍匐而渡至前轉寬班班若有人路連崖重嶂路無斷缺多生樓桂高樹淩霄蒙籠隱靄披拂左右稍聞鐘磬尋之而去忽遇仙女數人逍遥林下被服纖麗姿艷豐穠元卿乃前拜之皆相視而笑謂曰非謝元卿乎相望

久矣乃引元卿登一峻嶺絕磴危壁互相承掩遂至一處豁然平敞玉堂朱閣炳煥其中云此東華夫人所居也（唐周鏞詩）路入蒼烟九過溪九穿巖曲到招提天分五溜寒傾北地秀諸峯翠揷西鑿徑破崖來木杪駕泉鳴竹落榱題當年老默無消息猶有祠堂一杖藜（宋刁約詩）西源窮盡到東源直注層崖五磴泉眞境無由追汗漫勝遊聊得弄潺湲風生虎嘯層巖底月上猿啼古木巔只待歸來林下去來同靈默此安禪（吳處厚詩）烟霞一塢兩山源石壁寒垂瀑布泉人事是非空繚繞水聲今古自潺湲月留吟客眠宜榻風送樵翁下嶺巔檀篆未銷爐火煖夜長人靜好談禪（蘇緘詩）一道靈泉瀉碧天五潭遊徹思飄然雨噴細沫來身上練掛長條在目前嵐翠巳知冬更好地凉應與夏相便困觀麗什懷淸賞猶覺寒聲到耳邊（丁寶臣詩）路緣蘿蔦蔭杉松翠壁丹崖不計重天作錦屏環十里僧開珠屋面千峯花間越鳥鈎輈語溪外秦人彷彿逢早晚車騶到林下藍輿暇日待追從（郭亢詩）不到玆山三十年重來風物目依然兩

源秋色排千嶂五級泉聲落半天絕唱傳聞諸老句
幽棲猶想默師禪廻頭迥與塵寰隔何必蓬萊始是
仙（元申屠澂詩）東源壁立萬仞崖五級水是銀河來
西源梯磴杳無際各有神龍著靈異兩源幽邃氣鬱
葱紫烟忽起香爐峯凉風披披淺叢竹杖履躋攀看
不足神遊那得挾飛仙直上青雲駕鴻鵠（吳萊詩）越
中五洩古名山東源峻嶺空雲間老石崚嶒欲見骨
天河瀉破莓苔灣蛇頭縮身似蜥蜴魍魅出沒司神
奸雷公一聲忽下擊鳥跡不到猶重關青華眞仙舊
治所碧落侍從登仙班穴疑綵幾據一柱戶想銅獸
銜雙環鳳馭鸞鞭白羽璀芝樓菌閣朱莖殿梯梁未
絕或可値洞府寢遠多愁顏禰曾褰衣得揭涉別擬
鑿徑通茅菅寬弘頗占十數畝夐靜初覺非人寰㵎
流帶縮玉繚繞巒翠髻擁花爛斑截斷塵埃與世隔
搆成棟宇寧吾慳陳君尋常有道力況此跬步臨幽
潺虛室光明白不動寶爐溫養丹將還丈夫出處我
已定馳宇早寄孤飛鵰休拘崑崙并漲海遇有勝處
同躋攀又首路東岡幾屈盤青天東峽望來慳林多

鹿冢山爲國瀑有致龍海共寰客子杖藜依樹石神仙樓閣幻茅菅吾知此地宜招隱詎滅淮南大小山〔又送宋景濂遊詩〕知爾能攜一短笻寺前突兀定何峯九天管籥來飛鶴三島樓臺守蟄龍閑欲嘯歌先日往病嫌登陟轉身慵西原山石東原水豈但渠家有赤松〔明鄭天鵬遊山記畧〕過七岡嶺循靈泉迨日亭午始抵青口再折而西僅里許見兩峯對立揷天際問之曰此入五洩門闕也再進里許少折而北重巒疊嶂左右森列令人應接不暇遂舍輿而徒諦觀諸峯恠形異狀每進一塢穿叢涉淺仰視四壁如無去路峯迴徑轉仍復寬濶蹲踞翔舞又一境界如是者數次始抵五洩峯下則夕陽在山矣〔朱日藩五洩行贈李武選〕武選舊宰諸暨〕李君將有千里別席上停杯話五洩諸暨縣北五瀑布土人呼洩義同泄五洩奇峭天下無恠石閼道難爲趨覼雷夜半折巖角白簾万級垂天都水經五洩三洩著其餘二洩不可去宋氏志中洩作潭西潭東潭搖夕嵐三潭相次亦漫紀妙在東西兩潭耳東潭飛瀑妙之妙潛溪筆力

亦奇峭萬斛雪從天上擲白光閃閃山猿噭何時入
桂納涼行過日分他幾盌嘶平生烟火氣自消世間
氷炭腸空爍會稽山水美東南競秀爭流景不厭法
曹浦汭行崞外康樂疆中望嵊尖五洩應當必遊地
雪灑林丘句堪傲千古高吟待吾子君言格于巖亦
在五洩邊有樹不知名其花四時然採之絕無徑隔
水見紅蘚先公作宰近三巴長陽溪側有異花路入
欲摘必先請似有神物司其葩今日聞君話茲樹頓
覺逸興生天涯去去相思
何處寄騷人空說折疎麻

同山在縣西南六十里小而特

五指山在縣西南六十五里豐江之西南諸全新州
城依焉山旁有幞頭峯又一在縣東南

日入桂山在縣西南七十里浦江縣界水發桂南者

爲南源發柱西者爲西源

金鷄山在縣南五十里舊經昔有金鷄自此山飛入吳郡

白巖山一名巢句山在縣南六十五里義烏界縣治對焉

句乘山在縣南五十里義烏界其山九層俗呼九乘山山南舊有句無亭北十五里有千秋橋萬歲橋相傳句踐曾棲於此

金淵山在縣南六十里下有井相傳有金宋元間命

官淘采間得之如糠粃然銷鍊無成知州馮翼上其事罷之迄明永樂四年又遣行人視焉無冶鑄跡亦罷

越山在縣南四十五里有越王廟

石鼓山在縣南五十里山下有盤石如鼓扣之有聲

多產黃精白术竹箭相傳唐王鍊師居其中唐秦系期王鍊師詩黃精蒸罷洗瓊杯林下從留石上苔昨日圍棊未終局且乘白鶴下山來

浮塘山俗呼茅塘在縣南二十五里山巔有塘常有雲覆其上

黄箭山在縣東南七十里上有石峻立高十餘丈復有石如蓋狀

寶掌山在縣東南四十五里一名千歲巖寶掌禪師所居也禪師唐貞觀中開巖於此真身在半巖去地四十九尺山巖中石室可容百餘人洞口石板數片如削相傳昔人沐浴之所禪師種貝多木一株在巖上至今尚蒼翠秀鬱時有頻伽鳥巢其上

白茅山在縣東三十餘里有幞頭峯

九江山在縣北二十五里石室幽邃巖壁中有石若

女人號靈女亦曰仙姑山下有仙姑廟廟後多奇石

寒泉所凝人多采之以植花卉〔明〕胡學靈女臺詩九江山色纖無埃紫鸞元鶴時往來巖前巨石積鐵立一室劃開靈女臺女媧摶土亦戲劇刻畫何年著神迹麾幢羽蓋烟霧蒙玉質冰肌上化餓可憐蟲蟲徼福徒桂酒椒漿來舞巫猶有山川出雲雨歲歲與民蘇旱枯

銀冶山在縣北三十里相傳山有銀鑛永樂景泰中有言其事者遣官勘驗無實抵罪

宣家山在縣東七十里嵊縣界產茶甚佳

五岫山在縣東六十里峯巒秀出者五與會稽雲門相連

烏帶山亦名采仙山在縣東五十里楓橋鎮之南山產紫石英石英狀如棗核而八稜紫色光瑩如琢藏石中石外圓中涵水石英在水中一頭微著石采取必於露未乾時孔靈符會稽記烏帶山其上多紫石世人莫知之居士謝敷少時經始諸山往往遷易功費干計生業將盡後遊此境夜夢山神語之曰當以五十萬相助覺甚惟之旦見主人牀下有異色甚明試取拭視乃紫石因問所從來云出此山遂往掘果得其利不貲舊山名烏笪山梁武帝遣烏笪采石英

終於此後人立廟祠之帶笪聲相近蓋俗誤也相傳每采石英則有火災嘉靖中知縣黎秀命父老凡來取者皆引至他所使無得因呈曰合浦之珠以吏貪而徙暨產石英乃自本職到任數采無得此不職之效也采者以息後不采遂迷其處云

紫薇山在縣東五十里當楓溪之陽濱溪有神仙洞洞邊有新婦石山之陰產白石英下當東化城寺塔

孝感山在縣東六十里唐張萬和廬墓之所山下舊有芝泉亭

鐵崖嶺在縣東六十里崖石如鐵峻立高百丈上有綠蕚梅日本名齊鯉尖又一峯名柯公尖上有龍湫

山之陰一小山泉出其下清漣可燭鬚髮元末楊維楨世居其下因以自號（明貝瓊鐵崖歌）白泉生崖巔白烟生崖邊中有一人長眉鶴髮兀然卻立如鐵堅朝飡崖上雲暮飲崖下泉虎豹崖上蹲蛟龍崖下眠崖之起兮四萬八千丈崖之伏兮四萬八千年上有金銀重疊非木非石五層之仙樓下有玻璃浩蕩不水不旱萬頃之瓊田鑿開太極混沌竅胎出元氣鴻濛前有時鐵爲笛有時鐵爲船一聲逆落山鬼膽一帆直遡象帝先象帝之先豈人世但有羲皇盤古相與爲周旋金烏玉兔東西晝夜互出沒天鷄海牛左右水火蟠蜿蜒琪花瑶草含蒼翠方蓬弱水相縈連武陵漁子泛花去小舟問路難攀緣島中徐福採靈藥樓船逐浪不得窮根源鐵崖中人傳列仙黃庭紫府山海烟出陰入陽履坤載乾手持麟經五百紙王綱提統三千年鳳凰池頭淑色早明光入奏長楊前上林走馬一日遍綠楊紅杏春如烟歸來屣棄利名跡徑入鐵崖忘俗牽一飲五

斗不得醉再飲一石猶醒然撫童稚子識名姓大宦巨卿呼不前興來吹盡黃鍾大呂曠古之上調酒酣歌出康衢擊壤三百一十之全篇左手招崆峒右手拍彭籛蹻桃着花幾度實桑田滄海幻化皆塵消猿猱甞啼山亦裂我歸鐵崖閲遺編鐵崖之堅堅莫言鐵崖之深深且淵畫圖彷彿見形似山水日月爲敷宣東吳之水爲硯滴金華之山爲筆椽何當赤脚就踏鐵崖上爲公作賦聲摩天

花山在北二十里

杭烏山俗呼抗烏山在縣北五十里疊嶂七十有二一峯特高名鼓吹峯土人云風雨晦冥時常聞樂聲有玉臺石又石冢可容數十人大石爲門其平如削又有池名黃巢抗劍池相傳時有龍見舊有杭烏剌

紹興府志

史部

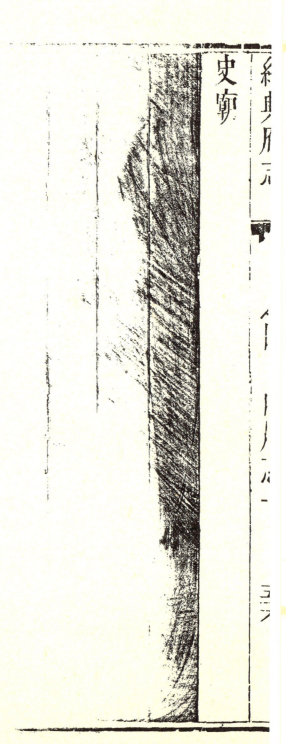

紹興府志卷之五

山川志附圖

龍泉山圖　　蟶山圖

客星山圖　　四明山圖

東山圖　　蘭亭山圖

南明山圖　　天姥山圖

龍泉山圖
北
東
海日書院
陽明祠
子陵祠
文正祠

祭忠臺
上方
呂公祠
忠烈祠
西
龍泉寺

歷山舜廟舊圖

西井

卷五 三

華清泉
安山
陳山寺

四明洞天圖
嵊縣界
梨州山
四窗
白蓮庵
篁溪
下管
樊榭
昇仙山
羊額嶺
鳳鳴洞
屏風龍潭
祠宇觀
東岡
瀑布
大嶺
金嶺
楊五嶺
白雲山
雷山
蓮花峰
桃花嶺
吳山泉
梁衕
東明山
烏胆峰
羅壁山
筆嶺
湧泉
黃山
雙鳳山
上虞界
虞山

奉化縣界
千丈岩
乳寶峰
鄞縣界
杖錫寺
大白山
雲南
過雲
鹿亭
大蘭山
分水嶺
九曲嶺
雲北
石潭
大皎
石門
小皎
茭湖
橫溪
白龍潭
雲頂山
小嶺
餘姚縣界
藍溪
化安泉

東山圖

調馬路
西眺
指石
洗屐池
琵琶洲
小江口

卷五 六

南明山圖
白鷴塢
夾溪塘

月峽
石棋枰
石城
南明山

卷五 八

蓮花峯
芭蕉峯
大小尖
阮公壇

紹興府志卷之五

山川志二

山下

餘姚秘圖山在縣署北署垣據北麓半其南麓爲知縣廨上有石如匱舊經云神禹藏靈秘圖之所山高止丈許周廣數十步初葢名方丈山唐天寶六年改今名

龍泉山在縣城中秘圖山西一里許山腰有微泉未嘗竭所謂龍泉者也舊名靈緒山亦名嶼山三峯挺

秀如畫南俯姚江頗號仟勝孔曄記云山有三足白鹿山巔有葛仙翁井有絕頂石山半有神仙洞嚴先生祠漢嚴子陵光孫忠烈公祠都御史贈尚書孫燧之祠謝文正公祠大學士謝遷陽明先生祠新建伯文成王守仁永賴祠大學士呂本生祠三錫祠總督胡宗憲生祠皆在焉下爲龍泉寺唐方干龍泉絕頂詩未明先見海底日良久遠鷄方報晨古樹含風常帶雨寒巖四月始知春中天氣爽星河近下界時豐雷雨均前後登臨思無盡年年改換往來人明陶安登龍山詩蒼峯倚重霄萬古色不改神龍去已遠蹤跡隱然在石面常出泉土脉木通海寶坊起樓閣氣淸地爽塏佳菊余葳甤古木青擁靄攀磴行復坐瑶章鮮可採賓朋觴詠間氣味似蘭蕙談笑有雅趣巖壑發光彩書會有祭何不嗣復何待又聊底潮生鼓萬雷浪頭隱

隱白雲堆諸州地到海邊盡外國帆從天際來但見
中間浮島嶼不知何處是蓬萊平生登覽今朝醉髣
髴珠宮貝闕開〔謝遷詩〕迤邐蟠龍接秘圖雨中臺殿
晝模糊神仙勝境餘三島行客歸舟任五湖地近東
溟先見日樹連南郭晚棲烏高軒過處一爭訝一片
清冰照玉壺〔林俊詩〕龍山幾道落岩泉古寺長松鎖
夕烟風雨晦冥無丈室藤蘿昏黑隱諸天看飛短錫
知何日打賣殘碑不記年生滅大千還世界白雲滿
地故依然〔王守仁詩〕我愛龍泉山山僧頗疎野盡日
坐井欄有時臥松下一夕別山雲三年走車馬媿殺
石下泉朝夕自清瀉〔翁大立標列龍山八景方干詩〕
未明先見海底日日五更見日寒巖四月始知春曰
四月留春江發上虞折而東下鹹瀨灑一里九曲西
北三江亦皆宛轉抱城曰九曲環清四明山在南曰
千峯拱秀姚江滉漾不可橋獨虹橋在前如虹飲澗
曰市橋虹跨龍泉洞泉溜淙淙曰石洞龍唫閱閱江
南尤盛曰萬室飛翬南北城夾江並峙曰兩城合璧
〔皇甫汸句餘八景龍山中鎮詩〕大唐昔頌濯龍川於

越龍令吐異泉終日出雲
臨禹穴有時飛雨灑堯天

大黃山在縣東二里亦名鳳山有東嶽廟玉皇殿明翁大立標列鳳山八景山東面海日初昇暎射林谷曰四陟朝暾西面城與龍山相對落景在城闉烟靄聯疊曰巒山夕照其南四明山橫亘百里雪後晶若瓊瑤曰東明霽雪其北三江五湖之水胥會于山麓曰北野元江海潮抱山而上山下有鼉窟春月自能發潮與海潮並湧曰蕙水春潮山趾福星橋長廊複道夜景殊奇曰星橋夜月東嶽廟每三月望塑燈上點渡水而南憇于白山之麓晶光燭天曰千燈暮起竹樹鬱蔥和禽晚集計以數千皆回翔而下曰百鳥晚朝皇甫汸句餘八景鳳與東迴詩鳳去山空尚有名翩翩五色晚霞生遙瞻玉帝祠前火散作人間不夜城

小黃山在大黃山側

竹山在縣東南五里形如龜其北趾跛於江是爲縣水口

白山在縣東南三里形類蛇亦名蛇山有漢高帝廟相傳信國公湯和建用以厭蛇也以上五山堪輿家謂之龍鳳龜蛇

九疊山在縣東九里又名九里山

許家山在縣西南五里

南黃山在縣西南五里

西石山在縣西二里

童山在縣西五里

魯家山在縣西北十六里

豐山在縣西北五里高一千八百丈廣四十里東西二峯相峙俗呼東豐山西豐山十道志云山少木多石又云通始寧及剡非也山今在江北與上虞猶接境嵊則大遠矣或山有同名者云山周圍未及十里曰廣四十里亦未然其上多古冢有穴可入中室或寬四五丈或二三丈傍皆磚砌間有二三室者俗呼爲老人冢云是上古未有父子時人老則預爲土室齎糧居其中以待斃又云非也是兵火時逃匿避亂

者相傳如此不可考要之葢古塚尸朽化耳

勝歸山在縣北三里相傳晉劉牢之勝孫恩歸屯此故名嘉泰志作聖龜山山少艸木多石土人採用之呼爲石山嘉靖末年開縣之坐山也禁開鑿

冶山在縣東北五里相傳歐冶子鑄劍之所會稽赤堇山鑄浦皆云歐冶子鑄劍處今並存之

化安山在縣東南十里有泉曰化安泉巖曰道巖

斆山在縣南十五里

大小雷山在縣南二十里相傳云神仙所居獵者汙

觸之輒震雷

羅壁山在縣南十八里有虞國墅郗家池

大平山在縣南八十里東連四明南接天台輿地志山形似織四角各生一種木不雜他木一角櫟一角梓一角楢一角椎有道士舊築居山上穢身者來輒飛倒非潔齊不敢至有葛仙煉丹石藝文類聚餘姚江源出太平山東至陜江口入于海晉謝敷梁杜京產居焉亦名日門山會稽記太平山一在會稽一在上虞一在餘姚而餘姚之山最著（晉）孫綽銘鬼峩太平跂踰華霍秀嶺樊緒奇峯挺崿上干翠霞下籠丹壑有士冥遊默往奇託蕭形栝

林映心冥漠亦既覯止漁焉融滯戀棟翠微飛宇雲際重巒蹇産迴溪縈帶被以青松灑以素瀨流風佇芳祥雲停靄齊孔稚圭詩石險天貌分林交日容映陰澗落春榮寒巖留春雪

四明山在縣南一百十里高一萬八千丈周圍二百十里一云八百里蟠跨數縣由鄞小溪而入者稱東四明由餘姚白水而入者稱西四明由奉化雪竇而入者直謂之四明層巒絶壁深溪廣谷高迥幽寂與人徑殊絶方士家云第九洞天晉孫綽賦涉海則有方丈蓬萊登陸則有四明天台葢日靈仙窟宅焉山凡二百八十二峯四面攢聳梅福四明山記云四明

山周圍八百餘里內八百餘家居之其山四面形勝各有區分中通一溪曰簟溪東面七十峯號驚浪山其境接句章東爲句章之地西南山狀如奔牛山中有五峯形如芙蓉號芙蓉峯正是四明山之心其峯有巖及石壁二一峯生五種之芝自然花藥南七十峯狀如驅羊號驅羊峯其地宛轉吐出清澗有七峯甚奇一澗出南過一百二十里其水歸鄞江南源是四明山南門也號白溪西南有八峯如覆囊號八囊山向北有兩山如走蛇山足澗深七十餘里是四明之

北門山四面二百八十峯山内生銀蘭香艸藥石乳梓松栢樫黄楊茗樹石鷰毛竹銀笋不凡之鹽此蓋盡四明山形勢而言若舉在餘姚境者則由梁衕至白水又逶迤向東南行斬荆棘攀蘿葛二十餘里其中爲三孕峯漢張平子家焉少南則芙蓉峯五峯相望各五六里其中峯有漢隸深刻四大字曰四明山心其上爲鶱鳳巖東南十里爲殺羊巖神仙屠羊於此有血漬焉又南爲分水嶺入鄞縣界鶱鳳巖之右爲石窻四面玲瓏每天地澄霽望之如牖戶中通日

月之光亦名四窗是稱四明唐謝遺塵云是爲四明之月（唐陸龜蒙詩）石窗何處見萬仞倚晴虛積靄迷青瑣殘霞動綺疏山應列圓嶠宮便接方壺秖有三奔客時來教子書（皮日休詩）窗開自眞宰四達見蒼崖若染渾成綺雲漫便當紗櫺中空吐月扉際不爲霞未會通何處應連玉女家右爲韓采巖左爲下管嶺入上虞縣界石窗稍西北爲樊榭是漢樊夫人遺跡（龜蒙詩）樊榭何年築人應白日飛至今山客說時駕玉麟歸乳蔕緣松嫩芝臺出石微憑欄虛目斷不見羽華衣（日休詩）主人成列仙故樹獨依然石洞聞人笑松聲驚鹿眠井香爲大藥鶴語是靈篇欲買重棲隱雲峯不售錢又東數里爲鹿亭梁孔祐隱焉時有鹿中矢來投祐祐爲養之瘡愈乃去（龜蒙詩）鹿臺巖下置時領白麛過草細眠應久泉清飲自多認

聲來月鳩尋跡到烟蘿早晚呑金液騎將上絳河（日休詩）鹿群多此住因搆白雲棚待侶傍花久引麛穿竹遲經時掐玉澗盡日笑金芝爲在石窓下成仙自不知韓采巖之北七里曰孔石又十五里爲丹山赤水狀類設色東連白水山由孔石南轉而東五里爲錢王鏐走馬岡又名青蜓岡阜方六七里細艸連茵若文簟然下走馬岡五里曰陳巖又一里曰九雷嶺昔有縈嶺下者九雷奮於湫中云四明山心少北有洞曰潺湲洞瀆瀑流沫冬夏不息（龜蒙詩）石淺洞門深潺潺萬古音似吹雙羽管如奏落霞琴倒穴漂龍沫穿松濺鶴襟何人乘月弄應作上清吟（日休詩）陰宮何處淵到此洞潺湲敲碎一輪月鎔銷半段天響高吹谷動勢急歕雲旋

料得深秋夜臨流盡古仙洞之下爲過雲巖巖絕高雲霧乘之有雲不絕者二十里民皆家雲之南北每相從謂之過雲（龜蒙詩）相訪一程雲雲深路僅分嘯臺隨日辨樵斧帶風聞曉着衣全濕寒衝酒不醺幾迴歸思靜髣髴見蘇君（日休詩）粉洞二十里當中幽客行片時迷鹿跡寸步隔人聲以杖探虛翠將襟惹薄明經時未過得恐是入層城（齊東埜語）陶通明詩云山中何所有嶺上多白雲只可自怡悅不堪持贈君雲固非可持贈之物也坡翁一日還自山中見雲氣如群馬奔突自山中來遂以手掇開籠收於其中及歸白雲盈籠開而放之遂作攓雲篇云道逢南山雲欻吸如電過竟誰使令之衮衮從空下又云或飛入吾車偪仄人肘胯搏取置笥中提攜反茅舍開緘試放之掣去仍變化然則雲真可以持贈矣宣和中艮嶽初成令近山多造油絹囊以水濕之曉張於絕巘危巒之間既而雲盡入遂括囊以獻名曰貢雲每車駕所臨

則盡縱之須臾滃然充塞如在千巖萬壑間然則不特可以持贈又可以貢矣其說甚奇然穰雲前未聞焉要自蘇公始近日楊山人珂亦時以罌貯四明雲山人餘姚人能詩且好脩然特以工書名爲人甚有逸興嘗遊四明山過雲巖見雲氣瀰漫謝之愛其奇色覺濃厚可掬遂剏新意携三四巨罌於雲深處以雙手捉雲撲之納罌中至湧出不容則知罌滿矣乃以紙封其口携歸藏之遇好事者過小酌輒云汝欲觀四明雲乎昨携在此因呈雲罌席間刺針眼其口則一縷如白線透出直上須臾遶梁棟巳而蒸騰坐間鬱勃撲人面無不引滿大呼相矜誇謂絕奇也自後往四明屢携雲以歸亦間贈相知者云

其南爲雲南〔龜蒙詩〕雲南更有溪丹礫盡無泥藥有巴賨賣枝多越鳥啼夜清先月午秋近少嵐迷若得山顏住芝之槎手自携〔日休詩〕雲南背一川無鴈到峯前壚里生紅藥人家發白泉兒童皆似古婚嫁盡如仙共作眞官戶無由稅石田

北爲雲北〔龜蒙詩〕雲北是陽川人家洞壑連壇當星斗下樓鎖

翠微邊一半逸峯雨三條古井烟金庭如有路應到
左神天(日休詩)雲北晝冥冥空疑背壽星犬能諳藥
氣人解寫芝之形野獸遇松盖醉書
逢石昇焚香住此地應得入金庭 並與韓采諸巖相
近石窗西過白蓮莊又西爲簟溪下爲白溪神蛇居
之禱雨輙應皆通於白水又南曰黎州山與嵊界山
産青標子其味極甘其堅不可猝破(龜蒙詩)山實號
青標環岡欠第
生外形堅綠殼中味敵瓊英墮石樵兒拾敲林宿鳥
驚亦應仙吏守時取薦層誠(日休詩)山風熟異果應
是供眞仙味似雪腴美形如玉腦圓銜來多
野鶴落處半靈泉必共元都柰花開不計年 有猿山
家謂之鞠侯(龜蒙詩)何事鞠侯名先封在四明但爲
連臂飲不作斷腸聲野蔓垂纓細寒泉
佩玉清淵林遊宦子誰爲作君卿(日休詩)堪笑鞠侯
國碧巖千萬重烟蘿爲川絲雲鏊是隄封泉遣徂公

護果教禪子供爾徒如不火應得躡云蹤其大蘭烏牕蘿壁茭湖雲頂東明雙鳳白雲南雷諸山之勝三井白龍水臺之窟鳳鳴之淵問道之石眞與天台鴈蕩爭奇皆在餘姚境若夫杖錫則在鄞雪竇則在奉化皆勝跡各有寺而雪竇尤奇又有大晦小晦山云是四明南之兩峯小晦峯望如樓閣亦在奉化以俱非餘姚地故不詳著大都四明本石窻得名其餘支隴甚多總謂之四明猶西北諸山皆謂之大行也若入山問諸樵人則隔里許卽異名殆難殫述然蘿壁南雷等今則别爲著

山土人不復謂四明矣明永樂十三年詔道士朱大方圖畫以上岑原道縣志云按松陵集謝遺塵者有道之士也嘗隱於四明之南雷一旦訪龜蒙陸子語以山中之奇品爲九題索詩曰石窗過雲雲南雲北鹿亭樊榭潺湲洞青櫺子鞠侯皮日休和之詩各因題附見宋施宿乃云謝遺塵所稱及皮陸諸詩世雖競傳之顧今四明山中居人乃不知異境果安所在孟與華山之華陽武陵之桃源皆神仙境可聞而不可即者也予頗貪奇嘗恠未之信後蹋足四明界畧覩其勝已大奇之然求遺塵九題止得所謂石窗者諸皆無可索摸乃憶施君之言良是及今作邑志登載山川四明諸薦紳先生家競來言山中之奇頗聞九題有廣濟寺僧者因處太白徙來四明間最久予進而叩之指點圖畫者連日夜益詳哉其言之也美哉茲山溪乎殆非人境奚啻陸皮之所詠者然鹿亭樊榭則墟矣予乃晚悔昔所遊覽未有所見便以爲奇今所聞者大於昔所見矣尚須異足

入山躬歷之僧試隨予後無予告予今信足之所履信目之所視必盡有入百里之美二百八十二峯之奇以歸僧向予頂立作禮曰是直尋無上世界弟子止見大白山西一方云然予又恨施君不可作徒迷惑終其身於是志四明山特詳焉施君又云四明界在餘姚而今明州擅其名猶嘉州之峨眉反得名於眉州華州不見華山而同州乃見之乎語曰世間多少不平事却被同州看華山真是枉屈予謂四明諸山皆天下大觀非一州里所得專今造化已私於吾土顧又與夫封域者爭名哉且實在勾餘奚用名爲又其山鄞奉並占之其稱名也亦宜唐施肩吾登四明山詩半夜尋幽上四明手攀松桂觸雲行相呼已到無人境何處玉簫吹一聲又宿四明山詩黎洲老人命余宿杳然高頂浮雲平下視不知幾千仞欲曉不曉天鷄聲宋孫應時詩平生抱遐尚撫劍遠行遊跡謝聲利牽心與巖壑謀東征泛滄海南騖踰卅丘西登峨嵋巔北望關隴愁匡廬挽歸轡巫峽紆行舟劍閣追險壯龍門更奇幽歷覽雖未飽勝槩畧已收

迴來臥燭湖清夢長藥猶家山惟四明名字橫九州
出門宛在眼欲往輒不酬人事眞好弄山靈若吾仇
忽近盆可笑投老空自尤茲辰正芳春會心得良儔
贏糧幸易足快策逐所求中宵雨聲斷逗曉霽色浮
天容極瑩淨風氣亦和柔虔節秋藍輿野服兼輕裘
遥遥指林麓欣欣聽溪流試展清賢嶺彌盖白水湫
飛湍響淙潺帷松韻蕭颼艱哉上羊嶺喘若料虎頭
鶖石盻歲期負樵歌道周百折快一眺千里森雙眸
峯巒何綿聯脉絡相纏繆化鈞妙融結神功巧雕鏤
長風動溟渤洪濤播瀛洲巨鰲出贔屭游龍繞蚴蟉
鯨鵬怒摩盪蟲魚紛疊稠萬怪各起伏千帆近行留
或迴若几案或峩若冠旒或排若劍戟或刻若戈矛
或舞若鸞鳳或驟若驊騮或戲若狻猊或搏若貔貅
儼然開明堂玉帛朝諸侯赫然會岐陽長圍方大蒐
鏖戰臨長平堅壁持鴻溝廣野列車騎中軍嚴旆斿
開闢浩茫茫變化又悠悠瞑眙不得語形容那可侔
仙樹四十圍蟠根幾千秋老幹枯不死新榮鬱相樛
飈馭定來上桑田行驗否遺跡信所聞輕舉當何由

東南徑崇岡左右羅平疇人家散雞犬村塢來羊牛
官徵畢薪炭春事勤鋤耰土膩少沙石氣寒無疫瘥
荒蹊夾桃李吞蔭開松楸足中可避世何勞更乘桴
騈巖下蒼峭別岫爭崪嵂孰云二剎勝逝肯中道休
杖錫既巉絕雪竇仍阻脩僂雲刜漠漠剛風晝颼飀
盤磴渡方橋廣宇連飛樓珠璣錯藻繡金碧照雕髹
撞鐘食千指鳴板登百籌奠來天上居不涉人間憂
周遭富佳致徜徉得窮搜妙峯遠色湊錦鏡波光瀏
兩溪赴聒聒千丈落漉漉深瀑漂隨晃晶潭隱靈虬
倒窺凜欲眩俯瞰濤可漱澗艸高下積巖花參亂抽
掛壁見猱捷食苓聞鳴呦日長轉睍睆霧暗啼鈎輈
脩竹奏竽瑟細溜鏘琳璆占晴喜乖鵲畏雨愁呼鳩
何妨共齋鉢且復薦茶甌老僧頗好事名德肯見投
隨意宿山房無眠聽更籌念昔身萬里及此天一陬
登臨世界濶俯仰歲月遒榮辱兩蝸角聚散一海漚
塵鞅自束縛名場相敵讐不念猿鶴怨坐令泉石羞
心期晩乃愜俗駕我尚優勝具學支許奇踪非阮劉
時哉山梁雉樂矣濠上儵聊追輿公賦不嘆栁子囚

招招知音子爲我商聲謳明楊維楨洞天謠四明山二百八十靑潺顔天空四牖金鷄玉蟾兩出沒是爲三十六洞之九別有丹山赤水非人間我妻仙人賀在客云訪雲翹子孤峯頂上登大蘭下見洪濤衮日車軸大龍光蜃景雜還翻瀾漫上有桃花美人者殽龜腦脯麟肝令我食之生羽翰路逢茅先生一笑今與古赤玉之舃墮地化爲石我一叱之力厭虎潮飛弋土洞水門風折祖龍橋石柱赤玉之舃何足追下窮地脉上天維鐵船徑渡弱水羽火劍欲斫扶桑枝毛先生茅仙後千春會醉盧山酒酒醒騎虎却入終南山笑呼彩鸞下招手石田玉子大如斗明皇甫汸句餘八景南山競秀詩白水宮前紫氣重淸天秀山王芙蓉世間別有棲眞處何必天台路始逢

句餘山山海經云無艸木多金玉水經注云在餘姚縣南句章縣北今求之不得其處舊經不載想即四

明山也

大蘭山在縣南八十里支連四明相傳漢劉綱夫婦於此仙去亦名升仙山

東明山在縣西南五十里是爲四明水口

白雲山在縣西南六十里

白水山在縣西南六十里是西四明山壁峭立其上有泉四十二道投崖而下其色如練冬夏不絶是曰白水亦名瀑布泉（唐施肩吾憶四明山人詩）愛彼山中石泉水幽聲夜落虛窗裏至今憶得臥雲時猶自涓涓在人耳（元施鈞詩）萬壑歸源瀉石湫洞天名不下瀛洲聲聞大地玉龍吼勢接碧

空銀漢流道院晝陰微雨集元壇秋冷濕雲浮山翁指點青松外曾見仙人跨鶴遊〔明王守仁詩〕邑南富巖壑白水尤奇觀輿來每思往十年就茲觀佇矚指絕壁涉澗緣危磴百源早方歇雲際猶飛湍霏霏灑林薄漠漠疑風寒前聞若未愜仰視終莫攀石陰暑氣薄流觴溯迴瀾茲遊詎槃樂養靜意所關逝者詠如斯哀此歲月殘探幽雖得所避時時猶難劉樊古方外感慨有餘嘆〔又〕千丈飛流舞白鸞碧潭倒影鏡中看藤蘿半壁雲烟濕殿角長年風雨寒野性從來山水癖直躬更覺世途艱卜居斷擬如周叔高臥無由比謝安白水宮在其下其嶺曰瀑布嶺相傳劉綱夫婦乘羊過此亦名羊額嶺其峯曰三台峯下有龍湫其深無底有屏風巖屏風潭又有洗藥溪亦名紫溪有石屋雲根之勝別有巖門寒艸巖〔元鐵充之詩〕寒艸巖前春色稀桃花

無數映清溪我行已到仙
家龕不比漁人此路迷
烏賠山在縣西南二十里峯特秀望之如筆航海者
視爲指南
靈源山在縣西南三十里有泉曰靈源冬夏不竭禱
雨輙應
聚粒山在縣西南十五里
馬渚山在縣西三十里
吳女山在縣西三十八里舊名蛾眉山唐天寶六年
改今名

嶀山在縣西南十二里舊經云支道林居剡每名辰遠來嶀山或問之答曰謝安石昔來見就輒移旬日今觸情舉目不覺欣想後病甚遂移來嶀中十道志

東箱山內有嶀山僧史云支遁殁嶀中其葬處今泯世說云支終於剡之石城山戴逵過其墓曰德音未遠拱木已積姑兩存之

姜山在縣西五十里其家十里上有五峯吳越智覺禪師延壽各有詩曰金雞峯松蘿高鎮夏長寒透出群峯畫恐難造化功成彰五德洞天雲散露花冠鼫石峯盤空勢險露巖根深洞寒聲落白泉好似雨餘江上見水雲僧出認西天積翠峯翠巘群峯地形直落日猿聲在空碧天風吹散斷崖雲古松長露三秋色凌雲峯烟蘿高巘勢凌

雲影瀉斜陽出海門曾與支公隱去夜寒雷雨上方聞白馬峯湖外會峯瀉危瀑天際陰陰長寒木南北行人望莫窮秋雲一片橫幽谷下有小池曰姜女池又名姜女泉

覆斗山在縣西北十里

點兵山在縣西北十一里晉高雅之於此點兵焉今呼爲點碧山

蕨山在縣西北十四里

芝山在縣西北二十里產靈芝

石姥山在縣西北十五里有白龍湫禱雨輒應

克山在縣西北十五里

花藭山在縣西北十五里產香藭

烏卜山在縣西北二十里

禾山在縣西北二十里宋謝靈運云山海經有浮玉山北望具區今餘姚烏道北禾山與具區相望即浮玉山

東山在縣西北四十里亦借名謝太傅者也或云安亦嘗遊寓焉未知然否然安所隱之東山則非此矣環余支波仇二湖間三五十里傍多支山其最名曰

雞鳴山曰杏山曰茅山曰乍屯山相去數里許皆以雞鳴爲宗其東巖最勝林壑茂邃巖嶠崎嶇多奇有夏公磐又有滕琪磐有怪松枝柯拳曲狀若虬龍

鎖劍山在縣北十五里

崧山在縣北二十里

柏山在縣北二十里五代時晉陵胡輔成家此遂山種栢又名栢山

眉山在縣北三十五里海中望之如脩眉然又北五里爲巡檢司

樣山在縣北二十八里

歷山在縣北三十五里相傳舜所耕也下有田曰象田井曰舜井又有石牀足蹈處雙跡宛然舊經云舜支庶封於餘姚歷山舜井之類皆子孫思舜故鄉取像於此亦猶漢新豐之義非舜所耕鑿也　按蘇鶚演義云歷山有四一河中二齊州三冀州四濮州又其二不聞所云不聞者豈此山乃其一耶梁江淹歷山詩迥愁生白露日思起秋風年落葉下楚水别鶴噪吳田幃氣陰不極川色虧半天酒至情蕭瑟憑尊還惆然文通永興人所題乃此山也詠中不及舜事亦知非舜所耕耳

陳山在縣東北十里高千餘仞少石饒艸木遠望彩

卓峭如筆至其巔則正平本嚴先生光故里先生墓在焉亦名客星山山半有華清泉亦名旋井舊有高節書院清風閣客星菴陳山寺緑風亭靈瑞塔今俱廢（元黃溍詩）一柱孤撑杳藹間人言此是客星山流風百世今誰嗣應郡諸賢故未還荒塚艸深迂石路高齋月色滿柴關窮年漫迹滄江上及此維舟獨厚顏（明皇甫汸句餘八景客星峻巘詩）富春江上一孤亭卓筆峯前釣子陵聖朝稱爲占鄉月無復山中訪客星

安山在陳山北一里許臨于河下爲安山橋

孤山在縣東北二十八里南麓臨燭溪湖四峯如筆格最秀前有墩曰漲沙墩浮出湖中雖大水溢不没

燭湖八景所謂沙丘聚鷺者即此是也

石匱山在縣東北二十二里挿燭溪湖中三面皆水西脉自梅嶺來自高山望之正方如匱山多大石礌硯登之覺下殷殷有聲上有舊烽堠跡

航渡山在石匱山東

梅梁山在石匱山南二里許梅溪水自其西出

許郎山又名海郎山在航渡山東一里許山面北向其澗自趾至腰平可行上則陡峻必由東西逶迤乃可上山嶺亦有烽堠址俗呼爲雄鵞瘤

眞武山在許郎山東甚高峻北面湖自山肩東下折而中高阜隆起如人危坐拳手著於腹東龜山西鼈山前互出湖中排列甚整自孤山望之儼然天造之勝由嶺而南聯綿數十里山不絶稍東曰柘嶴

游源山在縣東北四十里游涇之水出焉其山多天谷坳僻人跡罕到最深者曰邵嶴有鬼嘯潭

繆家山在縣東北三十里山甚高登其巔北望見大海其西南陡峻不可登自北趾上則平坦可登其東綿延數里山不斷西北望如牛形負軛處脊峯宛然

上有池廣數丈曰光池

烏戎山在縣東北十七里亦名烏玉山

屯山在縣東北十五里相傳晉孫恩屯兵於此

流亭山在縣東北二十里下爲石堰

虞山在縣東北二十三里大康地志云舜避丹朱於此亦傳會也

石屋山在縣東北二十三里其石空洞如屋

烏山在縣東北三十五里

滸山在縣東北三十八里下有三山所城

埋馬山在縣東北三十五里山趾有石卧水如馬舊經云秦始皇東觀于海馬斃埋焉或云宋高宗爲金所逐徒步行中途忽得馬遂疾馳向明州至此馬化爲石蓋神所幻化也

匡山在縣東北四十里亦名康山

包山在縣東北四十二里狀類穲包其纍曰包結纍

石人山在縣東北四十五里山之陽有石如人其陰有洞曰石人洞

蔡山金山破山俱在縣東北五十里三山相峙如鼎

足因名鼎峯亦呼爲三山其破山相傳爲葛洪煉丹
時剖取石云元黄叔英詩爲問當年葛稚川剖山煮石功貪天鑪幾火斷山亦合造化物者還故然
金山之巔多磈石行列甚整昔有人依石結亭
望溟海又名海亭山蔡山之北有望海巖
吳山在縣東北六十里其陰有吳山洞巖石嵌岑旁
產牡礪
懸泥山在縣東北七十里北浸於大海其上多橘下
有湧泉冬夏不竭今俗呼爲勝山嘉靖中屯兵備倭
有營房焉

仙居山在縣東北六十里相傳神仙所居其上有雲霧天卽雨人以爲占亦名雨靈山又狀類栲栳亦曰東栲栳峯西栲栳峯云西栲栳之巔有石如屋曰石谷亭山半有石平坦如掌可坐數十人曰盤蘿石旁有广是産長生艸下有溪曰栲溪冬夏流沫不息旁有石高二丈餘曰鬬紫石並溪有二石一俯一仰曰筊筊石東下有墩曰讀書墩莫子純嘗讀書焉有泉曰瀑布泉亞於四明之白水其北一隴二支曰小蟠龍大蟠龍環湖爲上林諸山宋謝景初詩山水有奇秀何必耳目親茲地世

未知偶游艮可珍平湖瞰其中群巘圍四垠青松千萬植落瀑如懸巾佛廟聳殿塔裝點繪畫新清谿與斷崖水石聲粼粼峯巔見滄海日出常先晨花艸時節異寧問秋夏春陵谷千萬古豈無稍道人德微言不信又恐遠故湮尊酒且樂我醉來事事均（又瀑布泉詩）落泉下峭壁陡絶千萬丈濺急雪片飛望若匹練廣曲嶺隔青林三里已聞響其旁有巨石平潤可俯仰愚俗所不道我輩數來賞須期秋色清攀蘿將爾

上又北亦有石匱山亦大石礧磈如匱其東亦曰東山有泉曰淨聖泉大旱不枯旁有神仙之跡其趾下跨於林湖而多支山幷以栲栳爲宗

上虞五癸山在縣北十里方屬癸上列五峯一名五桂山堪輿家謂是縣之主山

縣後山在縣署後北城經其麓産佳茶
傘山在縣南五里舊經云形如傘也山有石室高丈餘廣數丈中析爲二山巔平衍見田數十頃橫塘漑之無水旱相傳吳道士干吉築館於此煉丹石在焉石有二圓竅深各三尺許一如臼一如釜又名太平山
長者山在縣西南二里宋周長者元吉築居其東因名之定善寺故基是也元張典創亭其上曰一覽亭今廢南爲山川壇

釣臺山二　一在縣東南五里許下瞰深潭云葛洪釣處一在縣西南七里許西溪湖之陰舊經云山有槎大十圍陶弘景嘗乘之垂釣公既去槎墜於潭底不復浮矣

金罍山在縣城西南隅高三丈餘廣數十畝漢魏伯陽修煉之地晉大康中浚井得金罍

坤山在縣西南十里

蔡墓山在縣西十二里或云蔡邕墓大是訛傳縣志又以爲別一蔡邕亦未確然邕實嘗亡命會稽或其

冢有留趾此者傳疑可也
五龍山在蔡墓西南上有龍湫
羅巖山在縣東北七里丹崖翠壑雄冠衆山面南山半石鐫羅巖二篆字山巔有石眼大旱泉不竭旁有庵西有高嶺嶺東有赤石狀如婦人好事者名之曰玉女峯其下有牛欄山甑墩山晉陽山蘿壁山三台山磁窑山案山黄茅墩三毬山迤北有石孔山寺樣山鑊籮山硃砂尖山皆羅巖山分支也
蘭皐山在羅巖北俗呼爲懶婦嶂

蘭芎山即蘭風山在縣西北二十五里水經注縣南有蘭風山山少木多石驛路帶山傍江路邊皆作欄干山有三嶺枕帶長江岧岧孤危望之若傾緣山之路下臨大川皆作飛閣欄干乘之而渡謂此三嶺爲三石頭丹陽葛洪遁世居之基井存焉琅琊王方平性好山水又爰宅蘭風垂釣於此孔靈符會稽記龍頭山上有蘭峯峯頂盤石廣丈餘葛洪學仙坐其上縣舊志山迢遥有形勢而自東西眺之則正方與龍頭山崗巒相屬舊縣治在今百官故曰縣南九域志

作闌亭其欄干處宋紹興中甃爲磴道（唐盧綸詩城闕望烟霞常悲僊路賒寧知樵子逕得到葛僊家）

龍頭山一名龍山在縣西北三十里西瞰曹娥江石崖險阻潮齧其趾水經注縣東有龍頭山山崖之間有石井冬夏常洌清南帶長江東連上陂

東山在縣西南四十五里晉太傅謝安所居也宋王銍記云巋然獨立於衆峯間拱揖蔽虧如鸞鶴飛舞山林深蔚望不可見逮至山下於千嶂掩抱間得微徑循石路而上今爲國慶禪院乃太傅故宅絕頂有

謝公調馬路白雲明月二堂遺址至此山川始軒豁呈露萬峯林立下視烟海渺然天水相接蓋萬里雲景也山半有薔薇洞相傳太傅携妓遊宴之地雖蔓草荒寒然古色不改宛有六朝氣象山西有太傅墓又西一里始寧園乃謝靈運別墅一曰西莊上有洗屐池東西二眺亭中峯書院又西爲西小江舊經云梁徵士魏道徵修道得僊於謝安山又南史杜京產與顧歡開舍授學於東山下今距山一二里有杜浦顧墅東山因太傅而名者三一在臨安傳云嘗坐石室臨濬谷悠然嘆曰此與伯夷何遠東坡詩云

謝公令雅量世運屬艱難獨攜縹緲人來上東西山
令臨安縣東西巖石室存焉一在金陵傳云又登台
輔於土山營墅樓館林竹甚盛每攜中外子弟往來
遊集康樂志云謝安故居會稽東山後人朝夕於此
營築以擬之無巖石故名二山是二山雖太傅平生
所遊歷非故居之東山也惟始寧東山乃其故居世
說劉尹語王右軍曰若安石東山志立當與天下共
推之注引晉陽秋曰安石家于會稽上虞縣優游山
林六七年間徵召不至雖彈奏相屬繼以禁錮宴然
不屑也又安石在東山畜妓簡文曰安石必出又趙
中郎曰昔安石在東山縉紳敦逼恐不豫人事又安
石傳云雖受朝寄東山之志始末不渝皆指此山他
若史傳所記阮裕在東山蕭然無事戴逵厲操東山
王修齡在東山甚貧乏道一道人從都下還東山何
偘居若耶雲門世號爲小山亦曰東山何子朗於東
山受學梁虞寄自稱東山虞寄則又皆以山之處東
而言非此山也大抵晉宋人稱會稽剡中類曰東山
然非定名惟始寧東山以太傅著後乃直謂之東山

宋孫枝東山考嘉定四年三月余自四明來舟出上虞縣曹娥江泝流上江左右皆淤沙驛道蜿蜒而上遇山則有磴道行可四五里磴道盤入山腰仰視亂石林立峭壁岌岌將壓有小江出自西南山委蛇至壁下與曹娥江合二江夾沙如背正射山壁循壁少南山忽散去地勢平衍彌望牟麥如雲林藪沃澤時久不雨所在溝渚斷涸其處平湖澄泓水色紺碧野竹臥影林深沒人幽趣不容摸寫于意謝康樂過舊墅詩所謂白雲抱幽石綠篠媚清漣或者其在於此詢之篙師篙師指壁之隙曰此入東山路也維舟亟陟嶺嶺嵒嵬里所松蘿茂密左右視無所覩山椒路平有屋曰薔薇亭路出亭中斗折百餘步頹垣敗壁突兀於前是爲東山國慶院晉太傅廬陵文靖公故居也主僧肅入丈室室繪文靖祠之西偏像設故暗香火半落敗碑斷碣分寸不存唯有堂曰明月有軒曰白雲余因曰二扁與山椒亭名得非誤認陳軒金陵集所載憶東山絕句眞爲李謫仙所作耶謫仙出峨眉十漢沔西歷邠汾北歷燕代徂徠鍾阜皆嘗策筇

老於三江七澤兩入吳會以觀海岱胸中勝槩可謂充足唯於剡中之役終身尸之不置如日湖月照我影送我到剡溪脚着謝公屐身登青雲梯等句班班在集中而此不存必軒託其名以寫金陵崇禮鄉文靖植花木土山之景非是山也臧榮緒晉書言文靖遊賞必以妓女從本傳載之旣登台輔營墅土山與中外子姪遊集今晉書移之於前此唐文皇御製之差而白醉過謝公東山詩曰携妓東山去悽然憶謝公自此東山携妓遂爲口實不知白酩酊中誤用土山事耳僧開山有始寧泉相傳以爲院之舊名於史亦有見乎曰院山在晉古始寧縣非縣名始寧也山居賦注曰湖三面阻山山間凡五處第一谷曰石壁精舍夫以湖之南爲嵊山則國慶院乃古之嵊山院在石壁谷中入山猶未深故靈運謂之第一谷亦曰舊園曰讀書齋文靖寓居會稽與高陽許詢桑門支遁出則漁弋山水入則諷詠屬文其地恐在於此文選有謝靈運石壁精舍詩曰昏旦變氣候山水含清暉還舊園詩曰託身青雲上棲霞淹飛泉齋中讀

書詩曰剡乃歸山川心跡雙寂寞環視始寧諸山皆不足當此唯自阮山南望山水含暉高出雲表使人胷埃頓除心跡闃靜舊境儼然如存則嵊山在南嶀山在其北靈運有自南山經北山詩正指嶀山也今谷呼爲東西眺調馬路飲馬池囿皆牧斧豎之妄而阮極東自絕頂趨下有山徑之蹊窈窕入藿莽中百年不芸而介然成路風雨之所摧剝甃甓微出土中其勢必由所之而爲鉏畦所亂不能復續計今猨狖所家狐貍所宮鴟梟噭嘷鼯鼠飛擲處皆向時象牀置笏鳴鐘禺食之地特無好事者裹一月之糧披荆棘以罙入其阻耳僧曰列第信可尋靈運自言父祖葬始寧丘隴奈何不存曰葬始寧者何獨靈運父祖而已考之史傳諸謝申首丘之義大率歸葬始寧靈運赴永嘉過始寧詩所謂揮手告鄉曲三載期歸旋且爲樹枌檟毋令孤願言此言閭里之至情至唐開元天寶間歷二百年李白過東山詩我妓今朝似花月他妓故墳荒草寒必林莽間纍纍青塚其數未容遽計也今去唐又五百年豈無蓬塊之可驗亦必埋

没於荆榛中不然時方亂離盡遭椎埋之厄矣宋謝靈運東山望海詩開春獻初歲白日出悠悠蕩志將愉樂瞰海庶忘憂策馬步蘭臯緤控息椒丘采蓮遵大薄搴若履長洲白花皜陽林紫䕡曄春流非徒不弭忘覽物情彌遒萱蘇始無慰寂寞終可求唐李白詩不到東山久薔薇幾度花白雲他自散明月落誰家又我今攜謝妓長嘆絕人羣欲報東山客開軒掃白雲皮日休詩越艇輕似萍漾漾出烟郭人聲漸疎曠天氣忽寥廓伊予愜斯志有似劇癵瘼遇勝即容與逢幽且淹泊俄然棹深處虛無倚巖崿霜毫一道人引我登山閣當中見壽像欲禮光紛箔珠旛時相鑑恐是諸天樂樹杪見飄稜林端逢赭堊洗屐池尚在靈源尚未涸捉通蛟人道其險如節笮悠然放吾興欲把青天摸紫藤垂罽珥紅荔懸纓絡蘚厚滑似傃峯尖利如鍔期須到絕頂景愈漸離燿一片太湖光只驚天漢落梅風脫綸帽乳水透芒屩風姿與波彩不動渾相着既不暇供應將何以酬酢却來穿竹徑似入清洞幕穴恐水君開龕如鬼工鑿窮幽入茲

院前栖臨巨壑遺畫龍髯徬殘香蟲篆薄褫魄窺玉鏡澄慮聞金鐸雲態共縈留鳥言相許諾古木勢如虺近之恐相螫走礀聲似磬聞之意爭傳時禽倏已嘿衆籟蕭然作遂令不羈性戀此以纏縛念彼支許流將生赴寂寞曾無虞撓事肯把心源度奚爲儒家流沒齒勤且恪言行既異調棲遲亦回托願力倘不遺請作華林寉（陸龜蒙詩）始寧涵汀洲波液浸山郭微雨蕩春醉上下一清廓奇蹤欲探討靈物先瘵瘼飄然蘭葉舟旋倚烟霞泊吟談亂篙櫓夢寐離巘崿纖情不可逃洪筆難暫閣豈知楞伽會乃在山水箔金仙著書日世界名極樂薝蔔冠諸鄉琉璃代華堊僉言經不輟象口川寧涸萬善信爲城嶢嶢扞羣惡清晨欲登造安得目無愕險穴駭坤牢高蘿掛天笮池容澹相向怪蛟如可摸苔蔽石髓根蒲差水心鍔嵐侵答摩髻日照俊猊絡仰首乍眩旋迴眸更煇爚簷端礙飛羽磴外浮碧落到洞解風襟臨幽濯雲屩塵機性非便靜境心所着自取海鷗知何須尸祝酢李圜秋鏡寒浪皺翠綃幕瀛瀣豈堯遭峨嵯非禹鑿

潛聽鍾梵處別有松桂鎣靄重燈不光泉澄網猶薄僮能躡孤刹烏慣親攏鐸服道身可遺乞閒心已諾入闕亦何事萬態相毒蠡戰壘競高深儒衣謾裒傳宜尼名位蹉未必春秋作管氏包伯圖須人解其縛伊予採樵者蓬藋方索寞多言富道采識度兩清恪詎生寵滅詞肯教邪正錯未爲堯舜用且向烟霞託我亦攏塵埃他年附冥雀（胡會詩）五馬南浮一化龍謝安入相此山空不知携妓重來日幾樹鶯啼谷口風（王丘詩）高潔非餐正盛名亦險艱偉哉謝安石携妓入東山雲巖響金奏空水灔朱顏蘭露滋香澤松風鳴珮環歌聲入空盡舞影倒池閒香緲同天上繁華非待閒卷舒混名迹縱誕無憂患何必蘇門子冥然閉清關（宋林逋詩）水痕秋落蟹螯肥閒過清明晚未歸魚覺船行沉草岸犬聞人語出柴扉眺埋蒼桂寒雲重寺隱丹楓夕照微却憶當時謝太傅風流未解借簑衣（蘇軾詩）謝公含雅量世運屬艱難況復情所鍾感慨萃中年正賴絲與竹陶情有餘懽常恐兒輩覺坐令高趣闌却携縹緲人來上東西山放懷事

物外徒倚弄雲泉一旦功業成管蔡復流言慷慨埴野王哀歌和清彈挽鬚起流涕始知使君賢意長日月促臥病巳辛酸慟哭西州門杜駕焉那復旋空遺行樂處古木昏蒼烟（陸游詩三首）絕頂松風透膽清謝公曾此養高情山橫兩眺暮雲碧江浸一天秋月明林下有僧敲錫响石邊無客聽棋聲薔薇洞口庭前水留得當年洗屐名（又）老慣人間歲月催强扶衰疾上崔嵬生爲柱國細事耳死畫雲臺何有哉熟計提軍出清海未如喚客到金罍明朝日出春風動更看青天萬里開（又）今日之集何佳哉入關劇飲始此回登山正可小天下跨海何用尋蓬萊青天肯爲陸子見妍日似趣梅花開有酒如醅綠可愛一醉直欲空千疊酡酥鵝黃出隴右熊肪玉白黔南來眼花耳熱不知夜但見銀燭高花堆京華故人死大半歡極往往潛生哀聊將豪縱壓憂患鼓吹動地聲如雷（宋）晦翁詩江路經由數十回無因到此爲潮催嘗聆文靖曾遊後欲問薔薇幾度開今日掣身推案去輒將秉燭入山來高僧不問誰家客偶許雲軒自把杯（元）薩

天錫詩）千里挐舟過始寧江山無恙尚堪登水流花落已無主雲散月沉空有亭塵跡猶思尋草莽風情何處醉娉婷可憐鼎食傳僧火特采溪毛奠故陵（韓性詩）遠山倚空青濛濛剡溪白匹來天東天機不捲芳草碧中有行地雙蟠龍扶藜欲出人間世俯仰明河在平地長松忽動鶴飛來萬里剛風起衣袂薔薇開落春復秋洗屐何人繼清遊凭欄一笑衆山小遙指雲氣看齊州（明李東陽詩）謝公昔臥東山麓山中無日無絲竹美人笑捧如花顏飲酒賦詩歡不足与來同樂必同憂公能不爲蒼生謀征西司馬亦何事猶使相兵窺上流賊兵在郊公在墅天中江水局中賭老溫病死强秦奔一代功名荷天與太平宰相休云云清言非罪亦非勳四郊多壘一身樂吾憶治城王右軍（趙寬詩）溪上青山一逕微烟霞無改昔人非荒亭千古照明月幽洞幾番開紫薇籍甚風流超魏晉隱然勳業在淮淝蒼茫不盡懷賢意西眺巖前對落暉

石鏡山在東山下二里明董玘詩石鏡崔嵬剡水西尋芳勝日共攀躋圓垂半壁山銜月危墮千尋馬飲溪江繞青練斜渚露烟浮翠蓋遠林迷謝公兩眺晴霞接萬古風流合與齊

馬目山水經注曹娥江濱有馬目山洪濤一上波隱是山勢淪嵊亭歷數縣行者難之

桂林山在縣西南四十里十道志謝靈運著山居賦處或云卽東山也一作楙林

壇讌山在縣西南五十里水經注成功嶠西有孤峯特上飛禽罕至嘗有採藥者沿山見通溪尋上於山頂樹下有十二方石地甚芳潔還復更尋遂迷前路

言諸仙之所醮讌故以壇讌名山孔曄會稽記十二方石悉如坐席許大皆作行列舊經又作檀燕山云上有栴檀香氣襲人

雙棋山在縣西南五十里山巔有石棋局兩旁列石可坐西有江渡曰沐憩渡世傳昔有二仙沐浴憩息至此對奕下有勝因寺廢址

昇相山在縣南三十五里有瀑布滙于潭

⿰山豦山在縣西南四十二里高數百仞銳如卓筆其巔坦平有瓦礫廢址存焉舊經云漢東陽駱夫人於此

上昇有石井丹竈歲久蕪没今山崖南有二石蘚紋圓白鄉人謂之日月石舊志會稽縣東亦有嶸山疑即此山今兩存之

指石山在縣西南四十五里舊經云上虞有立石所謂指石者俗呼爲公嶄言舜登此石

握登山在縣西南四十里有握登聖母廟下有虹樣村東西赤岸傍又有虹樣山舊志謂握登生舜之地生舜時蓋虹照兩岸云

象田山在縣西南四十里其山平衍俗呼小天台南

有舜井

百樓山在縣南十里約高五里重岡複嶂層壘可望見與縣相對若翠屏然東高者名大雷尖山腰有平地數十丈漢魏伯陽嘗居此上有南山白水二菴

石壁山在縣西南四十五里十道志其南有小山形方正如樓世號鼓吹樓寰宇記云有飛翼樓（宋謝靈運石壁精舍還湖中詩）昏旦變氣候山水含清暉清暉能娛人游子澹忘歸出谷日尚早入舟陽已微林壑斂暝色雲霞收夕霏芰荷迭映蔚蒲稗相因依披拂趨南徑愉悅偃東扉慮澹物自輕意愜理無違寄言攝生客試用此道推

裏嶴山在縣西南三十里舊經云山有神曰白鷺旱

時見則雨

龍塘山在縣西南四十里一名鵞鼻山有上下二潭上潭泉脉不竭下潭多枯歲禜禱於此有驗里人結屋覆之

崑崙山在縣西南四十里有神祠舊志云昔有崑崙仙行水中

含珠山在縣西南五十里亂山蜿蜒中一小阜孤立如羣龍護珠

鳳山在縣北四十里南有長慶寺東有清風峽引林

書院故址存焉

鎮山在鳳山西

龜山二一在縣東十里大查湖中一在縣西二十五里曹娥江西岸

夏蓋山在縣北六十里山形如蓋無奧谷深林卓然一頑石高出天半世傳夏禹嘗駐蓋焉南距夏蓋湖北障海海北卽海鹽縣上有龍潭南麓有淨衆寺宋張卽之書其門曰大禹峯一名夏駕山讖書云夏駕山浮可避甲申水災

甑簞山馬家山犂山石竹山荷葉山土長山梁家山
鯉魚山洋山山刺山符家山柴家山共十二山俱在夏
蓋湖中
蓮峯山在縣東二十里與餘姚接境山腰有蓮峯寺
獨山在縣北二十里白馬湖中
伏龍山在縣北四十五里夏蓋湖東狀如龍伏首東
俯而尾西掉下瞰小越市山巔有巨石壙長四丈許
世傳吳越公主墓南有小越閘北有磨劍井
福祈山在縣北四十五里巋然當夏蓋湖上與蓋山作

賔主

橫山在縣北五十里其峯列九亦名九峯山橫梂夏蓋湖左

佛跡山在縣西北四十五里夏蓋湖塘南上有石逕尺許深一寸如巨人足跡

西莊山在縣西南四十里舊志云葛僊翁嘗隱此有石窟如臼者五小者容一二升大者容斗山足有三石鼎足而立曰銚架石道傍石版有馬蹄跡中有泉不竭山下有洗藥溪水底石如丹砂

歷山在縣西南四十里今郡中三歷山一蕭山一餘姚一此

蔡山在縣西南五十里曹娥江西岸下爲蔡山渡宋高似孫詩江上人家被竹門潮來水長浸籬根叢魚一尺枇杷小放溜船來酒滿尊

銅山在縣西南二十五里兩峯廻抱號上石下石山舊產銅今無矣泉流爲湖亦名銅湖

寶蓋山在縣南四十里有石如眠牛有巖如龜唐乾寧禪師坐禪石上有雲氣下覆如寶蓋後人建寺其下

嵊剡山在縣治西北其巔爲星子峯秀聳特立稍下

又屹然一小峯曰白塔嵩其支隴環十數里自東下爲戴安道宅南下爲剡坑相傳秦始皇東遊使人斸此山以泄氣今土坑深千餘丈出二里許爲縣治又西南六十步更名鹿胎山有惠安寺下爲圓超寺又西爲儒學至西嶺爲社稷壇下爲剡溪跨山臨溪爲剡城（唐趙嘏發剡中詩）正懷何謝俯長流更覽餘封識嵊州樹色老依官舍晚溪聲凉傍客衣秋南岩氣爽橫邪郭天姥雲晴拂寺樓日暮不堪還上馬蓼花風起路悠悠（宋王銍剡坑探梅詩）嶺上寒梅自看栽山斜一半似屏開春寒點點枝頭雨上有東流水過來（李易題剡山所見詩）剡中無數野薔薇黃雲爛熳相因依玉杯淺琢承墜露金鐘倒掛搖晨暉斑竹笋行三畝地紅藥花開一尺圍荳角嘗新小麥秀

來會長向櫻桃肥歌舌隨風柳外囀翠花帶水烟中飛魚跳破浪奮赤鬣鶴唳拔松翻縞衣鄉關萬里久無夢巖壑四年今息機叮嚀杜宇往江北爲與故人令早歸

艇湖山在縣東五里出剡山之左晉王子猷雪夜訪戴安道舟至此返因名艇湖山俗呼爲苙湖山山上有塔下有子猷橋訪戴亭

竹山在縣東十里出艇湖山之左

象駱山在縣西五里出剡山之右其形如駝昂首臨溪而顧縣城其下多人家客會舊時剡西烏船會宗于此

福泉山在縣西十里出象駱山之右半山有冽泉焉以上四山堪輿家謂是縣之輔弼

簞山在縣東三十里山勢平如莞簞舊經云山有白岩龍祠碧潭淵淵用干霖雨其下衆流趨導湍石迅激浮險四注

石鼓山在縣東五十里所謂石鼓者人踐之石輙答響沃洲記云北對四明而金庭石鼓介焉按古錄云疊石玲瓏頗奇怪中可坐一二十人世傳王右軍池中鵞嘗飛至此山中故又名靈鷲山有鼓石磬石劍

石筆石硯石鋸石帽石屏石枕石笏石下有石鼓道

院

動石山在縣東五十里山下溪中巨石磊磊天欲雨

石必先動山有深潭以宅靈物

錦山在縣東七十里狀如錦屏舊志云有澗流亘山

趾遇石壁折旋西去數十步有石如鎖狀貫澗中名

石鎖旁有石卓立圓淨如米廩自石鎖沿澗下又數

十步左右皆坡有石溜澗可三尺許深八尺長可五

丈許澗流東入其中至溜口入石井井淵丈餘圓潔

如琢磨戒澄澈無底南有小溜濶尺許深二尺奇長二丈井水南循小溜而出井東平臥石龜大可三丈許跨溜上昂首南向下則空洞可坐十餘人龜尾有人履跡二龜足有石鼓扣之硿硿有聲有石梁驟雨水溢井溜莫别稍霽則漱石注玉泠泠然可翫其石井相傳以爲龍窟昔有以物投井者後自海畔人家見之因謂與海通稱爲海眼云今居人水旱祈焉

龜山在縣東七十里兩山皆如龜狀若母子然界乎二水合流之内

三峯山在縣東七十里三峯鼎峙中有龍池

覆卮山在縣東七十里北爲上虞南爲嵊盤踞二縣間地名烏坑相傳謝靈運常登此山飲罷覆卮石上中有龍瓜石石竅水流不涸絕頂四望東大海西會稽皆彷彿可見

金庭山在縣東七十里天台華頂之東門也道經云越有金庭桐柏與四明天台相連剡錄云積翠縹緲雲霞所興神仙之宮也二池在山巔可一丈許水赤色勺之潔白因名丹池山山有桐柏合生故又名桐

栢山眞誥曰桐栢山高一萬五千丈周圍八百餘里四面視之如一其一頭在會稽東海際其一頭入海中是金庭不死之鄉在桐栢之中方四十里上有黃雲覆之樹則蘇紆珠碧泉則石髓金精其山壹盡五色金也經丹水而行有洞天從中過在剡臨海二縣之境東岡舊志云山之西有小香爐峯南有卓劍峯前有五老峯後有放鶴峯東有毛竹洞天洞口有竹生毛節覆一節亦奇物也唐裴通記云剡中山水之奇麗金庭洞天爲最其洞即道家所謂丹霞赤城第

六洞天也其北門在小香爐峯頂人莫能見之晉王右軍家於此書樓墨池舊跡仍在南齊道士褚伯玉置金庭觀乃右軍之宅也嘉泰志云桐栢在天台金庭在剡舊又以金庭爲桐栢蓋其山隴聯屬故爾唐裴通詩寂寂金庭洞淸香發桂枝魚通左慈釣鶩踏右軍池

太湖山即金庭之東峯

花山在縣東北三十里山多怪石奇松宛然圖畫下臨碧溪行舟如織漁樵歌唱遠近相應又益助其勝也明夏雷詩舟過碧灘漁唱杳雲收斜谿蔣聲殘生來老檜龍皮皺削出奇峯石骨寒

嶀山在縣東北四十五里剡溪之口嶀浦之東凡游謝鄉之水皆會於山南名嵊溪至花山下横入剡溪而嵊溪以北臨水諸山皆棲嵊山山下舊有嵊亭

車騎山在縣東北六十里舊經云車騎將軍謝元爲會稽內史嘗於此山立樓居止後人因以爲名

方山在縣南十里平正如裁剪而土色又黄一名黄榜山

花鈿山在縣南十里

馬鞍山在縣南十里

姥山在縣南十五里林木蓊鬱蒼翠剡之南望也山外爲新昌境

上壁山在縣南十五里

金鷄山在縣南二十里世傳是山有金鷄鳴

中白山在縣西南三十里上有龍湫中有飛鶴峯峯前有書院山相傳宋進士求移忠讀書處

獨秀山在縣西南三十里舊名刻石山有衛夫人碑十道志一名穿山相傳以刻石爲名不知文字所在宋昇平末縣人倪襲祖行獵見石上有文凡三處皆

生其上刮苔視之其大石文曰黃天皇蕭字道成得賢師天下太平小石文曰刻石者誰會稽南山李斯也唐寶元元年元稹使人訪碑不獲王十朋會稽賦云苔封石刻謂是也山巔有晉王右軍壘池山半有井相傳井中有蛟〔宋〕李易卜居是山詩訪戴溪長近若耶金庭雪對赤城霞沼從鵠舉添蕭索峯似鸞翔解歎嗟每愛林間百種蝶難忘竹外四時花剡川圖上他年桁獨秀山前是我家

遁山在縣西南四十里下有白雲塢漢車騎將軍求恭嘗隱于此

亞父山在縣西南七十里相傳有老農嘗採薪於山

遇一老人曰吾亞父也當宅此山明日見巖石間有足跡甚大云石名亞父石巖下有潭亦以亞父名

貴門山在縣西南七十里其山崖嶂千雲峻嶒森錯壁立萬仞一峯尤卓然佳木老樹陰翳森挺下有仙人洞可愛數人又有三泉迸出石穴曰三懸潭寒氣逼人六月如秋好遊者或登之則衣裘而往下有普濟龍祠 宋李易貴門卜築詩亂後亦擇居篁山山輙許居民百餘家喜甚手欲舞云久聞公名此幸殆天與感茲鄭重意時節共雞黍剡川非沃野地僻民更窶趍時務櫝茗餘力工搗楮寡婦念遺秉汚池憐數罟我欲教耦耕盡力循甫畝桃杏種連山深居可長處東隣有節士酒酣乃發語公昔起布衣高

蒞掩前古親擢類平津決見逢眞主雨宮竹六飛萬乘思一舉交侵正偪强鼇起益旁午浩然公獨歸偶出寧有補默塞復何言長歎汗如雨

桂山在縣西二十五里俗呼爲杜山相傳爲姜神顯跡之所

東湖山在縣西三十里有張燴藏書樓舊址

石姥山在縣西四十里多楓樹（宋王內敬詩）石姥上穿雲楓葉秋如錦

鹿苑山在縣西六十里上有葛仙翁祠山巔有二小石穴泉自穴湧出流至山半有石甕泉復自甕間出一里許石崖壁立懸瀑十數丈下注石澗滙爲龍潭

有鹿苑上下寺

太白山在縣西七十里絕高者爲太白次爲小白面東者爲西白面西者爲東白在東陽者曰北白按剡錄云峻極崔嵬吐雲納景趙廣信昇仙處也雙石笋對立如闕有廣信丹井水冽於冰在山之陽瀑泉怒飛清被巖谷懸下三十丈稱瀑布嶺產仙茗山有白猿赤玃又有鳥如雞文彩五色口吐綠綬長數尺號吐綬孔瞱會稽記剡縣西七十里白石山上有瀑布水巖際有蜜房採蜜者以葛藤連結然後至劉宋時

褚伯玉嘗隱於此在東白山立嘯猿亭疏山軒西白
山有二禪師道場齊雲閣（唐戎昱送清徹遊太白詩）
卷經歸太白躡蘚到蘿龕
若履浮雲上須看積翠嵐倚身松入漢瞑目月離潭
此境堪長往塵中事可諳（宋釋仲皎詩）放意在雲表
飄然更自由掛烟羣木冷啼月一山秋梟梟清風裏
淒淒碧澗頭三聲融妙聽行客若爲愁（又）啼切孤猿
曉更哀柴門半掩白雲來山童問我歸何晚昨夜梅
花一半開（又）無地卓錐生計難且空雙手到林間偎
隨碧水瞻明月堅打白雲賒好山巖石空邊依草舍
藤蘿低處著松關年來老去知何許合向人間占斷
閑（又遇雪看山）西白名山處那堪帶雪看四圍銀世
界一色玉峯巒夜色和天冷清暉放月寒溪梅初一
二著意爲渠看（疏山軒）竹外泉聲急松心月色寒人
間推曠絕只自倚闌干（東西二道場）勝境東西白高
僧一二禪只知行道處不記在山年澗月平分照林
花各自妍披雲尋舊址猶在絳峯邊（齊雲閣）山雲吹

斷路頭開此處疑穿月脇來怪底行人看碧落笑談容易作風雷

葛峴山在縣西北二十里僧竺法常居之

石門山在縣西北二十五里山有石洞洞有石牀牀有石枕前有石巖傍有龍湫上下有沸水出穴不竭謝靈運集石門新營所住四面高山廻溪石瀨茂林修竹舊志石門在縣北五十里與此不同豈謝靈運隱居別有一石門耶不可考矣（宋謝靈運石門新營詩）躋險築幽居披雲臥石門苔滑誰能步葛弱豈可捫嫋嫋秋風起萋萋春草繁美人遊不還佳期何由敦芳塵凝瑤席清醑滿金樽洞庭空波瀾桂枝徒攀翻結念屬霄漢孤景莫與諼俯濯石下潭仰看條上猨早聞夕飈急晚見朝日暾崖傾光難留林深響易奔感往慮有復理來情無存庶持乘日月得以

慰營魂匪爲衆人說冀與知者論（又登石門最高頂晨策尋絕壁夕息在山棲疏峯抗高館對嶺臨迴溪長林羅戶庭積石擁堦基連岩覺路塞密竹使逕迷來人忘新術去子惑故蹊活活夕流駛噭噭夜猨啼沉溟豈別理守道自不攜心契九秋幹目玩三春荑居常以待終處順故安排惜無同懷客共登青雲梯）

五龍山在縣西北四十里按舊錄云重岡複嶺巖壑蟬聯老木虬松青蓊失日水自巔如山其來迢迢或奔或滙爲龍潭者五有晉高僧白道猷道場一名烏猪山産茶味最香美就其水烹之茶葉浮於杯面

紫巖山在縣西北七十里有仙岩上接雲霄有石洞盤古松前爲獨秀峯有三井龍潭

上周山在縣西北七十里舊名子周山
金波山在縣北三里今呼明心嶺嶺北有泉嶺間明
心寺有白塔宋僧仲皎居此構閑閑菴
餘糧山在縣北十五里舊名了山禹治水功畢其餘
糧委棄在此化而爲石因名禹餘糧有禹祠存焉傍
有石蒸籠飥山遺跡
謝巖山在縣北三十里舊錄云山隩深峭被以蓁箭
有巨澗奔激清湍洄騰映帶左右入于溪下爲三隧
嶺其深淵迂臬紺碧一色謝靈運嘗遊於此回顧放

彈丸卽落處爲祠今有大石如丸有謝僊君祠在焉

舜皇山在縣北四十里山最崇矗岡嶺盤複中有舜井深無底相傳井有蛇生角今爲沙土所淤

嶀山在縣北四十里輿地志云自上虞七十里至溪口從溪口遡江上數十里兩岸峭壁勢極險阻乘高瞰下有深林茂竹表裏輝映名爲嶀嵊奔瀨迅湍以至剡也水經注嶀山與嵊山接二山雖曰異縣而峯嶺相連其間傾澗懷烟泉溪引霧吹畦風馨觸岫延賞是以王元琳謂之神明境事備謝康樂山居記北

有石牀謝靈運嘗釣於此下爲剡溪口水深而清曰嵊浦錢武肅王嘗遊嵊山於舟中望其嵯峨嘆其異境駐舟賦詩（宋王十朋嵊山賦）名境嵊山程途往還望高坡而峭峻登聳嶠以塡彎上與雲齊霧擁於烟蘿之內下臨水際舟横於巨派之間原夫勢傍江湖岐分吳越嵬嶷峯巒崔嵬嶔埒懸崖則峙峙瀑布深谷則年年積雪華岡蔚密南乗謝眺之巖嶮景陰森北倚趙公之阜上多名木內足坑谿猛獸或過酒蕩靈禽忽翥廬栖兩邊澗流四面雲低武肅王駐舸吟哦嘆斯景絶異謝靈運彈飛巖嶂慕此地堪棲夜夜雲生朝朝霧起岸峉嶔崟岧嶤崀嵒三春之桃李芬芳九夏之林巒蔚翠梁王別室歸建業以登天陳廓漂流立靈祠於此地杳杳冥冥勢連嵊亭能吟虎嘯水白松青上鉛嶺兮龍宮梵宇箬嶴嶺兮夫人石形有艮工而巧琢或走獸以奔星豈勞贏政役鬼神之力作說梁元呈圖畫之靈昌一邑之黎

元疲民蘇矣鎮三方之上地訟者咸寧至異哉覿此山體面最奇形容殊麗黄沙碌磩兮水岸碧嶂崿峨兮雲際樹矗峻嶒枝纏薜荔石闌干險以崎嶇可攀水渺而搖曳周圍四顧相同華頂之前宛轉羣峯猶若苧蘿之勢西原伏豹東郭飛龍壁突屼兮白竹水潺湲兮烏峯緑雲映於野外翠羽鳴於山中洞奇嶺玩之石巖欹偃蹇之松嶺峻則月華易度林高則霜霰難融郡郭祠前且見井坑之跡皇書亭畔又看麋漈之蹤莫不雲雨蕭蕭枝柯浩浩或賢者玩而升臨或智者賞而辭藻懿乎可以尋眞思之而悟道

逍遥山在縣北五十里趙將軍隱於此

新昌五馬山一名五龍山在縣北二里其下有光鼓潭俗稱五馬飲泉堪輿家謂是縣之主山

南明山在縣南二里形若駱駝下有寶山稱駱駝卸

寶山頂有石塔又有石棋枰方廣二丈餘厚五尺許閣於崖巔而上棋跡猶存相傳仙人嘗奕於此縣之寶山

書案山一名五山在縣東南二里五峯相連如貫珠正對學宮之前儼如書案降而平衍爲縣治縣之來脉山

石城山在南明之前嵬巖攢簇石壁千仞古藤絡其上花時如錦城僧端辯云天台之西門也一名隱岳舊志晉僧曇光棲跡於此自號隱巖支道林昔棲此山下齊僧護夜宿聞笙磬仙樂之聲亦名南明山錢惟演重修寶相寺碑云武肅王改曰南明步自石牛

鑱而入有鋸解巖斷石中裂章得象云狀如鋸截相傳以爲昔造物者試鋸於此（宋僧顯忠詩）蒼崖危不倚中裂勢難圖始鑄陰陽鋸誰開造化爐藤搖疑落屑樹砍若分符瀉出飛泉影長垂一帶孤　有白雲莊白蓮菴千佛洞有夾谿塘循塘而行有白鷴塢隱岳洞（宋李邴詩）宴坐鵲巢肩觀花柳生肘幽人夜半至古月明戶牖（僧顯忠詩）融結自何時會爲幾陵谷不見昔賢踪空遺此巖腹一徑斷烟榛千岑老雲木尋常人更稀虎豹牆棲宿　明舉人俞應星更於洞內鑿小池疊石爲山崆峒幽邃築精舍其間有未了堂眺月臺境甚佳麗又有濯纓亭宋朱文公建其內是爲寶相寺錢王鏐建山門榜張帥之書曰石

城曰松巖又榜米元章書曰南明山有紫芝巖仙髻巖〔僧顯忠詩〕首出衆峯間龍蟠勢孤聳雲映鬟光浮月生梳影動可遲謂新沐未巾髮乍籠幸免旦暮理誰復慙種種巖頂有天井巖下穹窿巨洞深天監中建安王造彌勒石佛像其中高百尺劉勰撰碑嘉泰志云其文存焉又云石佛螺髻上有靈芝之香聞數十步夜有光煜然何德陽徧言嘗登山遥望見之有大蛇環守不可輙近又有錢鏐所造三層閣甚宏偉今燬惟礎存旁有狻猊二石舊傳天台僧智顗卒有二獸至號吼作仰天叩地狀遂化爲石〔僧顯忠詩〕庭除雨後猊一仰復一俯告天

與叩地似欲訴憂若世傳智顗死二獸來聽觀逡巡化爲石埋没在深土事怪固難詰但見形可取風雨駮蒼苔萬古萬萬古右入有小佛殿上有巖曰月峽兩崖峭削中開一罅方正如門有雙松挺立中秋月落峽間如寶鏡開奩也〔明李詠詩〕咽咽石根泉離離峯頂雪竹樹寒不周蒼苓更奇絶凭闌送落星坐久爐香歇安得紫玉簫婆娑弄明月對面有望月臺今廢有石縫梅古梅一株生石罅中又有齊相井及書堂井方廣二丈淵深不竭相傳是唐齊顗所居皆勝跡山有十五題嘉祐中僧顯忠各有詠寶慶志云見擬英今不盡傳止得四首〔唐孟浩然臘月八日於剡縣石城寺禮拜詩〕石壁開金相香山遶鐵圍下生彌勒見

回向一心歸松竹禪亭古樓臺世界稀夕嵐爭氣色餘照發光輝講夕邀談衲禪堂施浴衣願成功德水從此濯塵機（羅隱詩）會稽詩客謝能卿往歲相逢話石城正恨古人無上壽喜聞廊宰有高情山朝絕巘層層聳木接飛涉步步清兩火一刀離亂後會須乘興月中行（宋章得象詩）天台西面列如屏洞穴幽奇地寂靈百尺巖中眞像在千年澗畔古松青路旁斷石留人跡壁上題文缺舊銘我是丹丘仙郡守暫來遊覽覺寬醒（陳堯佐詩）白雲樓殿翠林間終日軒窓四面山却愧勞生多事客清凉分得片時閑（王十朋詩）修逕入幽邃梵宮摩碧霄仰頭驚突兀跬步怯岧嶢寶相石間湧鐘聲雲外飄明朝南北路身世各塵囂（石聲之詩）祇因尋勝到林泉四抱回峯萬景連僧過不知山隱寺客來方見洞開天浮圖照水光相映古木依崖影倒懸風露了非人世界濯纓秋後玉壺天（周道父詩）信與諸山宿有緣十年幾度草鞋穿佛盤青嶂裏頭坐僧在白雲深處眠月峽夜深銀世界濯纓秋後玉壺天我來興盡出山去數點昏鴉落照

邊。〔明〕方廷璽詩：霹靂一聲天地裂，兩山開峽虛映穹。大佛十丈踏脚底，虬龍雙鬐蟠空中。素秋千里抱孤月，怪石四壁呼寒風。夜半忽聞虎豹嘯，白雲飛下僊人峯。〔呂光洵詩〕吳會多名山，茲山更幽寂。梵宇嵌穹崖，僊梯劃懸壁。徑杳晝欲迷，林深翠疑滴。洗屐從軒輶，忘疲恣探歷。雲滃隱曦輝，石轉驚霹靂。佳木鬱蒼蒼，修篁粉籊籊。移席藉清陰，飛觴散煩愁。高論絕凡嚻，元機共研析。平生塵滓心，冷然淨如滌。緬彼齊梁間，衲子卓其錫。峻宇麗雕甍，重階錯文甓。悠悠千載餘，金碧化爲礫。不聞閣上鏞，惟聽野中笛。盛衰自有期，代謝如箭激。至人遺世情，洞覽無今昔。杯酌且綢繆，一笑忘忻戚。〔潘晟詩〕秣陵懷舊侶，香界幾招尋。慷慨常悲古，睽違竟迨今。荷公紆絳節，仍此入珠林。宦思恬休沐，朋遊喜盍簪。扳蘿沿曲磴，扶屐上危岑。石洞烟霞護，龍宮草木森。張筵迎竹色，移席傍花陰。鑿石談空相，開芋證道心。微言追絕聖，大雅振遺音。醉德欣依主，論心媿斷金。境勝情偏洽，機忘興轉深。臨遊還暫憩，倚蓋又重斟。已謝長鳴志，惟耽故國唫。靜中聊得意塵外且開襟俞應星詩築室白雲隈陋逾回也巷遠逕蘿松筠遙空列屏障梵宮摩碧霄闍黎隱寶相偃蹇傲明時藏修秉微尚欲問伊呂律時瞻朱石像傳呼驄馬來共識蒼生望追隨三數公榼携野田餉逢迎出深林一笑形俱忘入門謁金僊繡斧停青幛禮佛鉢龍馴捫蘿巢鶴倡元言失筌蹄至禮非揖讓衣冠鄒魯餘咏歌沂水上隔竹起茶烟前山發樵唱杯至客不停歌酣韻靡亮君本命世英況廼今世匠昨日過石梁新篇多鳫宕搖筆寫金淵山水無遺狀幸承于頃陂獨慚鼷鼠量森陰午谷寒虛明晚塘漲霜轄不可畱匆匆怱西向

鼓山又名屏山在縣西五里脉自鷄峯降於平衍歸然突起頂圓平若鼓若屏有泉池可田山横截水滸爲邑門戶舊有希聲庵眞聖院俱廢今有石子重書

院及吕尚書祠
旗山在縣西七里其形如旗一名天樂山又名塩山
獨秀山在縣西北三里五馬山支龍也有靈山洞下
爲醴泉村
南巖山在縣西十五里山巖陡險皆沙石積成如築
墻狀以物觸之紛紛落時或有崩墜者世傳大禹治
水東注積沙成巖巖石間或有螺殼舊志云巖下乃
海門唐李紳龍宫寺碑南巖海跡高下猶存是也上
有瀑布泉下數百尺驚雷濺雪動人耳目有滴水巖

巖下清泉一滴烈日凍雨皆無盈縮味清甘甲於衆水宋章允國詩石罅泫微綠滴瀝如珠璣凍雨不爲溢炎熇豈能晞又有乳香巖大師巖半壁有釣磯相傳任公子釣魚處莊子任公子以五十犗爲餌蹲於會稽投竿東海經年而得巨魚唐齊顗題南巖云南巖寺本任公釣臺今尚在巖腹有仙骨巨棺其險不可梯宋方臘寇入山從絕頂垂綆下窺見所蛻骨甚大與今人異其色微紅如餘霞也後山之巔有古釣車云是任公子釣時所作宋章允國詩那知任公事近藏北海坳萬載朽不盡輪輻餘周遭想當垂綸時意氣嵩岱高得魚厭楚越壯志絕煩

歟

宋張浚祖印院記南巖是海門三山坡陀環繞其東斷如玉玦東晉永和歲中高僧釋曅始小築於此自天姥嶺驛斗折入小徑松杉排立如人物可數夾徑有兩浮圖前有乳香巖雜花叢竹陸離可觀（宋盧天驥詩）不着烏紗只岸巾尋山還得愛山人半空飛雨侵衣潤入座晴嵐照眼新風過松杉猶藴藉雪消巖壑更精神何時亦把任公釣坐釣日東横海鱗（范仲淹詩）滄海三神山北斗千歲鼇靈鼇戴神山亘古凌洪濤伯禹水旣治一峯留此地鼇去犗牛在任公無復爾桑田從變遷由來不記年于時峙峻壑紺宇羅金仙余屬山林典釣策來尋勝高步出青霞杳在無塵徑（明縣令蕭敏道記）環新昌皆山也其西南諸峯南巖尤美巖之上石洞嶙峋嶄然天半日月飛梭雲霞織錦者玉女機也巖之南白雲鋪石新月垂鉤野竹

成竿林花若餌者釣臺也巖之前非笙非鏞鏦鏦畫夜散亂珠飄澄渟盤激者滴水崖也龍橋薛君羨慕其景約往遊焉是日也烟雲晦冥風雨驟作寒氣冱凝行人稀跡及期薛君不負約先至余偕同寅二張君司訓董君暨春元俞君亦繼至薛君曰美哉景也余曰公之所見者特山之常景耳未盡其勝槩也若夫日出而鸞鳳噦月高而猿鶴鳴岫雲往來篆浮而蓋結者朝暮之異狀也草木爭芳葵榴吐色葶收囘杓菊黃而梅白者四時之異景也補衲剪雲翻經坐月泯空色於相忘付名利於不聞者老僧之涅槃也古之詞人墨客寄情傲興於其間者具載碑刻剔苔抉蘚尚可揣讀而想望其丰采余與諸生錄名仕籍心方苦於形役安能棲巖飲壑日翛然於此耶于是張筵肆殺洗盞酌酒投壺較矢觥籌交錯夜半燒燈頹然罄興傍有小樓數十椽遂施席就臥破壁峭風侵肌撲骨而不知也詰旦東方開霽萬里一碧從者報門整衣而起仰視青天雲和日旭廼攀蘿躡磴眺玉女機觀仙公臺陟滴水巖復茵草而坐引白而酌

志形骸披胸臆俯仰上下鴻濛浩刼眞不知山之爲我我之爲山也已而夕陽在山寒鴉歸樹携手同行長揖而别

天姥山在縣東五十里高三千五百丈圍六十里其脉自括蒼山盤亘數百里至關領入縣界層峯叠嶂萬狀千態最高者名撥雲尖次爲大尖細尖其南爲蓮花峯北爲芭蕉山道家稱爲第十六福地宋書郡國志與括蒼山相連石壁上有刊字蝌蚪形高不可識春月樵者聞簫鼓笳吹之聲元嘉中遣名畫寫狀於團扇卽此山也巖閒又有楓樹高十餘丈舊志東

接天台華頂峯西北通沃洲山（唐李白夢遊天姥吟
海客談瀛洲烟濤微
茫信難求越人語天姥雲霓明滅或可覩天姥連天
向天横勢拔五嶽掩赤城天台四萬八千丈對此欲
倒東南傾我欲因之夢吳越一夜飛度鏡湖月湖月
照我影送我至剡溪謝公宿處今尚在淥水蕩漾清
猿啼脚著謝公屐身登青雲梯半壁見海日空中聞
天鷄千巖萬壑路不定迷花倚石忽已暝熊咆龍吟
殷巖泉慄深林兮驚層巔雲青青兮欲雨水澹澹兮
生烟列缺霹靂丘巒崩摧洞天石扇訇然中開青冥
浩蕩不見底日月照耀金銀臺霓爲衣兮風爲馬雲
之君兮紛紛而來下虎鼓瑟兮鸞回車仙之人兮列
如麻忽魂悸以魄動怳驚起而長嗟惟覺時之枕席
失向來之烟霞世間行樂亦如此古來萬事東流水
別君去時何時還且放白鹿青崖間須行即騎訪名
山安能摧眉折腰事權貴使我不得開心顔（又别儲
邕之剡中）借問剡中道東南指越鄉舟從廣陵去水
入會稽長竹色溪下綠荷花鏡裏香辭君向天姥拂

石臥秋霜杜甫壯遊詩剡溪蘊秀異欲罷不能忘歸帆拂天姥中歲還舊鄉元宋無詩欲去不得返自將蘿蔦門相逢採藥叟偶入落花村晴草鹿眠軟雨潭魚上渾無人動烟火應取燒霞吞明呂不用追和李謫仙吟支郎遯沃洲江中司馬記中求歸帆拂天姥杜陵野老詩中觀萬山從此空縱橫截天拔出東南城勢外周王坐鎬京臣妾億兆心皆傾太白平生慕東越夢裏分明招日月上山日在山渡溪月在溪山靈爲白導其路山鬼不敢當前啼列宿手可摘天衢足可躡山頭見抱犢雲中看養鷄或行或息與麋定倏而朝兮倏而暝銀潢萬丈飛來泉玉虹掛在丹崖巔採黃精以沾露尋紫芝以踏烟子喬既朽赤松亦摧黃母老死蟠桃不開金銀之氣固自有何所得置仙人臺膏吾車兮秣吾馬御風坐我兮天姥下鳴鷄啞啞雜紡車山人戶戶皆桑麻謫仙謫仙乃狂客一夢千載令人嗟昔高唐之想像即天姥之雲霞古來好事多若此茫茫總是江河水東魯諸公望汝還三百酒杯一日間却笑夢中吟好山嗚呼峨眉亭前秋

水色使我空
憶公容顏

沃洲山在縣東三十五里山高五百餘丈圍十里與天姥山對峙道家稱爲第十五福地晉白道猷法深支遁皆居之戴許王謝十八人與之遊號爲勝會亦白蓮社之比也吳虎臣漫錄沃洲天姥號山水奇絕處有鶖鼻峯支遁放鶴峯唐姚祐詩我遊放鶴峯試作招鶴篇山光照孤碧溪暖籠輕烟可象亦可飲俛仰聊窮年須臾發清嘯翻翮出山巔幽姿入望逈遊集如爾賢長眉貫朱頂雙眼如青錢豈無隱居士歌舞逐管絃君不見衛公好鶴乘雲軒北山餘怨昭君編不如放汝歸芝田九臯聲音聞青天養馬坡又有石封門題字巖靈徹錫杖泉有

瀑布泉飛注雪潭，又有鍾井，疾者飲之或愈。通剡四明山，外繞大溪。（晉白道猷詩）連峯數十里，修竹帶平津。茅茨隱不見，雞鳴知有人。閑步踐其逕，處處見遺薪。始知百歲下，猶有上皇民。開此無事迹，以待踈俗賔。長嘯自林際，歸此保天眞。（唐耿湋詩）沃洲初望海，攜手盡時髦。小星開鵬翼，新萱長鷺濤。目如芳草遠，身比夕陽高。羊祜傷風景，誰云異我曹。（白居易沃洲山禪院記）沃洲山在剡縣南三十里，禪院在沃洲山之陽，天姥岑之陰。南對天台，而華頂、赤城列焉；北對四明，而金庭、石鼓介焉；西北有支遁嶺，而養馬坡、放鶴峯次焉；東南有石橋溪，出天台石橋，因名焉。其餘卑巖小泉，如子孫之從父祖者，不可勝數。東南山水，越爲首，剡爲面，沃洲、天姥爲眉目。夫有非常之境，然後有非常之人棲焉。晉宋以來，因山洞開，厥初有羅漢僧西天竺人白道猷居焉，次有高僧竺法潛、支道林居焉，次有乾興、淵支、遁開、威藴、崇實、光識、斐藏、濟度、逞印，凡十八僧居焉。高士名人有

戴逵王洽劉惔許元度殷融郗超孫綽桓彥表王敬
仁何次道王文度謝長霞袁彥伯王蒙衛玠謝萬石
蔡叔子王羲之凡十八人或遊焉或止焉故道猷詩
云連峯數十里脩竹帶平津茅茨隱不見雞鳴知有
人〔謝靈運詩云〕暝投剡中宿明登天姥岑高高入雲
霓安期還可尋蓋人與山相得於一時也自齊至唐
茲山寖荒靈境寂寥罕有人遊故辭人朱放詩云月
在沃洲山上人歸剡縣江邊〔劉長卿詩云〕何人住沃
洲此皆愛而不到者也太和二年春有頭陀僧白寂
然來遊茲山見道猷支竺遺跡泉石盡在依依然如
歸鄉戀不能去時浙東廉使元相國聞之始爲卜築
次廉使陸中丞知之助其繕完三年而禪院成五年
而佛事立正殿若干間齋堂若干間僧舍若干間夏
臘之僧歲不下八九十安居遊觀之外日與寂然討
論心要振起禪風白黑之徒附而化者甚衆嗟乎支
竺殁而佛聲寖靈山廢而法不作後數百歲而寂然
繼之豈非時有待而化有緣耶六年夏寂然遣門徒
僧常贄自剡抵洛持書與圖請從叔樂天乞爲禪院

記云昔道猷肇開玆山後寂然嗣興玆山今樂天又垂文玆山異乎哉沃洲山與白氏其世有緣乎宋陳東之詩我本名山人屢作名山興天台一住三十年盡日捫蘿陟雲磴上攬四萬八千丈之高秋叅差明河兩肩並下瞰三百六十度之朝暾滅沒飛烟入荒淨或隨偃氣得丹床雙闕夜深看斗柄今年積雨天地晴一策快作西南征沃洲最佳天姥勝連山直下秋崢嶸竹箭修纖會稽箭芝徑菌蠢商山英秋陽不碎空翠影絶壑倒瀉銀河聲山腰細路如絲直三兩漁樵行落日炊烟暝色小茆屋松子石聲斷崖石飲流溪肩湖麻香土軟春膏霜朮白送書松際有猿公問酒澗陰皆木客青冥樓閣仙人家鬱藍流光瀉晴碧霓旌隊下鶴萬羣絳節朝回雲五色人間但有桃花源桃花春香流水渾三生凡骨不得到兩耳夜半空聽猿李白尋眞不得返支遁卜築還費錢至今山靈護光怪石蘿山薜餘秋妍陳郎故宅更深闕溪犬林塘隔塵世清秋肴屐一登之路僻夕陰門半閉盤陀石在長楠陰脫畧塵纓換秋意晴山示我兩山圖

老眼摩挲觀一二便揮健筆寫我詩惜哉賞音今絕稀謫仙一去五百載人間山水無清輝舊時仙人白雲唱悵我白首歸何依生我白首歷浩刼眼中億萬蠡沙春夢非陳郎挽我十日住掉頭不顧自有南山期餐霞絕粒鍊精魄長生之學非荒嬉三千年前有宿約來已不早歸不遲長揖羣仙謝兒輩倒扶萬里冥鴻飛〔會衍詩〕我來作簿山水縣家家屏障詩題徧有客請賦沃洲山却慚未聞沃洲面沃洲好在賢人心誰其主者支道林禪床有月藤花落丹竈無人桂樹深曾夢羣峯接天姥烟霞微茫不可數幾時結托芙蓉巢而與青蓮居士伍石橋溪寒水可献磨劍嘗斬溪潭蛟文章不入金馬格難解年來山鬼嘲雲白去來山自老鶴書無向蓬萊島作詩寄與山中人明日相從抱琴早

劉門山在縣東三十五里相傳劉晨阮肇自剡採藥至此山有採藥徑劉阮廟沿溪而上有阮公壇山下

居民多劉姓者（唐曹唐劉阮遇仙子詩）樹入天台石又新細雲和雨淨無塵烟霞不是生前事水木空疑夢後身往往鷄鳴巖下月時時犬吠洞中春不知何地歸依處須就桃源問主人（又仙子洞中有懷劉阮）不將清瑟理霓裳塵夢那知鶴夢長洞裏有天春寂寂人間無路月茫茫玉沙瑶草連溪碧流水桃花滿澗香曉露風燈易零落此生無處問劉郎（又劉阮到天台不復見仙子）再到天台訪玉真青苔白石已成塵笙歌寂寞閑深洞雲鶴蕭條絶舊鄰草樹總非前度色烟霞不是往年春桃花流水依然在不見當時勸酒人（元稹詩）芙蓉脂肉緑雲鬟罨畫樓臺翠黛山千樹桃花萬年藥不知何事憶人間（明沈鶚詩）慇懃相送出天台僊景那能得再來雲液既歸須强飲玉書無事莫頻開花當洞口應常在水到人間定不回惆悵溪頭從此別碧天明月照蒼苔

彩烟山在縣南八十里與東陽界其上平衍勢盤旋

嵊剡四面皆崇山峻嶺居民雜處其間

山背山在縣東三十里四面相距四十里旁皆峻嶺

嶺之外環以大溪山上有小山盤伏如鼇故又名鼇

峯（宋楊萬里宿梁總之宅詩）四面環溪溪外山置身渾在水雲間山中隱者頭如雪清夜安眠白晝閒

東岇山在縣東四十里晉僧法深支遁皆隱居此世

說支道林好鶴住剡東岇山又嘗就深公買岇山深

公曰未聞巢由買山而隱一名遠望尖

九峯山在縣東南六十里

寒雲千疊山在縣東三十里山高二百餘丈圍四十

里四面層崖如疊地氣高寒夏多挾纊（宋楊養晦詩松竹陰森護上方老仙蓬髮一簪霜閑來欹枕松風裏歸夢不知山水長）

九巖山在縣東南三十五里其下有蒙泉井

掛簾山在縣東南三里其形如簾旁有象蹄山

雪溪山在縣東八十里其地陰寒冬多霜雪高五百餘丈圍二十里有溪盤繞山中其東有石棋枰鍾鼓巖其南有筆架峯文筆峯其西有石印笏眠牛石靈猫石香爐石攢峯列戟交數十重其水緣崖而下飛瀑如雪

鬬鷄山在縣東北十五里兩山之首昂然而前若鬬鷄狀與石塚山對峙

三山在縣南二十里三峯並出如筆架然

柘溪東山在縣東南八里山下小山如圓月

旋網山在縣東二十里山頂有巖嵬聳峻峭幾十餘丈其形如網

渡王山在縣北十五里相傳大禹治水時登之以望東海諸山

遁山在縣西四十里僧支遁所居綿亘二十餘里

釣泉山在縣東一百里

獅山在縣東北二十里下有大明寺今廢

梓山在縣東南八十里有梓木

木隊山原名抹黛山在縣東南三十里上多雜木

巖屏山一名蒼龍戲珠山在縣南三十里

孟塘山在縣東十里有宋尚書黃度愛山亭

南山在縣南四十里脉從天姥來羣峯疊拱如環城其中稍寬廣容數百家

象鼻山在縣東八十里形如兩象交鼻元時遣兵鑿

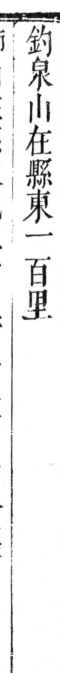

斷脉其跡猶存